DR. ŞENİZ ÜNAL, Notre Dame De Sion Fransız Kız Lisesi'nin ardından, Boğaziçi Üniversitesi'ni bitirdi. Boston Üniversitesi'nden İşletme (MBA) ve Bilişim Sistemleri (MS in MIS) konularında master dereceleri aldı. İş yaşamında pek çok sektörde görev yaptı, 2000 yılından itibaren kendi kişisel gelişimine de önem vererek bu alanda çalışmaya karar verdi. Tek bir alana bağlı kalmayıp çok çeşitli konularda yerli ve yabancı pek çok uzmandan ders aldı.

Myss'in Chicago'daki iki senelik enstitüsünü bitirerek onun çalışmaları konusunda sertifika almış tek Türk'tür. (Arketip Çalışması – CMED Institute).

Kişisel gelişimin psikoloji uzmanlığına dönüşmesi için İstanbul Ticaret Üniversitesi'nde, Uygulamalı Psikoloji bölümünde master yaptı. Arel Üniversitesi'nde ise Klinik Psikoloji Doktora programını tamamladı. Bir süre Gelişim Üniversitesi'nde Yardımcı Doçent olarak akademisyenlik yaptı. Halen farklı üniversitelerde konuk öğretim üyesi olarak çeşitli dersler vermektedir. Kurumsal eğitimler ve danışmanlıklar da gerçekleştirmektedir. Türk Psikologlar Derneği'nin asil üyesidir.

2004 yılında AY Danışmanlık ve Eğitim Merkezi'ni kurdu ve kişisel çalışmalarının yanı sıra, farklı eğitmenlerin workshop'larını da merkezinde düzenledi. 2012'den itibaren sadece kendi terapilerine odaklanarak, kendi merkezinde çalışmalarını sürdürmektedir.

Dr. Şeniz Ünal, duygu odaklı terapiler ve regresyon terapisi başta olmak üzere, farklı ekolleri birleştirerek psikolojik danışmanlık vermektedir. Bireysel, çift, grup ve kurumsal çalışmaları vardır.

Bu arada Debbie Ford'un *Secret of the Shadow* isimli kitabını *Gölgenin Sırrı* adıyla Türkçeye çevirdi (Ötesi Yayınları, 2002).

www.senizunal.com
Instagram: @dr.senizunal
Facebook: Dr. Şeniz Ünal

DR. ŞENİZ ÜNAL

İÇİMİZDEKİ İNSANLAR

Alt Kişilik Hikâyeleri

Remzi Kitabevi

İÇİMİZDEKİ İNSANLAR / Şeniz Ünal

Yayına hazırlayan: Nesrin Arslan
Kapak: Keremcan Gümüştaş

ISBN 978-975-14-1935-4

BİRİNCİ BASIM: Şubat 2020

Kitabın basımı 2000 adet yapılmıştır.

Remzi Kitabevi A.Ş., Akmerkez E3-14, 34337 Etiler-İstanbul
Sertifika no: 10705
Tel (212) 282 2080 Faks (212) 282 2090
www.remzi.com.tr post@remzi.com.tr

Baskı: Seçil Ofset, 100. Yıl Mah. Matbaacılar Sitesi
4. Cad. No: 77 Bağcılar-İstanbul
Sertifika no: 44903 / Tel (212) 629 0615

Cilt: Çifçi Mücellit, 100. Yıl Mah. Matbaacılar Sitesi
5. Cad. No: 24-25 Bağcılar-İstanbul
Tel (212) 629 4783

Önsöz

Gövdeleri geniş, çok uzun boylu, ulu ağaçların arasından ormanın derinliklerine doğru yavaş yavaş yürüyordum. Yer yer güneş sızıyordu aşağıya. Az ileride, biraz açıklık yerde durdum. Bir ağacın arkasından, yaşlı, ufak tefek, kahverengi tulum giymiş, hafif sarsak biri çıktı. Şaşırdım. Hiç böyle birisiyle karşılaşmayı beklemiyordum.

— Merhaba, sen kimsin?

— Benim adım Kasım, kararsız Kasım.

— Hayatımda çok büyük yer kaplıyorsun, yoruyorsun beni... Neden hayatımdasın?

— Senin için bir şey doğru olmadığında kendini belli ediyorsun, kararsızlık hissediyorsun, erteliyorsun ve o zaman da o konu hakkında daha fazla düşünmeye veya alternatif bulmaya vaktin oluyor.

— Geçmişte bana nasıl fayda sağladın acaba?

— Yanlış kararlar almamana, yanlış yollar seçmemene veya yol yanlışsa bile en az hasarla ilerlemene yardım ettim.

— Seninle barış yapmak, anlaşmak istiyorum. Bunun için neye ihtiyacım var?

— Sana işaret verdiğimin farkına var! Benim aslında çok faydalı olduğumu kabullen! Beni içselleştirmen gerekli.

— Seni içselleştirmezsem ne olur?

— Giderek her konuda daha fazla zaman kaybedersin, kaygılanırsın...

Gözlerimi açtığımda birden nerede olduğumu anlayamadım. Etrafıma bakındım, sonra San Diego'da bir otelin balo salonunda olduğumu hatırladım. Debbie Ford'un "Shadow Process –

Gölge Çalışması"na katılmak için oraya gitmiştim. 11 Eylül'ün ilk sene-i devriyesiydi, daha önceki senelere göre az katılımcı vardı, 100 kişi civarındaydık. Alt kişiliklerimizle ilgili, yönlendirmeli meditasyon çalışması yapmıştık. Bizi rahatsız eden "gölge" yönlerimizi keşfetmek, onları anlayarak dönüştürme amaçlıydı bu çalışma. Ben kararsızlığımdan çok şikâyetçiydim, çalışmak için onu seçmiştim. İçimdeki kararsız ile tanışmak beni çok etkilemişti... 18 sene geçti, hâlâ gözümün önünde, hırpani kılıklı hatta biraz da pis birisiydi. Benim içimden öyle birinin çıkmasına şaşırmıştım.

Neredeyse yarım asıra yaklaşmış olan hayatıma geri dönüp baktığımda, o an çok da önemli görünmeyen ancak hayatımı etkilemiş dönüm noktalarını sıraladığımda yukarıda bahsettiğim çalışmanın çok ayrı bir yeri vardır.

Yirmili yaşların sonuna kadar hayatın inişli çıkışlı düz bir çizgi gibi gittiğini zannediyordum. Kader, hayat amacı temalarıyla boğuşup, çocukluğumdan beri sürekli duyduğum "Her şey alın yazımızda yazılıdır" cümlesinin etkisiyle depresif duygular içindeydim. "Her şey zaten yazılıysa niye çabalıyorum ki zaten iş olacağına varır" diyordum ancak onu da yapamıyordum. İçimdeki "kapana kısıldım" duygusuyla sürekli bir arayış içindeydim. O zamana kadar aldığım matematik lisansı (kimya mühendisliğine girişçıkış da vardı) ve üzerine işletme ve bilişim sistemleri mastırları sayesinde iş görüşmelerimde daha onuncu dakikada iş teklifi almama rağmen bir yerde uzun süre kalamıyordum. Kapana kısılmak duygusuyla mücadele edebilmek için kısa süreli, proje bazlı işlere yöneliyordum. Analitik zekâm da iyi olunca, çalıştığım yerde "öğrenme, adapte olma" faslı çabuk bitiyor ve ilk fırsatta başka iş arayışlarına giriyordum.

Ve otuzlu yaşlar... Otuzla beraber hayat mücadelesi daha zorlaştı, sevdiklerinin hastalıkları ve hatta kaybı, en yakınlarından yenen kazıklar, hayallerinin gerçekleşmemesi... Aslında çok ciddi bir depresyona girebilirdim ancak içimdeki "isyankâr" izin vermedi, kapı kapı dolaştırdı beni.

Yine bir işten ayrıldığım dönemde babam, hayatımın en kıymetli öğretmenlerinden biri, bir gün beni aradı: "Seni insan kaynakları kongresine yazdırdım, git bir dolaş, belki bir iş bulursun" dedi. O kongrede kişisel farkındalık adına ilk defa dünyaca meşhur bir kişiyi dinledim. Tony Buzan "mindmap" (akıl haritası) hakkında bir konuşma yaptı ve ben öyle etkilendim ki kongre çıkışında kişisel gelişim konularındaki ilk kitabımı aldım; *NLP Zihninizi Kulanma Kılavuzu?* Kitap beni başka kitaplara ve eğitimlere yönlendirdi. Benim için yoğun bir okuma, arama ve anlama süreci başlamıştı. Kitaplara olan sevgim ise beni bambaşka bir yola soktu ve Debbie Ford'un *Secret of the Shadow* (Gölgenin Sırrı) kitabını Türkçeye tercüme ettim. O kadar etkilendim ki kitaptan, Debbie ile tanışmak için San Diego'ya gittim ve yukarıda anlattığım deneyimi orada yaşadım. Onun koçluk programına katılmayı düşündüm, hatta yüzde 50 burs da kazanmıştım ancak "özgür" tarafım belirli bir programın sınırlarına hapsolmayı istemedi. Ondan deneyimlediğim teknikleri halen kullanıyorum ve onu hep rahmetle, şükranla anıyorum.

Okudukça, öğrendikçe yeni kapılar açıldı önümde. Her açılan kapı kafamda yeni soru işaretlerine neden oldu. Hastalıkların bilinçaltı ve psikolojik sebeplerine merak saldım. Yaş itibariyle büyüklerim, hatta benim jenerasyonum bile hastalanmaya başlamıştı ve özellikle kendine çok iyi bakan kişilerin de kanser gibi sebebi net belli olmayan hastalıklara yakalanmaları beni meraklandırmıştı. Bu konuyla ilgili olarak Türkiye'de ve dünyada çeşitli çalışmalara, atölye ve workshoplara katıldım: Biyolojik Çözümleme, Yeni Alman Tıbbı, Simonton Kanser Programı gibi...

Sonra Caroline Myss'i keşfettim, ilk defa ruhsallık konusunda bana kapı açan değerli insan... Ondan eğitim almak için iki sene boyunca düzenli olarak Chicago'ya gidip geldim. Eğitimde içimizdeki alt kişilikleri, arketipler olarak yorumladık, onların gölgelerine, yaydıkları ışıklara baktık. Myss bana fiziksel hastalıklara başka pencerelerden bakmayı öğretti. Halen dahi, onun sertifikalı tek Türk "Arketip danışmanı"yım.

Bir gün keşiflerimi çevremdekilere heyecanlı heyecanlı anlatırken, yakın arkadaşlarımdan biri "Hadi sen de bana yaptırsana alt kişilik meditasyonunu" dedi. Önce karşı çıksam da ısrarına dayanamayıp yaptırmayı denedim. Çok etkilendi, "Sana yapılanların hepsini bana yaptırsana, oralara gidecek ne maddi imkânım ne de lisanım var," deyip ödeme yapmayı bile teklif etti. Ben "Yok artık, ne parası! Hem bilmem nasıl olur?" deyince "Olur olur hem de çok iyi olur, bana çok faydan olur" diyerek beni teşvik etti... İyi ki de öyle yapmış sevgili arkadaşım, o kendisini bilir, çok teşekkür ederim! Daha sonra ondan duyan geldi, ben de cesaretlenip etrafıma duyurdum ve kendimi "kişisel gelişim uzmanı" olarak buldum. İlaç sektöründeki işim gereği kalabalık gruplara eğitimler veriyordum ancak bu bambaşkaydı. Karşımdakine odaklanırken, kendi keşfimin de hızlandığını fark ettim. Bireysel danışmanlık vermek aklıma, kalbime, ruhuma iyi geldi. Küçük gruplarla çalışmak da keza öyle...

İçimdeki arketipler, alt kişilikler kendilerine uygun çalışmalara yönelttiler beni: "bilge" sağ ve sol beyni dengeli besleyebileceğim, "öğrenci" en iyi öğretmenden öğrenebileceğim, "özgür" dünyayı gezerek kapana kısılmayacağım, "keşiş" kendimle baş başa kalarak derinliklerime ineceğim kapılar buldular bana...

2004 senesinde kişisel gelişim danışmanlığı merkezimi açtım. Eğer insanlara ruhsal olarak destek olacaksam, akademik bilgiler ve resmi onaylar da lazım dedim ve tekrar okula döndüm. Psikoloji mastırı yaparken regresyon (geri gidip, travmanın, sıkıntının köküne, kaynağına inmek) terapisi ile tanıştım. Hipnoz eğitimi ararken karşıma çıktı regresyon. Benim gibi çok analitik, somut, ispata dayalı verileri seven birisine ilk başta o kadar şaşırtıcı ve yutulması zor geldi ki... Geçmiş hayatlar, hayatlar arası yerler, ışığa kavuşamamış ruhlar, kutsal rehberler... Ancak merakım ve deneyimlerim önyargılarımı bastırdı ve regresyonun Amerika, Avrupa, Asya ekollerinde nasıl uygulandığını öğrendim. Halen karşımdaki danışan neye inanırsa ona göre çalışıyorum. Geçmiş hayat, bilinçaltı hikâyeleri, DNA'dan akan bilgiler, Freud'un yalancı hatıra teorisi...

Virginia Satir'in yaklaşımı da çok iyi geldi, birkaç çalışmaya katıldım. Freud'den sonra buzdağına farklı perspektifden baktım. Bu arada doktora eğitimi de aldım, klinik psikoloji alanında, yardımcı doçent oldum. Bir yandan kendi merkezimde danışan görmeyi sürdürürken, çeşitli üniversitelerde dersler de vermeye devam ediyorum.

Şimdilerde "çiftler için duygu odaklı terapi"nin resmi uygulayıcısı olma yolunda Dr. Leslie Greenberg ile çalışıyorum. Ülkemizde her ne kadar çoğu insan tamam oldum bittim dese de, Greenberg'in eğitimlerinde tanıştığım çok deneyimli kişiler bana ölene kadar eğitimin ne kadar gerekli, büyütücü ve sağaltıcı olduğunu bir defa daha gösterdiler. Sadece eğitimlerin içeriği değil, kahve molalarında yapılan sohbetler bile çok ilham verici olabiliyor.

Katıldığım tüm çalışmalar, aldığım tüm eğitimlerin karışımıyla, bilinçaltını da aktif kullandığım eklektik bir terapi modelim oldu. Eskiden iki saatlik regresyon seansları yaparken artık bir saatlik duygu odaklı, imgeleme dolu psikoterapiler yapıyorum. Psikanaliz ve psikodinamik yaklaşımlara göre terapistin daha aktif olduğu bir çalışma stilim var. Danışanlarımı duygularının rehberliğinde "içlerindeki insanlar"la tanıştırıyorum, onların yansıttıklarını fark ettirmeye çalışıyorum. Yakın zamanda keşfettiğim "içsel aile sistemleri terapisi"ni de içgüdüsel olarak uyguladığımı fark ettim. Çok heyecanlandırdı bu keşif beni. Demek ki doğru yoldaymışım dedim kendi kendime...

Tüm danışanlarımın hikâyeleri eşsiz ve biricik. Kitapta kime yer vereceğimi düşünürken danışanlarımın hikâyelerinin başkalarına ilham olabilme potansiyelleri önceliğim oldu. Bir de terapisinin üzerinden zaman geçmiş danışanlarıma yer vermek istedim ki terapinin yaşamlarındaki etkisini ve dönüşümlerini uzun vadeli olarak okurlara aktarabileyim. Bazı çalışmalar daha uzun sürdüğü halde kitaba sığdırabilmek için yazarken seans sayısını azalttım. Kitapta yer alan 9 vakanın en eskisi 12, en yenisi ise 2 yıl önce tamamlandı. Zaman duyguların rehberliğinde bilinçaltı ile çalışmanın güzelliğini bir kez daha kanıtladı bana.

Benim için yaranın kaynağına inebilmek esas oldu her zaman. Yarayı iyileştirdikten sonra da hayat amacını keşfetmeye odaklanmak... Bunun için rehber de duygularımız ve duygularımızın işaret ettiği ihtiyaçlarımız. Ancak maalesef yara iyileşti, işimiz bitti diyemiyoruz hiçbir zaman, çünkü hayat yeni yaralar açıyor. Yaralar belki bitmiyor, ancak insan kendini tanıdıktan ve anladıktan sonra yaraların iyileşme süreleri hızlanıyor, kolaylaşıyor. Bunu en iyi kendimden biliyorum! Son olarak bu kitabı yazmam için beni cesaretlendiren, yayına hazırlamamda desteğini esirgemeyen dostum Melike İlgün'e teşekkür ederim.

Dr. Şeniz Ünal
İstanbul, Ocak 2020

Hayatlar

RÜYA T., 192

"Ben hep üzgündüm zaten. Kendimi bildim bileli üzgündüm."

MERAL H., 218

"Bir şey var, adını koyamadığım, kendime bile itiraf ederken zorlandığım, eksikliğini hissettiğim..."

Deniz T.

"Aşırı kontrol düşkünüyüm ve mükemmeliyetçiyim. Her şey benim istediğim gibi olsun istiyorum. Bu beni sinirli yapıyor. Sürekli asabiyim. Çenemi sıkmaktan dişlerim ağrıyor. Sonuç olarak da odaklanamıyorum. E o zaman da yaptığım iş iyi olmuyor. Bu beni daha da sinirli yapıyor. Böyle bir sarmal..."

Soğuk bir kış ikindisiydi. Bir önceki seanstan kalan notları son kez kontrol edip arkama yaslandım. Gözlerimi çalışma odamın penceresinden görünen sokağa çevirdim. Belediyenin yeni yıl için yaptığı süslemelerin ışıkları yanmaya başlamıştı bile. Birkaç gün sonra yılbaşıydı. "Demek ki akşam yakın" diye geçirdim içimden. Ne çabuk akşam olmuştu yine. Ne çabuk bir yılın daha sonuna gelmiştik.

Yılın bu zamanında danışanların da, seansların da sayısında artış olurdu. Geçen yılın muhasebesi, bir önceki yılbaşı verilip de tutulamayan sözlerin vicdan azabı, yıl bitmeden son bir gayret kendin için bir şey yapma arzusuyla randevular artardı. Ama yoğunluğa ve uzun saatler çalışmama rağmen mutluydum, hem de çok mutluydum. İstediğim, hayal ettiğim, yapabilmek için hayatımın rotasını değiştirip, geç yaşımda tekrar üniversiteye gidip eğitim aldığım mesleği yapıyordum.

Çalan telefonla düşüncelerimden sıyrıldım. Arayan asistanımdı. Deniz T'nin geldiğini bildirdi. Asistanıma içeri göndermesini söyledim, bir önceki seansın notlarını kaldırdım, derin bir nefes aldım. Hazırdım.

Deniz emin adımlarla içeri girdi, kırklı yaşlarının başında çok güzel bir kadındı. Avrupai bir görünümü vardı, kısa sarı saçlı, yeşil gözlü, gülen bakışlı... Giyim tarzı, takıları dikkatimi çekmişti, "Kesin sanatçı" diye geçirdim içimden. Ben sormadan o anlatmaya başladı.

— Geçen ay bir yerde sizin bir yazınıza denk geldim. İlgimi çekti, okuyunca anladım ki sizinle çalışmalıyım.

"Sizinle çalışmalıyım" vurgusu dikkatimi çekmişti. "Yardım almalıyım, danışmalıyım" değil de çalışmalıyım.

— Aslında psikoloji bizim ailede çok konuşulan, yakın olduğumuz bir konu.

Durdu, kendi içinde bir hesaplaşma yaptığı, kararsızlık yaşadığı belliydi. Sonra omuzlarını silkerek devam etti konuşmaya.

— Ağabeyim de psikologdur. Tanırsınız belki. İsmi Z.... T...

Tanıyordum. Çok tanınmış bir meslektaşımdı.

— O biliyor mu bana geldiğinizi?

— Yok söylemedim. Bazı terapistler sizin yaptığınız regresyon terapilerine burun kıvırır, biliyorsunuz.

Gülümsedim, haklıydı ancak zaman değişiyordu. Dünyada terapi modellerinin eklektik ve esnek olması makbulken, ülkemizde eskiden sınırlar sert ve katıydı. Yeni rejerasyon daha deneyimciydi ve farklı tarzların kombinasyonu giderek daha fazla kabul görüyordu.

— Biliyorum.

— O yüzden söylemedim. Şimdi söylesem bir dolu gereksiz tartışma, sorgulama... Halim de vaktim de yok bunlara. Ben sizinle çalışmak istedim, size geldim.

Sustu, gölgelenen bakışlarını önce odada gezdirip, sonra duvarda asılı mandalalarımda dinlendirdikten sonra tekrar gülümsedi.

— Sanatçıyım ben. Önce seramik okudum. Sonra Amerika'da

yüksek lisansımı iç mimari üzerine yaptım. Bu arada öğretim üyeliği de yaptım. Fotoğraf, video, resim, iç mimari, hepsiyle uğraşıyorum. Hem yurtiçinde hem yurtdışında birçok yerde eserlerim sergilendi. Evlendim, boşandım, sonra ikinci kez evlendim ve Türkiye'ye döndük.

Birden sustu, sonra belli belirsiz bir gülümseme geçti yüzünden.

— Böyle anlatınca çok kolaymış gibi oluyor ama kolay olmadı tabii. Amerika'dan dönünce alışamadım hemen Türkiye'ye... Kolay olmadı. Hem taşınmak, eski yerlere geri dönmek, hem de anne olmak... Dört yaşında bir oğlum var. Bir de insan bir kez yurtdışında yaşayınca, artık nereye gitse 'yabancı' oluyor.

— Adı ne?

— Eren.

— Eşinizin adı?

— Hakan.

Eşinin adını söylerken yeşil gözlerinin koyulaşması dikkatimi çekti. Tam bunu not ederken konuyu değiştirdi.

— Aşırı kontrol düşkünüyüm ve mükemmeliyetçiyim ben. Her şey benim istediğim gibi olsun istiyorum. Evde her şey yerli yerinde olsun, benim kurallarıma uyulsun, planladığım gibi gitsin bütün günüm... Her şey benim kontrolümde olmalı... Ama tabii bu mümkün değil. Hele İstanbul'da hiç değil. Bir de anneyken, dört yaşında bir çocuğun varken asla. Bu beni sinirli yapıyor. Sürekli asabiyim. Çenemi sıkmaktan dişlerim ağrıyor. Sonuç olarak da odaklanamıyorum. Yaptığım işe odaklanamıyorum. E o zaman da yaptığım iş iyi olmuyor. Bu da beni daha da sinirli yapıyor. Böyle bir sarmal... Dönüp duruyorum. Attığım her turda daha da, daha da sinirli oluyorum.

— Herhangi bir sağlık sorununuz var mı, peki?

— Evet, evet... Tiroid hastasıyım. Hipotiroidim var. Her gün tiroid hapı içiyorum. Bir de son birkaç senedir öfke atakları yaşıyorum, özellikle regl olmadan birkaç gün önce.

— Öfke atakları derken, ne yaşıyorsunuz?

— Of, kırıyorum döküyorum. İnsanları uzaklaştırıyorum kendimden. Ben kendim de uzaklaşıyorum zaten. Günde üç dört tane ağrı kesici içiyorum. Öyle çok ağrım oluyor ki…

— Ne tür ağrı kesici?

— En güçlü olanlarından. Gerçi artık onlar da pek işe yaramıyor, ama…

— Sizce sinirli olmanızın nedeni mükemmeliyetçiliğiniz mi?

— Sadece mükemmeliyetçi değilim ki. Kıskancım da ben. Doyumsuzum, maymun iştahlıyım, çok tutumluyum, hatta bazıları cimri diyor bana.

Alaycı bir gülümsemeyle devam etti.

— Cimri değilim aslında; boş yere para harcamaktan hoşlanmıyorum.

Kendisi hakkında konuşurken bu kadar acımasız olması dikkatimi çekmişti. İnsan doğası gereği, psikoloğuyla konuşurken bile korurdu kendini. Oysa Deniz çok acımasızdı.

— Peki esas derdiniz nedir? Sizi ağabeyinize rağmen buraya getiren nedir?

Durdu, bir an düşündü. O çok kendinden emin hallerinden uzaktı şimdi.

— Kendimi açmak istiyorum. Kendimi açmak, anlamak, sonra da anlatmak istiyorum. Oğluma bağırmak istemiyorum. Ve çelişkili isteklerimden kurtulmak istiyorum. Mümkünse tabii kronik bazı ağrılarımdan da kurtulmak istiyorum.

Terapide regresyon ise geri gidip, travmanın, sıkıntının köküne, kaynağına inmek demektir. Kişinin şu anda yaşadığı bir sorunu çözmek için, sorunun geçmişteki kaynağına gitmesi ve geçmişteki blokajı yıkarak, şimdiki hayatında yaşadığı sorunun çözümüne katkıda bulunmasını hedefleyen bir terapi yöntemidir.

Regresyon terapisi sırasında kişi, kendi ömrü içinde regrese olabileceği gibi geçmiş hayatlardan da regrese olabilir. Bu nokta-

da aklınıza reenkarnasyonla ilgili soru işareti gelebilir. Gerçekten geçmiş hayat diye bir şey var mı? Bu konuda pek çok teori var. Kimine göre evet var, kimine göre zaman düz (lineer) devam etmediği için paralel hayatlar var. Bazıları nesiller boyu DNA'da depolanan anıların anlatıldığını söyler. (Dokuz göbek önceki anneannenizden göz renginizi, iki göbek önceki halanızdan keman çalma yeteneğinizi alabildiğinize göre neden acılı bir aşk hikâyesi de hafızalarda depolanarak gelmesin?) Bazısı da "'Tabula rasa – boş tahta' olarak doğarız, hafızamıza aldıklarımızdan (kitaplar, filmler, anlatılar, ...) etkilenerek birtakım hikâyeler anlatırız" der. Neticede, ben eğer bilinçaltından bir hikâye çıkarsa, danışanın inancına takılmadan dikkate alırım, o hikâye ile çalışırım, çünkü bilincin derinlikleri travmatik olayları kendi değil de bazen üçüncü bir şahıs yaşamış olarak daha rahat aktarabilir.

Regresyon, eğitimli bir terapistin, danışanın beyin dalgalarının alfa (hafif trans) veya teta (derin trans) seviyesine gelmesini sağlayan bir terapi yöntemidir. İnsanlar gündelik hayatlarında çeşitli eylemlerde doğal olarak farklı trans seviyelerinde gezinirler. (TV seyrederken çok konsantre olma, kendini vererek spor yapma, dans etme veya yoğun duygulanım gibi...) Trans halinde yoğun odaklanma, çevreye daha az dikkat ve telkine maruz olabilme hali vardır. Hipnoz, kişinin transa kasten sokulmasıdır ve hipnoterapist tarafından yapılır. Bu açıdan regresyon terapisti aynı zamanda hipnoterapisttir.

— Peki o halde. Kendinizi rahat hissettiğiniz bir pozisyon alın. Sizinle bir trans denemesi yapalım. Kendinizi rahat bırakmanızı istiyorum. Rahatça oturun, isterseniz başınızı arkaya yaslayabilirsiniz. Gözlerinizi kapatın. Ondan geriye doğru sayacağım. Bittiğinde ne görüyorsanız, duyuyorsanız veya hissediyorsanız onu bana söylemenizi istiyorum.

Arkasına yaslandı. Gözlerini kapayınca garip bir huzur gelmişti yüzüne. Biraz bekledim. İstedim ki ona o huzuru yaşatan her neyse sindirsin, tadını çıkarsın.

Sonra sordum.

— Ne hissediyorsunuz şimdi?

Az öncekinden çok farklı bir ses tonuyla cevap verdi.

— Dizlerim titriyor biraz. Dirseklerim, nasıl diyeyim, tık tık atıyor. Belim de ağrıyor biraz. Ama rahatım, huzurluyum. Dizlerim sanki boşalmış gibi. Denizin üstünde uçuyorum. Bir gece manzarası görüyorum, onun üzerinde uçuyorum.

— Nasıl uçuyorsunuz? Bir halının üzerinde misiniz, yüzer gibi misiniz yoksa?

— Hayır, kanat çırpıyorum.

— Peki üçten geriye doğru sayacağım. Sonra biraz daha geri gitmenizi isteyeceğim, tamam mı?

Başını salladı.

— Üç, iki, bir... Gidin. Neredesiniz şimdi?

— Dokuz yaşımdayım, odamdayım. O zaman piyano dersi alıyordum. Akşam babam eve yorgun gelince, durmamı istemiş ve "İyi çalamıyorsun zaten" deyip, odama göndermişti. Ağlıyorum...

— Hep böyle miydi babanız?

— Oldukça sertti. Benim sayılarla aram hiç iyi olmadı. Ne yapsam da beceremezdim matematiği. Sadece geometriyi severdim, daha elle tutulur bir gerçeği var geometrinin benim için. Babam herkesin, misafirlerin ortasında bana matematik işlemleri sorardı, takılıp kilitlenirdim.

Deniz'in yüzündeki rahatlama gitmiş, çenesi kasılmış, ağzı bir çizgi gibi incelmişti.

— Babanız ne yapardı peki?

— Suratına garip bir tebessüm kondurup "Bu kadar basit bir şeyi bilemedin" derdi.

Birden ağlamaya başladı. Tüm kontrolünü kaybetmişti. Çocuk gibi içini çeke çeke, hıçkıra hıçkıra ağlıyordu.

— Ben de şimdi aynı şeyi yapıyorum. Oğluma... Oğluma...

Ne dediği hıçkırıklarından anlaşılmıyordu.

— Oğlum istediğim gibi davranmayınca, kızıyorum ona; bunu neden yapıyorum bilmiyorum. Ama yapıyorum işte. Oysa ben babam gibi olmak istemedim ki hiç.

— Nasıl hissediyorsunuz o zaman kendinizi?

— Oğlum benden uzaklaşıyor. O zaman daha çok kızıyorum. Üzüldüğünün de farkındayım aslında. Bilerek üzüyorum oğlumu. Üzüldüğünü görünce geri adım atıp uzun süre yapmamaya çalışıyorum. O da öğrenmemek için direnç gösteriyor.

— O ne istiyor?

— Aslında o yalnızca onunla oyun oynamamı istiyor, açıkça da söylüyor bunu. "Bir şey öğretme, sen öğretmenim değilsin" diyor. Ona öyle davranmak beni üzüyor, rahatlamayan, kontrolü bırakmayan kötü bir ruh var sanki içimde. Onu içimden atmak istiyorum, ufak tefek şeylere aldırmamak istiyorum.

Deniz'e derin bir nefes aldırıp, bence her terapinin kilit sorusunu sordum yavaşça...

— Neye ihtiyacınız var?

Gözyaşlarıyla ıslanmış yanaklarını sildi. Ellerini yumruk yaparak cevap verdi.

— Kalbimin derinliklerinde bir bilge var, uzakları gösteriyor bana, "Oraya git!" diyor. Bu gezegeni sevmiyorum, belki her şeyin iyi gittiği hayali bir gezegen olabilir. Belki bu iyi gelir bana, belki buna ihtiyacım vardır.

— Peki ... İyilik için ne yapmanız gerekiyorsa onu bulun, yapın... Yapabilirsiniz...

Yumruk yaptığı elleri yavaş yavaş çözüldü. Yine ağlıyordu ama az öncekinden farklı bir ağlamaydı bu. Yavaşça gözlerini açtı. Derin bir uykudan uyanmış gibiydi. Birkaç yudum su içti. Yorgun hissettiğini söyleyince bunun doğal olduğunu ve mümkünse yavaş tempoda gününü geçirmesini önererek seansı sonlandırdım. Bir hafta sonrası için sözleştik.

İkinci randevumuz tam yılbaşı arifesiydi, çok iyi hatırlıyorum, 30 Aralık... Odadan içeri girişi farklıydı bu kez. Sanki biraz daha hafiflemişti.

— Ne oldu, nasıl geçti geçen haftanız, neler yaptınız?

— Ay sormayın yılbaşı telaşı işte. Çarşamba günü bir yerde yılbaşı partisi vardı, istemeye istemeye gittim.

— İstemediğiniz yere niye gittiniz, işle mi ilgiliydi?

Derin bir nefes aldı. Belliydi, yine bir eşikte duruyordu. Bu nefes de o eşiği atlamadan önceki güç toplama nefesiydi.

— Kocam istedi, o yüzden.

— Sahi hiç kocanızdan bahsetmedik. Bana biraz kocanızı anlatır mısınız?

Omzunu silkti.

— Hakan... Yani işte klasik koca...

— Nasıl klasik koca? Biraz anlatır mısınız?

Bir derin nefes daha aldı.

— Geçen gece oğlum yemek yemedi, zaten iştahsız bir çocuk. "Çizgi film açarsan yemek yerim" dedi. Ben onu ikna etmeye uğraştım, her maymunluğu yaptım. Babası da televizyonda klasik müzik dinliyordu.

— Siz salonda mıydınız?

— Evet, aynı yerdeydik, çocuk çizgi film istiyor, onun umuru bile değil. Önce oğlanı ikna etmeye çalıştım. "Baban müzik dinliyor, saygı gösterelim" diye. Baktım olmuyor, inat ediyor, Hakan'dan rica ettim kanalı çevirmesini. Ya bir kâse çorba, beş dakikada içireceğim, bitecek. Sonra ne dinliyorsan dinle, değil mi? Yok, o da inat etti. Ben iki inadın arasında kaldım. Ne var yani, onun da çocuğu? Beş dakika çeviriver, ne olur ki? Haber değil, maç değil, klasik müzik... Kaçıracağın bir şey yok ki. Sonunda kan beynime sıçradı. Ama tabii ben bunun neden olduğunu biliyorum.

Gerçekten meraklanmıştım.

— Neden?

Gözlerini kıstı. Konuşmaya başlamadan önce uygun kelimeleri aradı bir süre. Dudakları incelmiş, gözleri koyulaşmıştı. Sonra bir anda bülbül gibi şakımaya başladı.

— Bizim ilişkimizin sırrı mesafede. Yani şöyle söyleyeyim ben kocamla arama mesafe koyarsam rahatım. Ne zaman ki mesafe kalksa, biz birbirimize yakınlaşsak, o beni hemen kontrol etmeye başlar.

— Nasıl mesafe koymak? Aynı evde yaşamıyor musunuz?

— Aynı evdeyiz. Ama duygusal mesafeyi kastediyorum. Yani mesela o olaydan önceki gece film seyrederken sarıldım ben Hakan'a. Sarılarak seyrettik yani. Ondan sonra yine beni kontrol etmeye başladı.

— Sizi kontrol mü ediyor?

— Kontrol etmeye çalışıyor. Dediğim dedik biri oluyor anında. Sonra da kan beynime sıçrıyor.

İkinci kez kullanmıştı bu sözü. "Çok sinirleniyorum, bağırıp çağırıyorum" değil de "Kan beynime sıçradı" demişti. Tekrarlanan sözler çok önemlidir. Bu kez ben derin bir nefes alıp sordum.

— Demek kan beyninize sıçrıyor? Acaba ne oluyor da böyle hissediyorsunuz? Hadi gelin beraber bulalım bunun cevabını. Yine rahatlayın, gözünüzü kapatın, geriye doğru sayacağım.

İtaatkâr bir şekilde gözlerini kapattı. Başını arkasına yasladı.

Bilinç o kadar ilginç ki, aynı anda iki farklı yerde ve farklı zamanda olabiliyoruz. Örneğin şu anda evimizde bu kitabı okurken gözlerimizi kapatıp, hem çocukluğumuzda babaannemizin kanepesinde sırtımızı yasladığımız yastığın dokusunu ve rahatlığını hissedebilir, hem de şimdi çalan cep telefonumuzun sesini duyabiliriz. Ama bu geçişler gittiğiniz hayalin kuvvetini azaltmaz. Bazı insanlar çok derinleşebilir, bazıları daha az derinleşir. Ancak herkes iki hatta daha fazla farklı anıda, seviyede, anda olabilir.

— Üç, iki, bir... Gidin... Evet neredesiniz ve ne yapıyorsunuz şimdi?

— İki üç yaşındayım, dedem gelmiş, onun yanında oturmuş oynuyorum. Radyo açık, haberleri veriyor. İlk kez bir uçak kazası haberini bilinçli bir şekilde duyuyorum. Sanırım kendimi bildiğim ilk an bu. Başka bir şey göremiyorum. Bu kadar...

— Peki o zaman tekrar sayacağım ve biraz daha geriye, kanın beyninize sıçradığı en eski anıya gitmenizi istiyorum. Belki bu hayatta belki de bambaşka bir yerde... Üç, iki, bir... Gidin. Neredesiniz şimdi?

— Pembe saten ayakkabılarım var. Uçları kalkık, biraz çarıkvari. Saçlarım kızıl, iki yanda örgülü. Yuvarlak çatılı binaların olduğu bir şehirdeyim. Sanki ortaçağda bir Doğu Avrupa prensliği. Şehirde gece vakti koşturuyorum. Sevgilimi arıyorum. Penceresi açık evlerden sesler geliyor, durup dinliyorum, orada bir yerde mi? Sonra kuledeki saate takılıyor gözlerim, vakit çok geç olmuş. Korkuyorum. Geç kalırsam babam cezalandırır, babamdan korkuyorum. Gizli geçitten şatoya dönüyorum. Annem, "Parti var, hazırlan" diyor. Hatta kızıyor bana. Ama ben istemiyorum. Ben prenses olmak istemiyorum. Ben şehre dönmek istiyorum, özgür olmak, normal yaşamak istiyorum.

— Peki daha sonra neler oluyor?

— Sabah oluyor. Güneşin doğduğunu odamdan seyrediyorum. Sonra tanınmamak için erkek kılığına bürünüp yine kaçıyorum. Uzun uzun yürüyorum şehirde. Yürüyerek başka şehirlere gidiyorum. Çok kalabalık bir şehre varıyorum. Herkes bağıra çağıra bir şeyler satmaya çalışıyor.

— Ne hissediyorsunuz?

— Şaşkınım.

— Peki şimdi gördüğünüz o hikâyedeki en önemli olaya gidin. Ne görüyorsunuz?

Gülümsedi, gözleri kapalı gülümseyince küçücük bir kız çocuğu gibi göründü gözüme.

— Çok güzel giyinmişim, kendimi güçlü ve mutlu hissediyorum. Bir balkondayım. Balkondan halkıma sesleniyorum. Onları selamlıyorum, nasıl da alkışlıyorlar beni. Ben de bir şeyler vaadediyorum. Babam ölmüş, yerine ben geçmişim. Halk beni seviyor. Sorumlu hissediyorum. Halkımdan sorumluyum. Bir sürü işim var. Yorgunum, yetişmeye çalışıyorum her şeye, ama mutluyum. Annem sürekli birilerini getirip gösteriyor bana, evleneyim diye. Hepsine karşı çıkıyorum.

Regresyon terapisinde en çok önem verdiğim konulardan biri, kişiye geçmiş hayatındaki (eğer inanıyorsa) ölümünü fark ettirmek. İlginçtir, ölümünü fark etmeyenler olabiliyor. Oysa fark etmeleri önemli. O yüzden son nefesi verdiklerini görmelerini istiyorum. Yarım kalmış işlerin, ukdelerin, şimdiki hayata yansımaların hesapları görülmeli. Aksi halde tam anlamıyla affetmek ve geride bırakmak gerçekleşemiyor.

— Peki hadi o gördüğünüz hayattaki ölüme gidin. Üç, iki bir…

— Yatağımdayım. Huzurluyum, artık gitmek istiyorum. Yanımda yardımcılarım var, ailem yok. Yardımcılarıma benden sonra yapılacaklar konusunda emirler veriyorum. Yeterince yaşadım, gitmeye hazırım.

— Yavaş yavaş son nefesinizi veriyorsunuz. Lütfen son nefesinizi verince bana haber verir misiniz?

Komutu verdim, onu kendi haline bıraktım. Çünkü o son nefesi deneyimlemesi lazımdı. Huzurla cevap verdi.

— Verdim.

— Şimdi biraz yükselin ve aşağıya bakın. Biraz önce son nefesini veren kişiye bakın bakalım, ne görüyorsunuz?

Sessizce durdu bir süre. Sonra iç çeker gibi konuşmaya başladı.

— Ben prensestim. Yönetmem gerekiyordu, çünkü güçlüydüm, evlenmedim hiç, yalnız başıma daha başarılı olabileceğimi düşündüm. Bir sürü sevgilim oldu ama…

— Biraz evvel biten hayatınızda eksik kalmış ne var?

— Özgür olmak…

— Özgür olmak mı?

— Özgür bir insan olmak, halktan bir insan olmak istemiştim. Kadın olduğum için istediğim gibi özgürce keşfedemedim. Kadın olunca hayatınız baştan sona planlanmış oluyor, ruhum özgür olmak istedi ama kıpırdayamadım. Tutsağım… Tutsakmışım…

— Peki az önce deneyimlediğiniz hayatın şimdiki hayata etkisi nedir? Ne taşıdınız oradan buraya?

Biraz durdu, sonra iç çeker gibi konuşmaya başladı.

— Tutsaklık hissini taşıdım, kadın olmak, evli olmak, istediğin şeyleri istediğin zaman yapamamak. Erkek olmak da istemiyorum ama güçlü bir kadın olmak istiyorum. Kırılgan olmak istemiyorum.

Deniz Hanım'ın imgeleme becerisi çok güçlüydü, belki de sanatçı kişiliğinden... Daha da önemlisi, içsel bağlantıları çok güzel ve çabuk kuruyor –farkındalıkları güçlü geliyordu–. Deneyimime göre kişi duygularını ne kadar güçlü yaşıyorsa, bir şeyleri de fark etmesi o oranda çabuk olabiliyor. Önemli temalar ortaya çıkınca üzerine konuşarak onların etkisini hafifletmek istemem ve seansı sonlandırmayı tercih ederim.

Seansımız bittiğinde daha hafiflemiş adımlarla odamdan çıktı. O gittikten sonra söylediklerini epey düşündüm. Haklıydı, kadın olunca hayat gerçekten de baştan sona planlanmış oluyordu. Gerçekten de evli çocuklu bir kadın işten çıkıp "hadi yarım saat arkadaşlarımla kahve içeyim" bile diyemiyordu. O yarım saatlik kahve için günlerce önceden plan yapması, herkese haber vermesi gerekiyordu. Belki de bu yüzden çevrem evlenmemeyi seçmiş akıllı, güzel ve görece olarak özgür kadınlarla doluydu. Evlenmemeyi seçmek özgürlüktü belki de...

Bir sonraki seansımız on iki gün sonraydı. Yılbaşı da, hengâmesi de geçmişti, çok şükür. Vitrinler, sokaklar bir ay sonraki sevgililer gününe hazırlanmaya başlamıştı. Odadan girerken farklı bir şeyler hissettim onda. Bir değişiklik vardı. Belli ki bir önceki seanstan beri bir şeylerin muhasebesini yapmıştı.

— Nasıl hissediyorsunuz?

— Daha özgür hissediyorum. Kendi kararlarımı alıp uygulayacağım artık.

— Eşinizle nasılsınız?

Omuzlarını silkerek cevap verdi.

— Aman boş verin.

— O zaman bana biraz eşinizden bahseder misiniz?

— Hakan egosantrik biridir. Kendisini dünyanın merkezinde görür. Hep önce o gelir, onun düşünceleri, onun işi, onun yorgunluğu, onun zevkleri, onun çevresi…

— Gelin sizinle farklı bir çalışma yapalım. Amerika'da kişisel gelişim terapisti Byron Katie diye biri var; çok meşhur. Onun yansıtma ve aktarımdan yola çıkarak geliştirdiği basit bir çalışması var: "Judge your neighbour" (komşunu yargıla). Bu çalışmada altı soru yer alıyor. Bu çalışmayı birlikte yapalım istiyorum.

Teklifimi kabul etti ve ben birinci soruyu sordum.

— Sizi kim kızdırır, üzer veya çileden çıkarır, neden?

Hiç düşünmeden cevap verdi.

— Hakan beni çileden çıkarır, çünkü çok egosantrik, egoist ve inatçı.

— Peki, Hakan ile yer değiştirin.

Nasıl diye sordu.

— Ben Hakan'ı çileden çıkarırım, çünkü çok egosantrik, egoist ve inatçıyım.

Durdu, itiraz etmeye hazırlanıyordu ki hemen ikinci soruyu sordum. Savunma mekanizmasının devreye girmesine izin vermek istemedim.

— Onun ne şekilde değişmesini istersiniz ve ne yapmasını istersiniz?

— Daha az inatçı olmasını isterim, daha az kendini düşünsün.

— Peki Hakan'la yer değiştirin.

— O da benim daha az egoist, daha az inatçı olmamı ister.

— Onun yapmaması, düşünmemesi, hissetmemesi gereken nedir?

— Hakan daha paylaşımcı olmalı. Beni kontrol edebileceğini düşünmemeli. Beni daha özgür bırakmalı.

— Hadi Hakan'la yer değiştirin.

— Ben daha paylaşımcı olmalıyım, onu kontrol edebileceğimi düşünmemeliyim, onu daha özgür bırakmalıyım.

— Hakan'ın sizi mutlu etmesi için ne yapması gerekiyor?

— Beni seviyorsa eğer, anlamasına, destek olmasına, teşvik etmesine ihtiyacım var.

— Değiştirin.

Gülümsedi. Oyunu çok hızlı kavramış, hatta zevk bile almıştı.

— Onu anlamama, destek olmama, teşvik etmeme ihtiyacı var.

— Onun hakkında ne düşünüyorsunuz? Liste yapacak olsanız bu listede neler yer alırdı?

— Egosantrik, narsist, ukala, empati özürlü. Bunlar eksileri. Artıları; arkadaş canlısı, sabırlı, cömert, zeki. Ha, unutmadan, bir de bağımsız.

— Nasıl bağımsız?

— Çok bağımsız bir insan. Kendine öncelik veriyor. Kızıyorum ama seviyorum bu yönünü. Mesela Bodrum'da küçük bir teknemiz var. Orası Hakan'ın ikinci evi. Gidiyor, geliyor. O teknenin kendisine iyi geldiğini söylüyor.

— Peki hadi kocanızı hayal edin. Kapatın gözlerinizi.

Gözlerini kapatınca o vakte dek gergin olan yüzü gevşedi. Sevgilisini hayal eden liseli kızlar gibiydi neredeyse.

— Ne hissediyorsunuz?

— Göğsüme bir sıcaklık yayıldı.

— O sıcaklığa odaklanın. Sizi nereye götürüyor o sıcaklık? Hadi gidin. Üç, iki, bir...

— Dört yaşındayım. Eniştemle oynuyorum. Bana çikolata getirmiş, hikâye anlatıyor. Çok güzel hikâyeler anlatırdı eniştem, çok güzel...

Lafını tamamlayamadan öksürmeye başladı. Birden öksürmeye başlaması dikkat çekiciydi. Hasta değildi, geldiğinden beri hiç öksürmemişti. Bedenini izlemeye başladım. Çünkü belli ki söylemek istediği, ama söyleyemediği, dilinin ucuna gelip de takılan bir şey vardı.

— Peki. Bana biraz eniştenizi anlatın.

Bu kez küçük bir kız çocuğuna dönmüştü yüzü.

— Çok iyi insandı. Dünyada tanıdığım en iyi insandı. Yumuşacıktı. Hep hikâyeler, fıkralar anlatırdı. Evliya gibi bir insandı. Erken yaşta öldü. Çok erken... Keşke herkes onun gibi olabilse, huzur verirdi o, huzur...

Durdu, gözlerinden akan yaşı elinin tersiyle sildi. Dudakları titreyerek anlatmaya devam etti.

— Teyzem onu mahvetti. Teyzeme çok kızıyorum. 88 yaşında, hâlâ yaşıyor.

— Teyzeniz nasıl biri?

— Çok despot, herkesi ezer, yönetir, kapris yapar, insanları çileden çıkarır. Onun gibi olmaktan korkuyorum. Sanki bir parçam ona benziyor. Kendimi ona benzetiyorum. Uzun süredir yatalak, zihni çok açık ama yattığı yerden herkesi yönetmeye devam ediyor. Aslında anlıyorum da onu. On dokuz yaşında annesini kaybetmiş, babasının sağ kolu olmuş, katılaşmış tabii, kızıyorum ama seviyorum da onu. Sevmesem daha kolay olurdu ama seviyorum.

— Hadi çalışmaya dönelim. Son soruyu sorayım size. Hakan'la bir daha deneyimlemek istemediğiniz şey nedir?

— Bir daha onunla kavga etmek istemiyorum. Beni takdir etmesini istiyorum.

— Hadi değiştirin.

— Hakan benimle bir daha kavga etmek istemiyor. Benim onu takdir etmemi istiyor.

Gözlerini açtığında rahatlamış görünüyordu. Muzip bir gülüşle konuşmaya başladı.

— Ne yapmaya çalıştığınızı anladım. Böyle bir ben, bir Hakan. Hafifletmeye çalıştınız beni. Çünkü şimdi bu seanslarla kendimi keşfetmeye çalışırken eve gidip bir de kocamla boğuşsam tam çifte kavrulmuş olacak her şey. Hiç olmazsa kocamı biraz rahat bırakırım diye düşündünüz değil mi?

Gülümsedim. Nasıl da kıvrak bir zekâsı vardı.

— Ama bu seanslarla kendinizde bir farkındalık sağladıktan

sonra bu farkındalığı aksiyona dönüştürmezseniz o zaman bir anlamı kalmaz. Kendiniz için yaptığınız bir şey olmalı mutlaka.

— İlk adımı attım bile.

— Öyle mi? Ne yaptınız?

— Dans dersleri alabilmek için arayıştayım. Birkaç yere telefon ettim.

Şaşırmıştım.

— Dans mı?

— Evet. Ben çocukluğumdan beri hep dans etmeyi severim. İşimle ilgili de toplantılar yapmaya başladım. Kafamda bir sürü fikir var. Çok heyecanlıyım. Sanki çok güzel bir şeylerin arifesindeyim gibi hissediyorum.

Kapıdan çıkarken huzurla el salladı. Kapıyı kapadıktan sonra ben de huzurla arkama yaslandım. Deniz, üçüncü seansın sonunda epey yol almıştı, ama varmak istediği yol neresi ise belli ki o yola daha vardı. Çünkü çelişkileri devam ediyordu. Kafasında bir mevcut Deniz, bir de ideal Deniz vardı. Bu ideali her ne ise kendi ruhuyla, varlığıyla beraberdi ama çevrenin etkisiyle, hayatın koşullanmalarıyla özünden ayrı düşmüştü. Gerçekten olman gereken kişiyle dönüştüğün kişi arasındaki fark ne kadar büyükse psikolojik sıkıntılar, hastalıklar o kadar artardı. Zaten hayat neydi ki? Şu iki varlığı yani aslında olanla olmak zorunda kalınanı birbirine yaklaştırmaya çalışmaktan başka neydi ki?

Bir sonraki randevumuz on gün sonraydı. Asistanım geldiğini haber verdiğinde hızlıca notlarıma göz attım. Bugün kapıdan içeri nasıl girecekti acaba? Son seansta çıktığı gibi yine huzurla mı, yoksa gerginlikle mi?

Kapıyı açıp, yüzünü gördüğümde sorumun cevabını aldım. Belli ki bu hafta bir şeyler yolunda gitmemişti.

— Nasılsınız?

Derin bir of çekerek cevap verdi.

— Çok öfkeliyim.

— Nasıl bir öfke bu?

— Yine başladı işte. Size anlattığım öfke ataklarım yine başladı. Yine çok öfkeliyim. Kulaklarımdan öfkem çıkıyor. Bakın gerçekten fiziksel bir şekilde de hissediyorum bunu. Öfkem kulaklarımdan başımın tepesine çıkıyor.

— Ne renk?

— Ne, ne renk?

— Öfkeniz diyorum, kulaklarınızdan çıkan öfke ne renk?

— Siyah! Simsiyah!

— Peki, hadi öfkenize odaklanın. Üçten geriye sayacağım. Gözlerinizi kapatın, başınızı arkanıza yaslayın, tamam mı?

Gözlerini kapadı, başını sallayarak hazır olduğunu onayladı.

— Öfkeniz, öfkenizi temsil eden bir şey veya birisi hayalinizde kapıdan içeri girecek. Hazır mısınız?

Huzursuzca kıpırdandı yerinde. Derin bir nefes alıp başını bir kez salladı.

— Üç, iki, bir... Kapı açıldı, öfkeniz içeri girdi. Ne görüyorsunuz?

— Babamı görüyorum.

— Nasıl görüyorsunuz babanızı?

— Bana utangaç bir şekilde gülümsüyor.

— Size ne diyor?

— "Beni çağıracağını biliyordum" diyor.

Birden sustu, yutkundu, sonra fısıldadı.

— Onu çok özledim.

Ağlamaya başlamıştı. Ama hıçkıra hıçkıra bir ağlama değildi bu. İçine içine ağlıyordu sanki. Gözlerinden akan sessiz yaşları sildi. İki üç kez yutkunup konuşmaya başladı. Bu kez daha güçlüydü sesi.

— Onu çok özledim. Neden gitti diye kızıyorum, ama biliyorum, herkesin bir ömrü var. Farkındayım, biliyorum bunu. Ama kabullenmek istemiyorum öldüğünü.

— Neden öldü babanız?

— Pankreas kanserinden. Belki de o yüzden kabullenemiyorum ya. Hastalık teşhisi konulduktan sonra dokuz ay içinde gitti.

— Ne hissediyorsunuz?

Sessiz gözyaşlarının yerini hıçkırıklar almış, katıla katıla ağlamaya başlamıştı.

— Öfke hissediyorum. Onu özledim ama öfkeliyim de...

— Neden?

— Çünkü ben dans etmek, şarkı söylemek istedim. Çocukken en çok bunu istedim. O engelledi beni. En büyük hayalimdi. Desteklemedi beni hiç.

Birden alaycı bir gülümseme belirdi yüzünde.

— Aslında onun da hayatı istediği gibi olmadı. O da hep bir çiftliği olsun isterdi, atları, tavukları, gönlünce kessin biçsin, toprakla haşır neşir olsun. Olmadı. O da istediği hayatı yaşayamadı.

— Peki hayalinizde babanızla konuşmak ister misiniz?

— İsterim, çok isterim.

Deniz'in terapisinin tam da bu noktasında Gestalt tekniğini kullanmak gerekliydi. Gestalt tekniği geçmiş ya da gelecekten çok şimdiki zamana odaklanır. Şimdi ve burada olana analizlerden daha çok güvenebileceğimize inanır.

Gestalt tekniği yaklaşımına göre insanlar, onları oluşturan parçalardan farklı bir bütün olarak tanımlanmaktadır. Bu yaklaşıma göre terapinin amacı, birey kişiliklerinin bütünleşememiş yönlerinin farkına varmalarına, bu yönleri kabul etmelerine ve bunları bütünleştirmelerine yardımcı olmaktır. Söz konusu bütünleştirmeyle bireylerin bağımlılıktan kurtulup kendine yeter hale gelmeleri ve onları sınırlayıp baskılayan dış destekten içsel desteğe dönmelerine yardımcı olmak amaçlanır. Gestalt tekniğinde içerikten ziyade o andaki gerçekleşen süreç önemlidir ve terapi ilişkisi "burada ve şimdi" olmalıdır.

— O zaman az önce içeri giren babanızın yanınıza geldiğini düşünün. Bakın yanınızda şimdi. Konuşun onunla.

— Ne konuşayım?

— Ne söylemek isterdiniz ona? Sormak istediğiniz bir şey yok mu?

Gözleri kapalı bir şekilde kanepede yönünü değiştirdi. Sol tarafına dönüp sordu.

— Bana neden izin vermedin baba, neden dans etmemi, şarkı söylememi istemedin?

— Dinleyin bak. Ne diyor size? Bana da söyleyin lütfen.

Babasının sözleri de onun ağzından çıkıyor, o sırada yüzü değişiyor, sesi kalınlaşıyordu.

— "Çok yorgundum kızım. Hayat zordu. İş, güç, bir yandan sen, kardeşlerin... O kadar istediğini fark edemedim. Çok yorgundum, çok çalışıyordum, anlamadım, fark etmedim o kadar istediğini."

— İstiyordum baba. Çok istiyordum.

— "Ama üstüne gitmedin sen de. Gerçekten isteseydin, mücadele ederdin, üstüne giderdin."

Bir anda bağırmaya başladı. Ayaklarını yere vuruyor, yumruklarını sıkıyordu.

— Çok istiyordum baba. Çok istiyordum. Bana güvenmedin, başarabileceğimi düşünmedin.

— "Seni korumaya çalışıyordum Deniz. Seni çok sevdiğim için korumaya çalışıyordum. Ama haklısın şimdi bakınca anlıyorum ki bir anne baba çocuğuna yapamazsın dememeli, seçenekler sunmalı."

Uzun süre ağladı, ağladı... Hiç araya girmedim, yıllarca içinde biriktirdiğini atmasını bekledim sabırla. Sonra yavaş yavaş sakinleşti.

— Onun bana söylediklerini kabul edemiyorum. Müzisyen olmamı istemedi, şimdi bunun yanlış olduğunu kabul ediyor ama çok geç artık. Beni asıl kızdıran da ne biliyor musun? Onu anlamam, ona kızıyorum ama anlıyorum da bir yandan. O da beni zor bir hayata karşı koruduğunu zannediyordu.

— Peki ne yapmak istersiniz şimdi?

— Ona sarılmak isterim.

— Sarılın o zaman. Babanız yanınızda oturuyor, hadi sarılın.

Yan tarafına döndü, kollarını uzattı. Ona bir yastık uzattım, sıkıca sarıldı yastığa. Biraz bekledikten sonra sordum.

— Ne dedi babanız size?

— "Ben 'yapamazsın' diyerek yanlış yaptım. Bir anne, baba çocuğuna yapamazsın dememeli. Oğluna sakın böyle davranma. Ne istediğini keşfet. Ben erken gittim. Ama annenin kalıp size yardım etmesi lazımdı. O yanınızda olduğu için huzurluyum. Şimdi senin de kardeşlerinin de her şeye sahip olduğunu görüyorum. Bu da bana huzur veriyor. Benim artık gitmem lazım" dedi.

— Peki babanızın gitmeden evvel size söylemek istediği bir şey var mı?

Gülümsedi. Yüzü aydınlanmış, az önceki hıçkırıkların yerini umutlu bir gülümseme almıştı.

— Mutlu olmak için her şeye sahip olduğumu, sadece parçaları bir araya getirmem gerektiğini söyledi. "Yaptıklarını yücelt, yapamadıkların için üzülme" dedi.

Gözlerini yavaş yavaş açtı.

— Babanızın mezarına en son ne zaman gittiniz?

Omuzlarını silkerek cevap verdi.

— Bilmem, hatırlamıyorum.

— Bu hafta gitseniz ya. Önemli ya da değil ama bizim kültürümüzde vardır mezar ziyareti. Gidin babanızın mezarına.

Odadan çıkarken hâlâ seansın etkisindeydi. Adım gibi biliyordum, tüm hafta aklından çıkmayacaktı babasının söyledikleri. Çünkü babasından duydukları aslında kendi içinden çıkanlardı.

Bir hafta sonra geldiğinde gülümseyerek girdi odaya.

— Geçen hafta olanları anneme anlattım. Annem de "Bir dahakine sor bakalım benim için bir şey diyor mu?" dedi. Ruh çağırıyoruz gibi anladı, ben de bozmadım.

— Gittiniz mi babanızın mezarına?

— Gittim. Teyzemi de ziyaret ettim.

— Nasıldı teyzeniz?

Kahkaha atarak cevap verdi.

— Cin gibiydi vallahi. Yattığı yerden bin türlü espri yaptı, benimle şakalaştı. Ölmekten korktuğunu söyledi yine. Çocuksu bir ruhu olduğunu hissediyorum, o yüzden de hayata çok bağlı. Ama vücudu artık iflas etti; onu rahatlattım biraz, korkmasına gerek olmadığını söyledim.

— Peki nasıl hissediyorsunuz geçen haftadan beri?

— Acayip dönüştürücü bir seans oldu. Hafifledim. Kendimi mutlu ve huzurlu hissediyorum.

— Ev nasıl, kocanız, oğlunuz?

— Ben iyi hissedince onlar da iyi sanki.

— Rezonans denilir buna. Kuantum fiziği çalışan bilim insanlarının da bununla ilgili bir açıklaması var. Bizde bir değişim olduğu zaman yaydığımız enerji etrafa da yansır, hiçbir şey yapmasak bile yaydığımız enerjiyle eşimizin çocuğumuzun hali tavrı da değişir.

— Evet, doğru. Düşündüm de... Ben ne zaman gergin olsam onlar benden gergin oluyorlar.

— Hadi biraz da doyumsuzluk üzerine çalışalım mı? İlk seansımızda doyumsuz olduğunuzdan şikâyet etmiştiniz.

— Evet.

— Hadi gözünüzü kapatın. Bana içinizdeki doyumsuz kızı tarif edin. Ne görüyorsunuz gözünüzü kapatınca?

Gözlerini kapattı.

— Sarı saçlı bir genç kız, yirmili yaşlarında, saçlarında çiçekler var. Üzerinde uzun, düz kesimli, beyaz bir elbise... Gülümsüyor...

— Adı ne?

— Daniella. Sanki biraz bana da benziyor.

Deniz'in regresyon deneyimleri çok kuvvetliydi. Her defasında farklı bir yere gidiyor ve gittiği yerleri çok kuvvetli imgelerle anlatıyordu. Bu noktada soru işaretleri oluşabilir, Deniz'in dü-

rüstlüğünden şüphe duyabilir, gittiği yerlere aslında gitmediğini, uydurduğunu düşünebilirsiniz. Ancak altını çizmeliyim ki; her insanın hayal dünyası farklı çalışır. Bu hayaller sağ beyinden çıkar. Kimi çok düz, iki boyutlu çizgi film gibi anlatabilir, kimi de ayakkabısının pembe renginden, kıyafetinin kumaşına kadar detay verebilir. Bu insanın kişiliğiyle, hayal gücüyle alakalı bir durumdur. Eğer pembe onun hayatında önemli bir yer tutuyorsa ben o pembe terliğe önem veririm. Ancak çok detaylı anlatıyorsa her detaya önem vermem, 'bu kişi detaycı biri' diye düşünüp o şekilde yol alırım.

Regresyon terapisinde önemli olan duygunun çıkmasıdır. Hayali uydurabilirler, zaten uydurması çok da önemli değildir. Önemli olan o hayalden bir duygunun çıkıp çıkmadığıdır, çünkü regresyon duygu ve farkındalık odaklı bir terapi biçimidir. Kişi tamamen uydurabilir de, çünkü beyin bazen gerçeklerle yüzleşemez ve bir hikâye üreterek bu yüzleşmeyi yapabilir.

— Bana biraz Daniella'yı tarif eder misiniz?

— Çok özgür, bağımsız, kuş gibi zıplayarak yürüyor. Birden benimle sohbet etmeye başlıyor. Aslında bülbül gibi şakıyor. "Benim gibi olabilirsin" diyor, özgür ve rahat…

— Peki dinleyin bakalım başka ne diyor?

— "Kendini özgür ve rahat bırakmıyorsun. Hep başkalarına bağımlısın" diyor.

— Peki siz ne hissediyorsunuz?

— O benim içimdeki özgürlüğü temsil ediyor galiba.

— Doyumsuzluktan bahsederken özgürlük mü çıktı karşınıza? Yani doyumsuz olduğunuz yan özgürlüğünüz mü? Daniella'ya bir sorun bakalım.

— "Beni içinden çıkarırsan özgür kalırsın ve aradığını bulursun" diyor.

Derin bir nefes aldım. Bu anın çok önemli olduğunu, kendinde keşfedeceği çok önemli bir yere geldiğimizi hissetmiştim.

— Özgürlük varsa tutsaklık da vardır. Şimdi de tutsağı çağır.

Yüzünü buruşturdu, iğrenç bir şey görmüş gibi bir tiksinti belirdi yüzünde.

— Korkunç bir yaratık geldi. İnsan vücudunda ama derisi yanmış, buruşmuş, garip bir yaratık... Zebani gibi... Beni korkutmamak için ağaçların arasında gizlenmiş, ürkek ve çirkin... Çıkmak istemiyor. Bana bakamıyor.

— Tutsak kadın mı, erkek mi?

— Erkek!

— Peki ne diyor olabilir size?

— "Beni kurtar, acı çekiyorum" diyor.

Arkama yaslandım. Deniz'in imgelemleri çok güçlüydü. Arkada kalıp, çürümüş, yanmış erkek bir tutsak... Kuş gibi şakıyan, güzel, genç özgür bir kız...

— Neden acı çekiyor?

— Umursanmadığı için.

— O zaman neye ihtiyacı olduğunu sorun.

— Daniella sorsa...

— Olur, o sorsun.

— Daniella ona yardım etmek istiyor. Hatta gidip elini tutuyor. Ben ondan korkuyorum, ama Daniella korkmuyor. Ellerini okşuyor hatta.

— Peki tutsak nasıl hissediyor?

— İyi hissediyor, sıcak... Daniella ile tutsak sanki birleşmek istiyorlar.

— Birleştirin onları o zaman.

Huzurla gülümsedi. Az önceki korku silinmişti yüzünden.

— Sarıldılar, sonra sarmal oldular, uçarak uzaklaşıyorlar, şimdi ışık oldular.

— Siz ne yapıyorsunuz?

— Hiçbir şey, bekliyorum. Sanki geri geleceklermiş gibi... Ama ışık olup gittiler.

— Peki sizce tutsak nedir?

— İçimde bir yerlerde bastırdığım bir şey gibi. Hiç dokunmamışım, acılar, üzüntüler, elde edemediklerim... Hep bastırıp durmuşum... Ama onların oradan çıkarılmaya, temizlenmeye, bakıma ihtiyacı varmış.

— Şimdi ne yapsanız iyi gelir size?

— Tutsağın boşalan yerini temizlemeliyim.

— Neden?

— Pis olduğu için...

Arkama yaslandım. Kritik soruyu sormanın tam zamanıydı. Biraz bekledim. Gördüklerini, hissettiklerini sindirmesini istedim. Sonra sordum.

— Neye ihtiyacınız var?

— Sevgiye ihtiyacım var. Daha çok sevgi. Kendimi çok muhtaç hissediyorum. Nedense hep başkasının sevgisine muhtaç hissediyorum. Bunu sevmiyorum.

— Şimdi gözlerinizi açın. Yavaş yavaş kaldırın başınızı.

Gözlerini açtı. Şaşkındı. Sanki nerede olduğunu anlamak ister gibiydi. Hani ilk kez kaldığı bir evde uyanır da, bulunduğu yeri yabancılar ya insan, öyle... Odada bir göz gezdirdi, sonra bana takıldı gözleri. İlk kez görür gibi süzdü beni. Sonra gülümsedi. İnsanın derinlikleri katman katman... Sanki sürekli üreyen matruşka bebekleri gibi. Bir keşif başka bir yanımızı –çok derinlerde kalan– ortaya çıkarıyor. Odadan çıkarken kafasında sorular olduğunu hissettim. Benim de vardı. Geldiği süre boyunca kocasından, çocuğundan, babasından, öfkesinden, doyumsuzluktan, özgürlükten bahsetmişti. Ama muhtaç olmaktan ilk kez bahsediyordu. O noktada seansı sonlandırdık. Düşünecek yeni bir tema çıkmıştı ona.

Bir sonraki seansı, ne yalan, ben de iple çektim. Neler olacağını merak ediyordum. İçeri girdiğinde aynı meraklı bekleyişin onda da olduğunu hissettim.

— Nasılsınız bu hafta?

— Aklım hep muhtaç olma mevzuuna takıldı bu hafta. Bunun farkında değildim. Kendimle yüzleştim. Neden başkalarının sevgisine bu kadar ihtiyaç duyuyorum?

— Peki gözünüzü kapatın, muhtaçlığa bakın bakalım ne göreceksiniz?

Gözlerini kapadı, arkasına yaslandı. Gerilmiş, sinirli bir ifade yerleşmişti yüzüne.

— Göremiyorum.

Şaşırmıştım. Bu vakte dek hiçbir sorun yaşamadığı halde şimdi neden içine giremiyordu ki?

— Peki dışarıdan bakın o zaman. Sanki tiyatro seyreder gibi. Ne görüyorsunuz?

— Doğum masası gibi bir şey görüyorum. Bir kadın var, o benim... Ayaklarım, iki yandan havada, iki üç kişi yanımda ayakta duruyor. Elleri karnımın üstünde. Çekiştirmeye çalışıyorlar. Uyanığım, onlara bakıyorum.

— Hamile misiniz?

— Hayır değilim.

— Neyi çekmeye çalışıyorlar karnınızdan?

Yüzünü buruşturarak haykırdı.

— Rahmimi!!!

— Peki üç, iki, bir... Başlangıç anına gidin hadi. Bu hikâyenin başlangıç anına.

— Gidemiyorum. En başa gidemiyorum.

— Ne hissediyorsunuz peki?

— Karnım ağrıyor, çok şiş, içeride bir şey dönüp duruyor. Kasıklarımda bir rahatsızlık var. Canım yanıyor.

— Şimdi içinizde bir kamera varmış gibi bakmanızı istiyorum. Yumurtalıklarınıza, rahminize bakın.

İyice gerilmişti alnı, şakaklarındaki damarların attığını oturduğum yerden görebiliyordum.

— Oradan oraya savrulan sıvılar var. İstemim dışında her şey sürekli yer değiştiriyor. İçeride kıpır kıpır bir şey oynuyor. Canlı bu... Beni canlı hissettiriyor. Yaşadığımı hissediyorum.

— Peki üç, iki, bir... Şimdi cansız hissettiğiniz ana gidin...

— Dümdüz yatıyorum, boşluktayım.

— Ne görüyorsunuz?

— Hiçbir şey. Çok duman var, sisli, göremiyorum.

— Sisler açılınca kendinize bakın ve nerede olduğunuzu, ne giydiğinizi söyleyin bana.

— Kızılderiliyim, siyah uzun saçlıyım; ayaklarımda deri çarıklar var. Kabile büyüklerinin önünde, yaşlı bir kadına, büyükannem sanırım, bir şeyler anlatmaya çalışıyorum. On altı yaşında bir kızım ve babam kabile şefi. Başka kabileden birine âşık oluyorum ve hamile kalıyorum. Evlenmeme izin vermiyorlar. Beni bir çadıra hapsediyorlar.

— Hapis misiniz şimdi?

— Evet, yanımdaki doktor büyücüye bir şeyler anlatıyorum.

— Ne anlatıyorsunuz?

— Hamileliğimle ilgili konuşuyorum. Onu ikna etmeye çalışıyorum. Kızgınım. Bana sert sert bakıyor. Onaylamıyor. Çok üzgünüm, çok yorgunum. Derdimi anlatamıyorum.

— Peki ileri sarın şimdi. Doğum anına gidin.

— Çadırdayım. Kadınlar başımda, dua ediyorlar. Büyücü adam da başımda, bebeği doğurtuyor. Bebek çok zorlanıyor. Ben kendimde değilim; büyücü çekerek çıkarıyor bebeğimi... Parçalarcasına rahmimi...

Birden sustu. Gözyaşları iki yanağından sicim gibi akıyordu. Öfkeyle gözyaşlarını silip devam etti anlatmaya.

— Sesi çıkmıyor. Hani doğar doğmaz ağlar ya bebek. Bunun sesi çıkmıyor. Alıp götürüyorlar sonra, öldü diyorlar. Hiç göremiyorum onu.

Sessiz gözyaşları hıçkırığa dönmüştü. Oturduğu yerde çırpınıyor, katılarak ağlıyordu.

— Kadınlar yine dua ediyor. Uyuşmuşum. Bebeğin peşine gitmek istiyorum ama yerimden kalkamıyorum. Dualar kulağımda... Alnımı siliyorlar. Vücudumu temizliyorlar.

— Üç, iki, bir... Bir sonraki önemli olaya gidin...

— Yaşlı bir kadınım. Hiç evlenmemişim. Havanda vura vura bir şey öğütüyorum. Delirmişim doğumdan sonra. Herkese kötü gözlerle bakıyorum. Kimseyle konuşmuyorum. Kimse de benimle konuşmuyor. Çok öfkeliyim, herkese öfkeliyim. Yanıma gelen herkese bağırıyorum.

— Ölümünüze gidin. Üç, iki, bir…

İçini çekerek cevap verdi.

— Çadırda yerde yatıyorum. Yine bir sürü kadın var etrafımda. Yaşlıyım, huzurluyum. Gitmeyi bekliyorum. Artık gitmek istiyorum. Çok değersiz bir hayat olmuş. Uzun ve anlamsız… Bana değer verilmemiş.

— Şimdi o hayattaki anne ve babanızı canlandırın. Yanınızdalar. Onlara ne söylemek istersiniz?

— Sevdiğim erkekten ayırdınız. Beni koruyamadınız. Bir kenara attınız.

Hıçkırarak devam ediyor.

— Çocuğumu elimden aldınız. Beni sevmediniz. Yavaş yavaş delirmeme göz yumdunuz.

— Peki, büyükannenizi çağırın. Ona ne söylemek istersiniz?

— Çok sert bir kadınsın. Kabilenin asıl şefi sensin. Kimse, babam bile senin sözünden çıkmıyor. Neden bunun olmasına izin verdin? Neden beni sevdiğimden ayırdın, onu öldürmelerine neden seyirci kaldın?

— Ne yapıyor o?

— Korkunç gözleriyle bana bakıyor.

— Bir cevap verdi mi size?

— "Töre böyle. Senin bu bebeği doğurmaman gerekiyordu" dedi. Doğursam da sakat kalacakmış. "Her şey olması gerektiği gibi. Her şeyin bir nedeni var. Yapabileceğimiz bir şey yok, kabul etmemiz lazım" dedi.

— Peki, doğurup görmediğiniz bebeğinizle tanışmak ister misiniz şimdi.

— Evet.

— Bebeğiniz geldi, bakın yanınızda, ona ne söylemek istersiniz?

Hıçkırıkları şiddetlendi. Bir yandan ağlıyor, bir yandan da sayıklar gibi kesik kesik konuşuyordu.

— Seni çok özledim. Seni çok seviyorum. Keşke seni almamaları için elimden bir şey gelseydi. Keşke kaçabilseydim. Keşke...

— O size cevap verdi mi?

— "Üzülme anneciğim" dedi. İyiymiş, iyi bir yerdeymiş. "Artık birlikteyiz, kavuştuk" dedi.

— Şimdi de bebeğin babasını çağırın.

Acıyla kasıldı yüzü. Sımsıkı kapalı gözlerinden yaşlar durmaksızın akıyordu.

— Ne diyor size?

— Beni çok özlemiş. O da beni çok özlemiş. Uzun siyah saçlarıyla karşımda bana bakıyor. Mutlu görünüyor. Sımsıkı sarılıyor bana.

Deniz'in sevdikleriyle kavuşma hayali çok güçlüydü, başka bir boyutta onlarla gerçekten buluştuğunu hissediyordu ve dışarıdan ona bakarken bunu ben de yoğun olarak hissediyordum. İçinde doyana, yetene kadar orada kalmasına izin verdim. Kendini hazır hissettiğinde derin bir nefes alarak gözlerini açmasını söyledim, farklı bir dinginlik gelmişti yüzüne, bakışlarında o vakte dek görmediğim bir huzur vardı.

— Nasıl hissediyorsunuz?

— Hem şaşkınım, hem de tuhaf biçimde huzurluyum.

Ben de derin bir nefes alıp vererek gülümsedim. Şaşkındım. Danışanlarımın bilinçaltının derinliklerine girince çok enteresan hikâyelerle karşılaşıyordum ancak bu duyduklarımın içinde en kapsamlı ve yoğun olanlardan biriydi. Danışanla beraber hikâyenin içine girmek, takip etmek terapisti de etkiler, ben de epey etkilenmiştim. Kalktım, ona bir bardak su uzattım, bir bardak da ben içtim. Camı açtım, temiz, taze hava odadan içeriye girdi. Birkaç dakika ikimiz de sustuk.

— Sizi tebrik ediyorum Deniz Hanım... Kişinin iç dünyasının dışavurumunda en önemli konu, terapistine güven duyarak kendisine izin vermesidir. Siz de sansürsüzce izin verdiniz, çok güzeldi... Tabii bana kendinizi açma konusundaki güveniniz için de teşekkür ederim. Genelde bilinçaltı hikâyesinin ardında konuşuruz, anlamını irdeleriz. Ancak siz de ben de epey yorulduk. Çok yoğun deneyimler yaşadınız. Çok sarsıldınız. Çamurlu suyun temizlenmesi gibi düşünün. Dibinde çamur olan suyu temizlerken önce su bulanır sonra kalan dibine çöker, yukarıda temiz su kalır. Bugün bayağı temizlik oldu, bulanıklığın geçmesi ve temizlenen suyu net görebilmemiz için biraz sabırlı olmak lazım. Biraz vakit geçmeli. Burada duralım ve bir sonraki görüşmemizde konuşalım, olur mu?

Başıyla onayladı. Çantasını aldı, ayağa kalktı, elimi sıktı ve yavaşça kapıya doğru yürüdü. Tam kapıdan çıkacaktı ki aniden döndü. O zamana dek tanık olmadığım kadar güzel, sıcak gülümsedi.

— Çok teşekkür ederim.

Sonrasında birkaç hafta Deniz'den haber almadım. Yaşadıklarını sindirmesi vakit almıştı belli ki. Bir daha seans yapamadık, araya onun bazı ailevi sorunları girdi ama telefonda konuşup birbirimizi bilgilendirdik. Bana önce bir e-postayla değerlendirmelerini anlattı; öyle ki, son seansta deneyimlediği travmatik yaşamdaki olayların ve kişilerin bugünkü yaşamında bazı karşılıklarını keşfetmişti.

Ölen bebeğinin bakışlarıyla, çok yakın bir dostunun bakışları birebir aynıydı. Onları on yıl önce tanıştıran erkek arkadaşları da, esmer ve uzun saçlıydı ve aynı diğer yaşamdaki sevgilisine benziyordu. İki kadını tanıştırdıktan sonra ikisinin de hayatlarından çekilmişti. Deniz arkadaşına hep koruyucu bir anne gibi yaklaşıyor, onu kollamaya çalışıyordu. Bu deneyimden sonra ise, onu artık rahat bırakmaya karar vermişti. Artık o da kendi başına, korkusuzca kendi yolunu çizmeliydi.

Birkaç ay sonra Deniz'e fiziksel olarak âdet dönemi ağrılarının azalıp azalmadığını sordum. Bu tip durumlarda ağrıların gitgide azalmasını bekleriz. O da bunu onayladı; artık âdet olacağını bir hafta önceden anlamıyor ve stresle beklemiyordu. Sinirlenmiyordu da, üç, dört gün süren ağrılar ise bir güne inmiş ve hafiflemişti. Bunlar benim için de çok sevindiriciydi.

Deniz bir keresinde, depresyona meyilli bir kişiliği olduğunu söylemişti. Bu sorunları çözsek bile, yenilerini üreteceğinden korkuyordu. Ona cevabım şöyleydi: "Sorunlar kat kat yığılmış bohçalar gibi; zaman içinde teker teker açıp halletmeye çalışıyoruz her birini. Hiç sorunsuz olmayı bekleyemeyiz; önemli olan bilincine varıp nasıl başa çıkabileceğini bilmektir."

Birkaç yıl sonra, Deniz ailesiyle birlikte tekrar Amerika'ya döndü. Hâlâ haberleşiyoruz. Yaşadığı bu dönüştürücü deneyimden sonra, hayata farklı baktığını söylüyor. Hatta tanıştığı her kişinin, daha önceki bir yaşamda karşılığı olup olmadığına bakıyor. Düzenli meditasyon yapıyor, mesleğine devam ediyor, firmasını büyütmeye odaklanmış, oğluyla güzel bir ilişkisi var, eşiyle de birbirlerini oldukları gibi kabullenmiş, hayatlarına devam ediyorlar. Doyumsuzluk hissi bitmiş; yapamadıklarına değil, yaptıklarına odaklanıyor artık.

Melek Ç.

"Annem öldüğünden beri derimin altında bir şey yürüyormuş gibi hissediyorum. Böcek gibi, kıpır kıpır, sürekli hareket ediyor. Hep derimin altında… Kımıl kımıl…"

Bardaktan boşanırcasına yağmur yağıyordu, her yağmurda olduğu gibi İstanbul'da yine yollar kilitlenmişti, yine uzun süre yolda kalmıştım. Sonunda işyerime yaklaşabilmiştim ama trafik milim milim ilerliyordu. Mesafe kısa olsa da ulaşmam belli ki zaman alacaktı. Saatime baktım, neyse ki ilk seansıma daha bir saat vardı. Tam o sırada kaldırımda, ofisimin olduğu apartmanın güvenlik görevlisi Mehmet Bey'i gördüm, sırılsıklamdı, üstelik şemsiyesi de yoktu. Hemen kornaya bastım, beni görünce yüzü aydınlandı. Camı açıp, seslendim.

— Mehmet Bey, işyerine gidiyorsanız atlayın hemen, beraber gidelim.

— Sağ olun Şeniz Hanım. Koltuk ıslanacak ama…

— Islansın, ne önemi var, canınız sağ olsun. Ne oldu da bu kadar ıslandınız? Yolda mı kaldınız?

Cevap vermeden biraz düşündü. Anlatmakta tereddüt ettiği bir durum olduğu belliydi.

— Hiç sormayın Şeniz Hanım, başımızda bir iş var. Karımı hastaneye götürdüm. Hastane de işyerine çok ters yerde. Kaç vasıta değiştirdim, inanın bilmiyorum. Sonunda buraya kadar geldim, az gerideki durakta indim, tam "Yol az kaldı yürüsem mi?"

diye düşünürken size rastladım. Sağ olun siz de aldınız arabaya.

"Karım rahatsız ya da hasta" değil de "Başımızda bir iş var" demesi dikkatimi çekmişti. Fazla tanımasam da severdim Mehmet Bey'i. Her zaman saygılı ve yardımseverdi. İşini hakkıyla yapmaya çalışır, her karşılaşmamızda güler yüzlü ve içten bir şekilde selamlardı beni.

— Hayrola, nesi var eşinizin?

— Yani nasıl anlatsam bilemiyorum ki. Aslında bu konuda gelip size danışmak, yardım istemek de aklımdaydı ama çekindim. Anlatması zor...

Trafik çok yavaş ilerlediği için göz ucuyla ona bakabiliyordum. Gerçekten de anlatmakta zorlandığı belliydi. Derin bir nefes aldı, sonra ellerine baktı, alyansını çevirdi birkaç kere, ardından anlatmaya başladı.

— Karım uyumuyor, Şeniz Hanım. Neredeyse hiç uyumuyor. Eskiden akşam yemekten sonra bir çay zevkimiz vardı. Oğlan büyüdü, evden ayrıldı, kız hâlâ bizimle, henüz okula gidiyor. Kız yatınca, çay demler, karşılıklı içer, sohbet ederdik. Uykusu kaçıyor diye artık akşamları çay da içmiyoruz ama uyumuyor. Bütün gece ayakta, gezinip duruyor. Bir de... Yani nasıl desem ki hocam?

Sustu birden. Alyansını birkaç kez daha çevirdi, başını kaldırıp gözlerini karşı arabanın farlarına dikip devam etti.

— Derisinin altında bir şey yaşıyormuş da, o şey sürekli dolaşıyormuş gibi hissettiğini söylüyor. Ne yapacağımı bilemedim. Melek kıymetlimdir benim. Karımı çok severim. Biz iyi günde kötü günde hep yan yana durduk. Mesela benim arkadaşlar her gece mahallede kahveye çıkarlar, ben sevmem öyle şeyleri, gidip kahvede oturacağıma karımla, çoluk çocuğumla evde olmayı severim. Çay içelim, televizyona bakalım, Allah ne verdiyse yiyelim... Mutluydum, mutluyduk. Ama işte... Böyle olunca huzurumuz kaçtı hocam.

Anlattıkları da karısından bahsederken ki içtenliği de çok ilgimi çekmişti. Merakla sordum.

— Peki hastanede nasıl bir tedavi uyguladılar?

— İlaç yazıp yolladılar. On dakika bile dinlemediler. Tabii çok kalabalık, çok bekleyen var, doktorun da vakti az, anlıyorum da, ilaçlar da fayda etmiyor ki hocam. Bu kaçıncı gidişimiz. Her defasında başka ilaç yazıp yolluyorlar.

— Ne verdiler?

— Gece için uyku hapı verdiler. Depresyonda diye antidepresan verdiler. Şimdi bu son gittiğimiz doktor "Elektroşok uygulamak istiyorum" dedi.

Son sözlerini söylerken sesi titremişti. Gözleri dolu dolu olmuştu, hissettiği çaresizliği anlayabiliyordum.

— Mehmet Bey bir de ben görsem Melek Hanım'ı.

— Hocam ama... Tek maaş ancak geçiniyoruz. Özel tedaviye gücümüz yetmez.

— Aşk olsun Mehmet Bey. Bak anlaşalım sizinle, bir daha hiç açmayalım bu konuyu.

Çocuk gibi gülümsedi.

— Peki hocam, siz nasıl isterseniz.

— O zaman ofise gidince asistanımla randevu ayarlayalım, fazla bekletmeden hemen alalım eşinizi.

Trafik yavaş da olsa ilerlemiş, sonunda işyerlerimize ulaşmıştık. Asansörde Melek'i düşündüm. Her danışan ayrı bir hikâye, her hikâye ayrı bir bilinmezdi. Acaba Melek'in yaşadıklarının altından neler çıkacaktı kimbilir.

Bir hafta göz açıp kapayıncaya kadar geçti... Bir yandan seanslar, bir yandan üniversitedeki derslerim, bir yandan da çocuklarım, ailem... Ama onca işin, onca koşturmanın ve onca hikâyenin arasında nedense Melek'i düşünmeden duramıyor, onunla tanışmayı iple çekiyordum.

O günün ilk randevusu Melek'leydi. Asistanım arayıp geldiğini söylediğinde Mehmet'in dediklerini tekrar aklımdan geçirdim. Uykusuzluk, depresyon, derisinin altında yürüdüğünü hissettiği şeyler, elektroşok...

Kapıyı çalıp içeri girdiğinde şaşırdım. Nedense bu kadar etkileyici bir kadınla karşılaşmayı beklemiyordum. Boylu poslu, endamlı bir kadındı Melek. Simsiyah, gür saçlarının çevrelediği farklı bir yüzü vardı. Gözlüklerinin ardından bakan gözleri de, uzun kirpikleri de simsiyahtı. Elindeki paketi mahcup bir gülümsemeyle sehpaya bıraktı.

— Size sarma yaptım.

— Çok teşekkür ederim, zahmet etmişsiniz. Buyurun, şöyle oturun lütfen.

Tedirgin bir şekilde kanepenin kenarına ilişti.

— Mehmet Bey biraz bahsetti ama ben sizden dinlemek isterim. Biraz anlatır mısınız şikâyetlerinizi?

Sesi titreyerek başladı konuşmaya.

— Çok uykusuzum hocam. Uyuyamıyorum. Uyumak için elimden geleni yapıyorum ama ne yapsam işe yaramıyor.

Derin derin içini çekti, mor halkaların çevrelediği bakışlarını odada gezdirdi biraz, sonra anlatmaya devam etti.

— Sadece uykusuzluk da değil. Canım hiçbir şey yapmak istemiyor. Herkesten sıkılıyorum. Kimseyi istemiyorum yanımda. Hiçbir şey yapmadan evde oturuyorum öylece. Uyumuyorum da ama uyanık da değilim, böyle ikisinin arasında bir şey. Bir de...

Derin bir nefes aldı. Gözlerini birkaç kez kırpıştırdı. Sonra bir derin nefes daha aldı.

— Bir de derimin altında bir şey yürüyormuş gibi hissediyorum.

— Nasıl bir şey?

— Böcek gibi, kıpır kıpır, sürekli hareket ediyor.

— Peki ne sıklıkta hissediyorsunuz bunu?

— Her gün... Bazen duruyor ama uzun sürmüyor. Hep derimin altında hocam... Kımıl kımıl...

— Ne zamandır bu durum böyle?

— Bir buçuk, iki sene kadar.

Arkama yaslandım. Gözlerimi gözlerine diktim ve sordum.

— Peki, ne oldu bir buçuk, iki sene önce?

Birden yaşlar doldu gözüne. Gözyaşlarını durdurmak için önce tavana bakmaya zorladı kendini, sonra direnmekten vazgeçti.

— Annemi kaybettim.

Ardından sessiz gözyaşları hıçkırığa döndü. Bir yandan hıçkırırken bir yandan da art arda "Annemi kaybettim, annem öldü" deyip duruyordu. Sonra durdu, gözlüklerini çıkardı, elinin tersiyle gözyaşlarını sildi ve konuşmaya başladı.

— Mehmet derdime çare bulmak için beni doktorlara taşıyıp duruyor, o kadar doktora gittim, hiçbiri "Bir buçuk sene önce ne oldu?" diye sormadı. Siz sorana kadar benim de aklıma gelmemişti hocam, acaba annem öldü diye mi ben böyle oldum? Acaba annemi mezarda böcekler yiyor diye mi benim derimin altında böcekler dolaşıyor?

Çok sevilen birinin kaybı her zaman zordur. Üzüntü, acı, keder, öfke, pişmanlık... Bu kelimeleri art arda okumak bile kötü hissettirirken, onları yaşamak, bu duyguların içinde boğulmak, düşünün insana neler yapar?

Günümüzde herkes stresten şikâyetçi, herkesin dilinde "Stresten hasta oldum" cümlesi var. Stres sözcüğü Türkçeye çok kısa bir süre önce girmiş olmasına rağmen günlük hayatta dilimizden düşmese de, insan stresin ve olumsuz duyguların ne kadar zarar verebileceğini ancak yaşayınca idrak edebiliyor.

Duygu ve düşüncelerin insan bedenine etkisi bilimsel olarak ispat edilmiş bir gerçektir. Psikonöroimmunoloji (PNI); insan psikolojisi, bağışıklık sistemi, sinir sistemi ve hormon sistemi arasındaki bağlantıları araştıran bir bilim dalıdır. Hastanın zihinsel durumunun hastalıkları ve şifayı etkilediği görülmüştür.

Kuvvetle muhtemel ki, sizin de çevrenizde tıbbi olarak nedeni bilinmeyen (psikosomatik) hastalıklara yakalananlar olmuştur. Doktorların sıklıkla başvurduğu yöntem, hastayı bir an önce acıdan kurtarmak için ilaç tedavisine başvurmak, çeşitli ilaçlar ve yöntemlerle bedensel belirtileri bastırmak, hastaya hastalığını hissettirmemeye çalışmaktır.

Ancak hastalığa yol açan derinlere gizlenmiş olumsuz duygular, aynen suya bastırılmaya çalışılan top gibi ilk fırsatta elden kurtulur ve bastırılma gücüne ters tepkiyle hızla kendini dışarı atar. Bu durumda hastanın hissettiği belirtilerin şiddeti de artar, tedavi sonuç vermez.

Tabii işin özü, hissedilen belirtilerin anlamını çözmektir. Bu açıdan baktığımızda, bedensel hastalıkları, bir ceza-talihsizlik-düşman gibi görmemek gerekiyor. Hastalıkların da doğasını öğrenerek, aslında bize ne anlattıklarını çözümleyerek, onlarla işbirliği yaparak bize ne anlatmak istediklerini keşfetmek gerekiyor.

Hele ki sevdiklerimizin ani vefatı gibi şiddetli yaşanan travmaların ardından psikosomatik hastalıklar da ani ve şiddetli belirebiliyor. Yas döneminin bitiminden sonra da devam ederse hastalıklar, çok vakit kaybetmeden onların üzerine eğilmek ve kronik hale getirmemek çok önemlidir.

Bu kez derin bir nefes alma sırası bendeydi. Melek'in yaşadığı acının ne kadar derin olduğunu anlamıştım, arkama yaslandım, derin bir nefes aldım ve sordum.

— Nasıl kaybettiniz annenizi?

— Tak diye. Hiçbir şeyi yoktu. Bir anda gitti hocam. Helalleşemedim bile. Hep "Üç gün yatak, dördüncü gün" toprak diye dua ederdi. Kızardım ona. "Allah yazdıysa bozsun. O kadar çabuk ölünür mü? Üç günde memlekettekiler nasıl yetişip seni görecekler, sen biraz daha yatmayı dile, üç gün az" derdim şakayla. Şimdi diyorum ki keşke hiç olmazsa üç gün yatsaymış. Tak diye gitti annem. Helalleşemeden, vedalaşamadan...

— Adı neydi annenizin?

— Ayşe...

— Peki, şu anda yine hissediyor musunuz derinizin altında yürüyen böcekleri?

— Evet.

— Neredeler şimdi?

Kazağının kolunu dirseğine kadar sıvadı. Eliyle bir noktayı gösterdi.

— Tam burada hocam, tam burada.

— Lütfen onlara odaklanır mısınız? Bütün dikkatinizi oraya yöneltmenizi istiyorum.

Başıyla onayladı. Gözlerini koluna sabitledi ve tüm dikkatiyle o noktaya bakmaya başladı.

— Şimdi lütfen o böceklerden birine odaklanın. Ona sanki büyüteçle bakar gibi bakmanızı istiyorum.

— Tamam.

— Böcek büyüyor mu büyütecin altında?

— Büyüyor.

— Peki, o halde kendinizi rahat hissettiğiniz bir pozisyon alın. Kendinizi rahat bırakın, gözlerinizi kapatın. İsterseniz başınızı arkaya yaslayabilirsiniz. Şimdi üçten geriye doğru sayacağım. Bir dediğimde bu böcek bir insana dönüşecek.

— Tamam.

O zamana kadar ucuna iliştiği kanepeye yerleşti, başını kanepenin arkasına yasladı, gözlerini kapadı.

— Üç, iki, bir… Kime dönüştü böcek?

Gülümseyerek cevap verdi.

— Anneme dönüştü, annem oldu.

— Peki o zaman, müsaade ederseniz ben şimdi sizin aracılığınızla annenizle konuşmak istiyorum.

O boylu poslu kadın kanepede küçülmüş, bir çocuğa dönüşmüştü sanki. Uysal bir şekilde başını salladı.

İçimizdeki duyguları anlamanın en kolay yollarından biri o duyguları bir insana benzetmek ve onunla iletişime geçmektir. Üçüncü kişiyle konuşmak, kişiye daha rahat ve kolay gelir çoğunlukla. Duygularımız çok yoğun olup tüm benliğimizi kaplıyor gibi gelse de, derinliklerimizde bir yerde, onların panzehiri, ilacı, şifası da vardır. Tüm terapilerin amacı, kişiye kendi içindeki şifa kaynağını keşfettirmektir.

— Merhaba Ayşe, siz iki yıl kadar önce ölmüşsünüz ama bir parçanız Melek'in bedeninde kalmış. Nasıl hissediyorsunuz şimdi?

Cevap veren yine Melek'ti ama bu kez ses tonu farklıydı.

— Çok kötüyüm, çok yorgunum. Gitmek istiyorum.

— Peki neden gitmiyorsunuz? Neden kaldınız Ayşe Hanım?

— Melek için kaldım. Melek ben ölünce çok üzüldü ve ben onun için kaldım.

Kendi ağzından çıkan annesinin sesini duyunca tekrar ağlamaya başladı Melek. Gözü kapalı şekilde, kolunda az önce gösterdiği noktayı okşaya okşaya uzun uzun ağladı. Yavaş yavaş kesildi hıçkırıkları... Gözyaşlarını silip sakinleştiğinde sordum.

— Melek Hanım, annenize söylemek istediğiniz bir şey var mı?

Sesi titreyerek konuşmaya başladı. Sağ eli hâlâ sol kolundaydı. Sımsıkı tutuyordu o noktayı.

— Annem, canım annem... Seni çok seviyorum. Yaptığın her şey için çok teşekkür ederim. Bana verdiğin tüm emekler için çok teşekkür ederim. Beni merak etme artık. Ben büyüdüm ve kendime bakabilirim. Merak etme beni...

Son bir kez kolunu okşayıp, sonra elini hızla çekti.

— Bana ne olduğunu anlatır mısınız? Şimdi ne görüyorsunuz?

— Annem gitti. Yükseldi ve bir ışığın içinde kayboldu.

Olanları anlatırken sesinde huzur vardı. Biraz bekledim. İstedim ki o anı yaşasın, iyice sindirsin.

— Kendinizi hazır hissettiğinizde yavaş yavaş gözlerinizi açabilirsiniz.

— Nasıl hissediyorsunuz?

— Çok daha iyiyim. Huzurluyum. Uzun zamandır böyle hissetmiyorum.

— Öyleyse şimdilik bitirelim. Gelecek ay yine görüşelim. Ben de şu sarmaların tadına bakayım bu arada.

Teşekkür edip, gülümseyerek çıktı odadan. Bir sonraki seansa kadar notlarımı toparlarken farklı bir kadın olduğunu düşündüm Melek'in, eğitimli değildi ama kendini eğittiği konuşma tarzından, kullandığı kelimelerden belliydi, bir asaleti, güçlü bir duruşu vardı.

Bir ay sonra geldiğinde daha hafiflemiş görünüyordu. Elimi sıkışı, merhabalaşması bile geçen aykinden farklıydı. Gözlerinin etrafındaki mor halkalar gitmiş, cildi aydınlanmıştı. Bu kez ucuna ilişmedi kanepenin, tam ortasına oturdu, arkasına yaslandı.

— Nasılsınız geçen görüşmemizden bu yana?

— Daha iyiyim hocam. Daha iyi uyuyorum. Uyku ilacını tamamen bıraktım. Gece yarısı gibi uyuyabiliyorum artık. Hafif bir uyku, çok derin değil... Ama olsun uyuyabiliyorum. Mehmet de mutlu tabii. Evimize düzen geldi.

— Çok sevindim.

— Antidepresan ilaçlara devam ediyorum. Ama bırakmak istiyorum. Bırakayım mı?

— Hayır sakın. Doktorunuza danışmadan sakın bırakmayın. Antidepresanlara doktor kontrolünde başlanmalı, doktor kontrolünde aşamalı olarak bırakılmalıdır.

Başıyla onayladı.

— Tamam o zaman. Bir daha doktora gitmeyi hiç istemiyorum ama madem öyle giderim hocam.

Sonra sustu, gözleri koluna, böceklerin olduğu noktaya takıldı.

— Böcekler yürümeye devam ediyor mu peki?

— Sizinle görüştükten birkaç gün sonra çok değişik bir rüya gördüm. Rüyamda çocuğun biri bir çeşme açtı. Ardından bir sürü kapı açtı. Ama çok uzun sürdü kapıların açılması. Sonra saç tellerimden bir şeylerin çıkıp yürüdüğünü hissettim. Böceklerin derimin altında yürüyüşü gibi... Kıpır kıpır... Sanki böcekler saç tellerime tutunup derimin altından çıktılar, yürüyüp gittiler. Uyandığımda başım çok değişik ağrıyordu. Bu yaşıma geldim başım hiç böyle ağrımamıştı, çok kuvvetli bir ağrıydı. Sonra uyumaya çalıştım. Sabah uyandığımda çok mutluydum. Hatta en son ne zaman bu şekilde uyandığımı hatırlayamadım bile. Ve o günden beri böcekler yürümüyor.

Gülümsedim, tek seansta bu kadar ilerleme benim için bile şaşırtıcıydı. Daha önce de ilaçta bulamadıkları şifayı regresyon terapisinde bulan danışanlarım olmuştu, ama bu kadar çabuk sonuç aldığım bir danışana hiç rastlamamıştım.

— Artık uyuyabiliyorsunuz, böcekler gitti, başka neler oldu hayatınızda?

— Kızımla aram daha iyi.

— Adı ne kızınızın?

— Cansu, üniversiteye hazırlanıyor, lise sonda. Ben böyle uykusuz, huzursuz olunca haliyle onunla aram bozulmuştu. Beni bakımsız olmakla, sinirli olmakla suçluyordu. Anne kız gibi. Eskisi gibiyiz artık.

Derin bir nefes aldı.

— Evin annesi iyi olunca herkes iyi oluyor. Cansu iyi, Mehmet iyi, huzur geldi evimize. Hatta oğlum ne zamandır uğramıyordu eve. Beni öyle sinirli, bakımsız görmek istemediğini söylüyordu. O da geçen pazar kahvaltıya geldi. Ailece uzun uzun kahvaltı yaptık, pişi yaptım onlara, sohbet ettik.

— Biraz durdu bir şeyler hatırlamaya çalıştı

— Kardeşlerimle de konuştum hocam. Annem öldüğünden beri her şeyi bana danışıyorlardı. Her şeyi ama... İstanbul'da olanlar, her meselede soluğu bizim evde alıyordu zaten. Memlekettekiler de telefon açıp bana sormadan hiçbir şey yapmıyorlardı.

— Ne hissettiriyordu bu size?

— Bıkkınlık... Sıkılıyordum hocam. Bana ne evlerine alacakları koltuk takımının renginden ya da tarlaya ne ekeceklerinden. Kaç yaşında, koca koca insanlar hepsi. Herkes kendi kararını kendisi versin. Bana ne!

— Ne konuştunuz kardeşlerinizle?

— "Ben sizin anneniz değilim" dedim. Annem ölünce birden hepsi bana anneleriymişim gibi davranmaya başladı. Aslında onları anlıyorum, ama bana ağır geliyor bu durum, benim derdim bana yetiyor zaten. Ben onların annesi değilim. Olmak da istemiyorum. "Ben sizin ablanızım" dedim.

— Anladılar mı?

— Anladılar hocam. O günden beri hal hatır sormak için arıyorlar sadece. Çok hoşuma gidiyor bu halleri. Demek ki hatırlatmak gerekiyormuş anne değil abla olduğumu.

Sustu, onay bekler gibi gözlerime baktı. Sonra muzip bir ses tonuyla konuşmaya başladı.

— Dışarıya çıkmaya da başladım. Vallahi hayat varmış dışarıda. Evin alışverişini ben yapıyorum artık. Mehmet sağ olsun hiç beceremezdi meyve sebze seçmeyi. Ben güzel güzel seçiyorum. Arada arkadaşlarıma çaya da gitmeye başladım. Kendimi hatırladım Şeniz Hanım. Kim olduğumu hatırladım. Kurtuldum sıkıntılarımdan. Hayat güzelmiş. Unutmuşum.

Çıkarken kucaklaştık Melek'le, sımsıkı sarıldı bana. Yanında getirdiği kocaman bir paketi uzattı bana. İçinde elleriyle yaptığı sarmalar, börekler, kurabiyeler vardı.

Bu Melek'i son görüşümdü. Sadece iki kez görüşmüş olsak da hem annesinin ardından tuttuğu yasın dışavurumu açısından hem de şifa bulmasının çabukluğu açısından benim için unutulmaz bir danışan olmuştu. Onu bir daha görmedim ama uzunca bir süre Mehmet Bey'den haber almaya devam ettim. Ev yemekleri satan bir lokanta açtığını, lokantanın epey tutulup sevildiğini biliyorum. Bir de Mehmet Bey ile akşam çayı keyiflerinin yeniden başladığını...

(Bedende hissedilen gerçek dışı fiziksel duyular, psikotik bir hastalığın belirtisi de olabilir. Mutlaka bir psikiyatrist görüşü alınmalı ve ek olarak tüm beden de fiziksel kontrolden geçmelidir. Biyokimyasal bir bozukluk da belirtilere sebep olabilir.)

Can E.

"Her ay başında büyük bir enerji kaybı yaşıyorum. Saat gibi işliyor, hiç sekmeden her ay başında... Yüzüm sarı-gri bir renge dönüşüyor, karnım şişiyor. Çok depresif oluyorum. Hafif ateşim çıkıyor, ama bir yandan da ürperiyorum, böyle tuhaf bir üşüme hissi geliyor. Böyle zamanlarda bana iyi gelen tek şey uyku...

Bahar güneşi insanın içini ısıtıyor, ofisimin penceresinden gördüğüm bahar dalları yaklaşan yazı müjdeliyordu. Tam da Orhan Veli'nin şiirinde söylediği gibi "Beni bu güzel havalar mahvetti."

Saatime baktım. Bir sonraki randevuma daha on beş dakika vardı. Odamın penceresini açtım, mis gibi bahar havasını doldurdum ciğerlerime.

Yapmam gereken bir sürü şey vardı. Art arda randevularım, sonrasında küçük kızımın veli toplantısı, büyük kızımın antrenmanı, öğrencilerimin sınav kâğıtları... Ama şu on beş dakika benimdi işte. Bunu kimse elimden alamazdı.

Pencerenin önünde uzun uzun nefes alıp verdim. Oradan oraya koşturup, sürekli bir şeylere yetişmeye çalışırken ne çok şeyi erteliyor, ne çok şeyi ıskalıyorduk. Örneğin, ne zamandır kızlarımı da alıp bir doğa yürüyüşü yapmamıştım, bir pikniğe gitmeyeli kimbilir ne kadar olmuştu, odamın penceresinden epeydir bahçeye bile bakmadığımı fark ettim bir anda. Biz günler geçiyor sanırken geçen hayattı, bir kış daha bitmiş bahar gelmişti bile. "Ertelememek lazım" dedim kendi kendime. Ertelememek lazım, bugünden sadece bir tane var.

Sonra saate takıldı gözlerim. Son bir kez daha bahar havasını içime çekip, pencereyi kapattım. Masama geçip notlarıma göz attım. Can E. İki sene boyunca Chicago'da devam edip, sertifika aldığım Caroline Myss Enstitüsü aracılığıyla bana ulaşmıştı. Caroline Myss; "Biyografin biyolojini oluşturur" sözüyle beni çok etkileyen bir yazar, eğitmen ve terapist. Can Bey'in bana onun aracılığıyla ulaşması da dikkatli, araştırmacı ve neye ihtiyacı olduğu konusunda bilinçli biri olduğu izlenimini vermişti. Yurtdışında yaşadığı için vakti pek azdı. Üst üste üç gün, uzun seanslar yapmak konusunda anlaşmıştık.

Vakit kazanmak için de bana hayat hikâyesi hakkında detaylı bir e-posta yollamasını istemiştim. O e-postaya tekrar göz attım.

Can E. 51 yaşındaydı. Annesi Osmanlı sultanlarından birinin torunuydu.

Babası ise Türkiye'nin en ünlü ve zengin işadamlarından birinin torunuydu. Ailenin adı şimdi pek hatırlanmasa da Boğaziçi'nden Büyükada'ya kadar sayısız mülkü olan ailenin hayatı masal gibiydi. Köşkleri, yalıları, kotraları, burada verdikleri davetler, yaşadıkları aşklar… Bu durum onyıllar boyunca devam etmişti. 1930'lu, 40'lı, 50'li hatta 60'lı yıllara onlar damgasını vurmuştu. Ailenin veliahtı olan babası dönemin en ünlü çapkınlarındandı. Kadınlarla ilişkileri kadar parayla olan ilişkisi de hızlıydı. Oğlu Can E'nin e-postasında belirttiğine göre aldı mı otuz araba birden alır, sevgilisine otuz kürk birden hediye ederdi.

Annesiyle babası Roma'da tanışıp, anlaşmalı olarak evlenmiş, Los Angeles'a yerleşmişler. Kısa bir süre sonra da annesi hamile kalmış, ama bu aslında anlaşmalı bir evlilik olduğundan bebeği aldırmak istemişlerdi. İki kez kürtaj için yola çıkmalarına rağmen ikisinde de engel çıkınca sonunda bebeğin dünyaya gelmesine karar vermişler ve Can E. doğmuş.

Telefonunun çalmasıyla birlikte gözlerimi bilgisayar ekranından ayırdım. Can Bey'in hikâyesi ilgimi çekmişti. Böyle yüklü bir DNA nasıl ilgimi çekmezdi ki?

Kapı çalındı, Can Bey içeri girdi. Sportif şık giyimli, yüzü aydınlık genç bir erkekti. Kendisine özen gösterdiği her halinden belliydi. Özgüvenli bir şekilde elimi sıkıp, kanepeye oturdu. Elinde getirdiği, içinde farklı renklerde sıvılar olan iki şişeyi de sehpanın üzerine bıraktı, ne vardı acaba şişelerin içinde, merak ettim ama daha ilk andan sormak pek uygun gelmedi.

Ben henüz hoş geldiniz dememiştim ki hemen konuşmaya başladı.

— Biyografim biyolojimi oluşturuyorsa eğer, mahvoldum demektir.

Elimde olmadan güldüm. Yazdıklarına göre gerçekten de aile geçmişi çok yüklüydü Can Bey'in. Önyargısız olmak için danışanlarımı internetten araştırmak hiç adetim değildi. O yüzden ancak bana yazdığı kadarını biliyordum. Ama içimden bir ses bilmediklerimin de öğrendiklerim kadar şaşırtıcı olduğunu söylüyordu.

— E-postanızı okudum. Siz doğana kadar olanları biliyorum. Siz doğduktan sonrasını yani sizi de dinlemek istiyorum. Ama önce şikâyetlerinizden bahseder misiniz?

— Her ayın başında büyük bir enerji kaybı yaşıyorum. Saat gibi işliyor, hiç sekmeden... Genelde bir hafta sürüyor, dokuz on güne çıktığı da oluyor. Bazı aylarda bu durumu iki defa yaşıyorum.

— Ne oluyor? Enerji kaybını biraz daha detaylı tarif eder misiniz?

— Net belirtileri var. Çok büyük enerji kaybı, gözaltlarımda morluklar... Yüzüm sarı-gri bir renge dönüşüyor, karnım şişiyor.

— Karaciğerinizde bir sorun olabilir mi?

— Yok baktırdım. Karaciğerimde bir sorun yok. Siroz da değilim. Lenflerim şişiyor, bazen idrarımda koku oluyor. Ruh halim beni mahvediyor en fenası.

Sustu birden, ayakkabılarına baktı biraz, sanki söylemek istediklerini kafasında toparlamak ister gibiydi. Yumruklarını sıkıp bıraktı birkaç kez, sonra gülümsemeye çalışarak sözlerine devam etti.

— Bakın ben çok mutlu bir insanımdır genelde. Düzenli yoga yaparım, beslenmeme çok dikkat ederim, tamamen çiğ gıda tüketmeye çalışırım. Bakın detoks için yanımda sebze, meyve sularımla geziyorum.

Demek ki bu sıvılar detoks içinmiş, diye geçirdim içimden.

— Ama bu olunca çok depresif oluyorum. Hafif ateşim çıkıyor, ama bir yandan ürperiyorum da, böyle tuhaf bir üşüme hissi geliyor. O dönemlerde bana iyi gelen tek şey var. Uyku… Sadece uyku benim ilacım.

— Doktora gittiniz mi?

— Gittim. Hem de dünyanın farklı ülkelerinde. Yapılabilecek bütün tıbbi testleri yaptırdım. Mineral destekler aldım, her yolu denedim. Sigara, alkol kullanmam. Herhangi bir medikal ilaç da kullanmadım. Ben sağlıklı olmak için bu kadar özen gösterirken, bunu her ay yaşamam çok yoruyor beni. Çok yoruyor.

Arkama yaslandım. Anlattıkları gerçekten ilginçti. Üşüme, ürperme, halsizlik, depresih ruh hali, enerjisizlik… Sanki kadınların regl dönemi gibiydi belirtiler.

— Peki bana kendinizden bahseder misiniz? E-postanızda anne babanızın ailesini detaylı olarak anlatmışsınız? Ama kendinizden pek bahsetmemişsiniz. Siz nasıl bir hayat yaşadınız?

Muzip bir şekilde gülümsedi.

— Bizimkiler anlaşmalı evlenmişler, babam öğrenciymiş, ailesinin yolladığı parayla idare ediyormuş, kendi geliri yokmuş daha. Evlilik anlaşmalı ama rahat duramayıp, yaramazlık yapınca, annem bana hamile kalmış. Sonra aldırmaya karar vermişler, hatta doktora gitmek için yola bile çıkmışlar. Ama yolda trafik cezası yemişler. Türkiye'den gelen parayı trafik cezasına yatırınca kürtaja para kalmamış. Düşürmek için de çok uğraşmışlar, ama olmamış, ta o zamandan beri hayata sıkı tutunuyormuşum.

— Sonra siz doğmuşsunuz.

— Evet ben doğduktan altı ay sonra Türkiye'ye gelmişiz. Çocukluğum bir Türkiye'de bir Amerika'da geçti. Babamın Amerika'da da işleri vardı. Ailece gider gelirdik. Çok mutlu bir çocuktum.

Sustu birden. Gözü duvardaki resimlerden birine takıldı. Sanki çok eski bir anıyı hatırlıyor ve o anı tekrar yaşıyor gibiydi.

— Sonra işte... Sonra annemle babam dokuz yaşındayken ayrıldı.

— Bu ne hissettirdi size?

— Öyle zor, kavga gürültülü, travmalı bir ayrılık değildi. Ayrıldılar ama hep, hayatlarının sonuna kadar çok iyi arkadaş kaldılar. Babam sonra düzenli olarak evlenmeye başladı zaten.

— Nasıl düzenli olarak?

Kahkahayla cevap verdi.

— Babam çok çapkındı Şeniz Hanım. Allahın her günü başka bir kadınla gazetede haberi çıkacak kadar çapkın. Şimdi isim vermeyeyim ama o zamanın en ünlü, en şöhretli kadınları babamın sevgilisiydi. Sadece sevgilileri değil, sevgililerine aldığı pahalı hediyeler de haber olurdu sürekli. Annemden sonra dört kez daha evlendi. İki erkek, bir kız kardeşim var. Annelerimiz ayrı, babamız aynı.

— Çocukluğunuz nasıl geçti?

— Bu dediklerimden mutsuz, ihmal edilmiş, yalnız bir çocuk olduğum anlamı çıkmasın. Mutlu bir çocuktum ben. İlkokuldan itibaren hep yatılı okudum ama babamın da annemin de eli hep üstümdeydi. Annemle babam hep özen gösterdiler bana, beni sevdiklerini hep hissettim. Şimdi ilkokul çocuğunu yatılı okutmak deyince herkese ters geliyor ama o zamanlar çok sık rastlanan bir durumdu bu. Benim annesi babası ayrı olmayan çok sayıda arkadaşım vardı yatılı okuyan. O zaman nedense öyle bir anlayış vardı. Zaten lisede de Amerika'ya gittim. Üniversiteyi de orada okudum.

— Peki üniversite sonrası orada mı kaldınız, döndünüz mü?

— İkisi de değil. Suudi Arabistan'da çalışmaya başladım.

— Ne iş yaptınız orada?

— Bankacıydım. 29 yaşında da Türkiye'ye döndüm. Kendi işimi kurdum. Evlendim. On dört yıl evli kaldım.

— Şimdi ayrı mısınız?

— Eşim, daha doğrusu eski eşim Şeyma ile boşandık. Epey de oldu.

Derin bir nefes aldı, uzun saçlarını eliyle kulaklarının arkasına sıkıştırıp devam etti.

— Üç ayda evlenme kararı aldık. İyi kızdı Şeyma. Ama çok problemliydi. Anne sevgisi görmemiş hiç. Annesiyle sorunları vardı hep. Anoreksiya ve bulimiya hastalığı vardı. Evlendiğimizde 56 kiloydu, 46 kiloya düştü sonra. Üç sene terapi gördü. İntihar girişimleri oldu. Çok zor günlerdi, çok...

— Siz neler yaptınız o dönemde?

— Hep destek oldum eşime. İnanın hep yanındaydım. Terapi zamanlarında da, yediklerini çıkardığında da, intihar girişiminin ardından da... Hep destek oldum. Ama zordu benim için de... Bir de...

Sustu birden. Üst üste birkaç kez yutkundu.

— Bir de âşık oldum o zaman. Hani derler ya, yanlış zaman, yanlış insan diye... İnsan kontrol edemiyor ki... Âşık oluverdim... Ama aldatmadım karımı. Yani evli olduğum için ilişkiye girmedim.

Kararlı bir sesle bir kez daha yineledi.

— Başkasına âşık olmama rağmen o zor zamanlarında karıma destek oldum. Karımı aldatmadım.

— Çocuğunuz var mı?

Yüzü aydınlandı birden, gülümseyerek cevap verdi.

— Var. Kızım var. Adı Derin. Hayatımda yaptığım en iyi şey. Çok tatlıdır benim kızım. O bir yana, dünya bir yana. Biliyor musunuz annesi onu aldırmak istedi. Ben de kararsız kaldım, eşimin o hallerini görünce... Ama sonra vazgeçtik aldırmaktan. İyi ki de dünyaya gelmiş Derin. İyi ki...

— Sık sık görüşüyor musunuz?

— Tabii, sürekli... Elimden geldiğince iyi bir baba oldum. Çok itina ettim Derin'e, bebekken bakıcılara bırakmadım hiç, her şeyiyle bizzat ilgilendim. Çok severim kızımı ama disiplinli bir babayımdır da...

— Peki, hadi işinizden bahsedelim biraz. "Türkiye'ye döndüm, kendi işimi kurdum" demiştiniz.

Hemen cevap vermedi. Pencereden dışarı baktı uzun uzun. Baktığıyla gördüğü aynı değildi belli ki, kafasında bir şeylerin muhasebesini yaptığı ara ara kaşlarını kaldırıp, başını sallamasından anlaşılıyordu. Sonra bana döndü, konuşmaya başladı, sesi az öncekinden çok farklıydı.

— İş hayatım biraz karışık, epey inişli çıkışlı... Nasıl anlatsam, nereden başlasam bilemiyorum.

— Suudi Arabistan'da bankacılık yaparken Türkiye'ye gelip kendi işinizi kurduğunuzu söylemiştiniz. Ne üzerineydi işiniz?

— Para... Borsacıydım ben... Uzun süre iyi gitti işim. Ama Türkiye'de zemin çok kaygan, ekonomi çok belirsiz. 2007'de neredeyse batıyordum. Neyse ki duvara toslamadan önce işimi büyük bir şirkete satıp kendimi kurtarabildim.

— Sonra ne yaptınız?

— Büyük bir şirkette işe başladım. Çok sorumluluk isteyen bir işti. Yüz elli kişilik bir departmanın başındaydım. Sonra bıraktım.

— Neden?

— Haksızlığa uğradım. Bırakıp gitmek tek çaremdi. Dava edemezdim.

— Neden edemezdiniz?

— Çok büyük bir gruptu. Baş edemezdim.

Gerçekten de iş hayatı dediği gibi inişli çıkışlıydı, çok büyük bir pandülün üzerinde iki uca savruluyor gibiydi.

— Ne yaptınız peki?

— Her şeyi bırakıp Suudi Arabistan'a döndüm.

— Neden döndünüz? Bana yolladığınız e-postada da, az önceki sohbetimizde de anlattıklarınızdan çıkardığım kadarıyla çok varlıklı bir ailenin üyesisiniz. Aile işlerinden birinde çalışmayı neden tercih etmediniz?

Öyle yüksek bir kahkaha attı ki irkildim. Yanlış bir şey mi demiştim acaba? Dediklerimi tekrar düşündüm, hayır, bir terslik bir mantıksızlık yoktu sorumda.

— Şeniz Hanım siz google kullanmıyorsunuz galiba.

— Danışanlarım hakkında internet araştırması yapmayı tercih etmem. Onlara karşı tamamen önyargısız olmak benim için esas olan. Bir de internet dediğiniz bir garip çöplük. "Delinin biri bir kuyuya taş atar, kırk akıllı çıkaramaz" derler ya... Aynen öyle bir durum var orada, biri bir şey yazıyor, sonra yapışıp kalıyor. O yüzden tercih etmiyorum.

Muzip ifadesi ciddileşmişti. Başıyla onaylayarak dinledi beni.

— Haklısınız, çok haklısınız.

Sonra arkasına yaslandı, orada durmaya isyan eden saçlarını tekrar sokuşturdu kulaklarının arasına.

— O zaman şöyle diyeyim size. Bizim ailenin sadece adı kaldı geriye.

— Nasıl? Anlamadım.

— Büyükbabam büyük bir iş adamıydı ama çocukları, torunları değillerdi. Büyükbabamın vefatının ardından yiye yiye, savura savura bitirdiler parayı. "Babam araba aldı mı otuz araba birden alırdı" demiştim ya size. Oradan hayal edin işte. Yani anlayacağınız ben üniversiteden sonra tamamen kendi başımın çaresine baktım. Gerçi bakmayı becerebildim mi bilmiyorum ama.

Bakışları kararmış, ağzı bıçak gibi incecik olmuştu. Bir an dalıp gitti, ona baktığımı fark edince çabuk toparlandı, yüzüne aynı muzip gülümsemeyi kondurarak anlatmaya devam etti.

— Dedemden geriye neredeyse hiçbir şey kalmadı Şeniz Hanım. Dedemin parasının bana bir faydası dokunmadı. Babamı soracaksanız eğer, o da kral gibi bir hayat yaşadı ama ömrünün son yılları yoklukla geçti. Ben destek oldum ona. Zaten dört yıl kadar önce de kaybettik.

Derin bir nefes aldım. Bir tarafta Osmanlı hanedanı, bir tarafta hanedan gibi bir aile... Gerçekten de çok yüklü bir geçmiş enerjisi vardı Can Bey'in...

— Haksızlığa uğradım demiştim ya. Büyük bir şirkete devredip rahatlayacağımı düşündüğüm işte de haksızlığa uğradım. Bir anda öyle bir borca girdim ki... Annemin, hatta kayınvalidemin evini bile sattık o dönemde. Kayınvalidemin evini geri aldık.

— Suudi Arabistan'da ne yaptınız?

— Orada yaşayan birkaç önemli kişiye danışmanlık yaptım. Annemin hanedan üyesi olması, babamın şöhreti de destek oldu bana elbette.

— O kazancınızla mı ödediniz borçlarınızı?

— Ödemeye çalıştım. Ama öyle yüklü ki, ayda 250 bin lira filan borç ödüyordum bir ara. Her ay 250 bin lira... İşte şikâyetlerim de o zaman başladı.

— Borçla beraber mi?

— Evet...Her ay, hep aynı gün resmen su toplamaya başladım.

Az önce su toplamadan bahsetmemişti. Atladığı başka şeyler de olabilir kaygısıyla belirtileri bir kez daha anlatmasını rica ettim. Düşünceli bir şekilde başını kaşıyarak yanıt verdi.

— Karnım şişiyor.

— Karnınızın neresi?

— Tam olarak üçüncü çakra bölgem.[1] Boynum, boğazımdaki lenfler şişiyor. İnanır mısınız gözaltlarım bile morarıyor. Sonra sıtma nöbeti geçirir gibi üşüyorum. Kollarım bacaklarım titriyor. Canım şekerli şeyler yemek istiyor. Tuhaf değil mi bu? Ben normalde, tatlı şeyler sevmem. Çocukken bile sevmezdim.

Çok ilginçti anlattıkları. O anlattıkça, 'bu belirtiler kadınların

---

(1) Üçüncü çakra bölgesi: Mide bölgesinde, göbek deliğiyle göğüs kafesi arasında yer alır. Bedenin enerji bölgesidir.

regl dönemi sıkıntılarına çok benziyor' düşüncem daha da sağlamlaşıyordu.

— Başka neler hissediyorsunuz o dönemlerde?

— Üşürken birden sıcak basıyor. Bir de asabi oluyorum, çevremdekilerin kalbini kırıyorum böyle olunca da... Üçüncü göz[(2)] çevremde müthiş bir baş ağrısı hissediyorum. Tansiyonum da yükseliyor. Uykumda nabzım 180'e çıkıyor. Ensem ve omuzlarım buz kesiyor. Başımı kalbimin altına indiremiyorum.

— Başınızı kalbinizin altına indiremediğinizde ne hissediyorsunuz?

— Korkuyorum. Görünmemek, saklanmak istiyorum. Zaten o günlerde tek yapabildiğim uyumak. Elimden gelen tek mücadele yöntemi bu. Uyuyorum...

Arkama yaslandım. "Başını kalbine indirememek" ne tuhaf bir tanımlamaydı. Daha önce duymamıştım, enteresandı?

— Tanı koyulup, tedavi olduğunuz bir rahatsızlık yaşadınız mı daha önce?

— Bundan on beş sene önce herpes geçirdim. Ama tedavi oldum, on beş yıldır hiçbir belirtisi yok.

— Peki ne kadar süredir her ay bunları yaşıyorsunuz?

İsyan yüklü bir sesle cevap verdi. İki eli iki yanında yumruk gibi sıkılı, gözleri çakmak çakmaktı.

— Dört yıldır. Her ay. Bazen ayda iki kere... Şeniz Hanım gerçekten anlamıyorum, çok sağlıklı yaşamaya çalışıyorum ben. Yoga yapıyorum, spiritüel yaşamı benimsiyorum, maneviyata önem veriyorum. Öte yandan yediğime içtiğime de dikkat ediyorum. Ama ne yaparsam yapayım kurtulamıyorum bu döngüden. Her ay aynı şey... Her ay...

— Can Bey müsaadenizle size sormak istediğim bir şey var? Borçlarınız bitti mi?

---

(2) Üçüncü göz çevresi: Beynimizde epifiz bezinin hizasına yakın, alnın ortasında bulunur. Üçüncü gözün aktivitesi hem dünya yaşamımızı hem ruhsal yaşamımızı etkiler.

Alaycıydı bu kez sesi.

— Nerede Şeniz Hanım, nerede? Hâlâ ödüyorum... Gerçi biraz daha hafifledi, ayda 250 bin değil, ama hâlâ ödüyorum.

— Hala Suudi Arabistan'da mısınız?

— Evet, hâlâ...

— İşinizi seviyor musunuz?

Omuzlarını silkerek cevap verdi.

— Nasıl sevebilirim ki. Maneviyata bu kadar önem veren ben, maddiyatla ilgili bir iş yapıyorum. Ama mecburum.

— Peki ne yapmak isterdiniz?

— Şu an en çok istediğim şey; yazdığım kitabı bitirebilmek, tekrar Los Angeles'a taşınmak... Orada bir merkez açmak istiyorum.

— Nasıl bir merkez?

— Sağlıklı yaşam merkezi gibi, yoga, spiritüel eğitimler, doğru beslenme üzerine...

İlk seansımızı o noktada bitirdik. Can Bey çıktıktan sonra hayalleri ile yaşamının ne kadar farklı olduğunu düşündüm. Amerika'da yaşamak isterken Suudi Arabistan'daydı, spiritüel bir hayatı arzu ederken para ile ilgili bir iş yapıyordu.

Aslında çoğumuzun problemi de aynı... Hayaller ve gerçekler arasında sıkışıp kalmış olmak. Ailenin, çevrenin, eğitimin, üzerinde yaşadığımız toprakların verdikleri ve empoze ettikleri ile kalbimizin derinliklerinin bize fısıldadıkları arasında kalmak.... Kanat takıp uçma istediğinin bileğimizdeki prangalarla engellenmesi... Ki bu prangalar yakınlarımıza, ailemize hissettiğimiz sevgi, şefkat, sorumluluk, suçluluk gibi duygular da olabiliyor bazen...

Bir sonraki seansımız hemen ertesi gündü. Normalde üst üste seans yapmak pek tercih ettiğim bir durum değildir, çünkü seansta konuştuklarımızı danışanın sindirmesi, hazmetmesi sıklıkla daha iyi sonuç verir. Ama bu defa danışan kişi yurtdışında yaşadığı için vakit kısıtlı olduğundan üst üste seans yapmaya mecburdum.

Asistanım geldiğini haber verince notlarıma son bir kez göz gezdirdim. Gerçekten farklı bir hikâyesi vardı. Hani derler ya "Hayatımı yazsam roman olur" diye, onun hayatından gerçekten de roman olurdu. Hem onun, hem ailesinin iniş çıkışları çok sertti.

Odamdan içeri gülümseyerek girdi, sıcak bir şekilde elimi sıktı, ama kanepeye oturur oturmaz birden gülümsemesi kayboldu, yüzünün acıyla kasıldığını fark ettim. Kaşlarını çatmıştı, şakağındaki damarın nasıl şiştiğini oturduğum yerden bile görebiliyordum.

— Ne oldu Can Bey?

— Çok keskin bir ağrı girdi bir anda.

— Nereye? Nereniz ağrıyor?

Eliyle karnını göstererek cevap verdi.

— Üçüncü çakram ağrıdı. Bir de baskı hissediyorum karnımda...

— Peki gözlerinizi kapatıp ağrıyan yere odaklanır mısınız lütfen? Bu ağrının bir rengi olsa ne olurdu?

— Mor ve gri renklerde olurdu.

— Şekli olsa ne olurdu?

— Ampul şeklinde.

Sonra iki kaşının birleştiği yerin biraz üstünü göstererek devam etti. Sesinden yaşadığı ağrının şiddeti anlaşılıyordu.

— Üçüncü gözümde de ağrı var.

— Ağrı dışında ne hissediyorsunuz?

— Koltuğa batıyormuşum gibi hissediyorum. Sanki ben çok ağırmışım da koltuğa batıyormuşum gibi.

— Şimdi kanepeye uzanmanızı rica ediyorum sizden. Üçten geriye doğru sayacağım ve daha önce aynı batma hissini deneyimlediğiniz bir anıyı gözünüzün önüne getireceksiniz.

Gözlerini açmadan koltuğa uzandı. Rahat bir pozisyon bulması için bir süre bekledikten sonra saymaya başladım.

— Üç, iki, bir... Hadi daha önce battığınız bir ana gidin lütfen...

Fısıldayarak cevap verdi.

— Sanki kurşun gibi ağır torbalar koymuşlar üzerime... Kum torbaları, kum torbaları var üzerimde...

— Peki neredesiniz?

Cevap veremedi. Sorumu tekrarladım.

— Neredesiniz şimdi?

Yine cevap yoktu. Yüzüne baktım, danışanın cevapları kadar beden dili de çok şey anlatır terapiste... Yüzü sanki acıyla kasılmış, hatta acıya hapsolmuş gibiydi. Danışanlar gözlerini kapatınca bazen hemen imgeler görür, hisseder. Bunlar akıllarının anlam vereceği resimlerdir. Ancak bazen de gördüklerini anlamlandıramazlar veya sadece karanlık, boşluk deneyimlerler. Böyle zamanlarda biz terapistlerin onlara yardım edecek farklı araçları vardır çantasında.

— Peki şimdi ben bazı cümleler söyleyeceğim. Yarım kalmış cümleler... Pozisyonunuzu bozmanıza gerek yok, gözlerinizi de açmayın. Ben söyledikçe, bu cümleleri aklınıza ilk gelen şekilde tamamlamanızı rica ediyorum. Hazır mısınız?

— Evet, hazırım.

— Denize baktığımda...

— Dalgaların içine bakıyorum.

— Teşekkür ederim.

Teşekkür çok önemli, çünkü teşekkür etmek kendini hemen açmayan danışanın bilinçaltına, "Seni önemsiyorum, sana değer veriyorum, sana elimden gelen rehberliği yapmak istiyorum" mesajını veriyor. Danışanların; psikolojik destek arayanlar, kendilerini çok incinmiş hissedenler ve yaralarıyla kendi kendilerine başa çıkamayanlar olduklarını farz edersek, herhangi bir terapinin ilk aşaması öncelikle danışana güvence vermek olmalıdır.

* * *

— İkinci cümleye geçmeden tekrar hatırlatmak istiyorum. Cevapları görebilirsiniz, duyabilirsiniz veya hissedebilirsiniz. Önemli olan ilk aklınıza geleni paylaşmanız.

Başıyla onayladığını görünce ikinci cümleye geçtim.

— Sabahları kalktığımda…

— Kafam sersem gibi oluyor.

— Teşekkür ederim. Ben çocukken…

— Mutluydum.

— Teşekkür ederim. Annem her zaman…

— Güven verdi.

— Teşekkür ederim. Annem asla…

— Yalnız bırakmadı.

— Teşekkür ederim. Babam her zaman…

— Oradaydı.

— Teşekkürler. Babam asla…

— İncitmedi.

— Teşekkürler. Babamın beklentisi…

— Doktor olmamdı.

— Peki şimdi bana temel probleminizi, temel sıkıntınızı söyler misiniz?

— Bazı günler sağlığımı kaybediyorum.

Karın ağrısı biraz hafiflemiş gibiydi. Kaşlarını çatmıyor, şakağında atıp duran damar da normale dönmüş görünüyordu.

— Şimdi üçten geriye doğru saymaya başlayacağım. Bire geldiğimde sağlığınızı kaybettiğiniz en yakın zamana gitmenizi istiyorum. Üç, iki, bir…

— İki, üç hafta önceydi… Gün içinde çok halsizdim, hep uykum vardı, uyuyunca da çok derin uyuyordum. İş günüydü, uyumamam lazımdı.

— Peki ne oldu?

— İftara davetliydim. İşle ilgili bir yemekti. Gitmek zorundaydım. Çok da sevdiğim bir aileydi, kıramazdım. Hava çok sıcaktı, aylık atak döneminde olduğum için çok yorgundum, halsizdim, bitkindim.

Sustu birden. Sonra çocuksu bir gülümseme yerleşti yüzüne.

— Şimdi bunu anlatırken bir resim geldi gözümün önüne. Bir koridordayım, çiçekli halılar var yerde, yumuşak halılar, o halıların üzerinde uzanıyorum.

— Peki o zaman oraya gidelim. Üç, iki, bir... Ne yapıyorsunuz şimdi?

— Başım dönüyor. Başımı eğdim bir yerde.

— Peki. Üç, iki, bir... Bir daha gidin lütfen...

— Bir şey göremedim.

Sesi sayıklar gibiydi. Transta değil de uykuya geçmiş gibiydi. Komutumu birkaç kez yineledim. Ama cevap alamadım. Sanki bilinçaltında bir yerlere girip çıkıyor, ama hiçbir yerde kalamıyor gibiydi. Farklı bir hareket vardı içinde. Sanki ona ait olmayan, farklı bir enerji gibi. Derin bir nefes aldım, çok kritik bir noktaya geldiğimizin farkındaydım.

— Can Bey şimdi size bir soru soracağım. Cevap vermenizi rica ediyorum. Sizin içinizde başka bir enerji mi var?

— Evet var. Sanki benim içimden çıkmaya çalışıyor. Cam bardak gibi, boğazımdan çıkmaya çalışıyor.

— Şimdi lütfen içinizdeki bu enerjiye odaklanın. Bu bir insan olsa kime benzerdi?

— Sanki bir kadın, otuz sekiz, otuz dokuz yaşlarında gibi... Darkness (karanlık)... Karanlık hissediyorum, kapkaranlık...

— Ne zamandır sizin enerji alanınızda?

— Uzun zamandır benimle beraber. Eskiden de vardı ama son dört senede aktif hale geldi.

— Peki onun neye ihtiyacı var?

Sustu, hissettiklerini anlatabilmek için doğru kelimeyi arıyor gibiydi. Uzun süredir yurtdışında yaşadığından hissettiklerini anlatmaya Türkçesi yetmiyor, araya İngilizce sözler de sıkıştırıyordu.

— Çok farklı hisler var. Üstte geziyorum. *She needs my energy. She lives with my energy.* (Benim enerjime ihtiyacı var, benim enerjimle yaşıyor.)

— Ona yarım kalan, bitmemiş bir işinin olup olmadığını sorar mısınız?

— "Evet" dedi. Varmış.

O enerjiyi tarif ederken İngilizce "Darkness" sözcüğünü kullandığı için ben de aynı sözcükle hitap ederek sordum.

— Lütfen Darkness'a sorar mısınız? Benimle konuşur mu?

Amacım Can Bey'i içindeki yabancı enerjiden ayırmak, uzaklaştırmaktı. Darkness az önce İngilizce cevap verdiği için ben de İngilizce sordum.

— *What's your pain?* (Senin ağrın/acın nedir?)

— Cevap vermiyor.

— Darkness bizimle konuşmuyorsa, onun gitmek için neye ihtiyacı var?

Gözleri hâlâ kapalıydı. İki eli iki yanında uzanmış, kanepenin minderlerini sıkı sıkıya tutmuştu.

— Bir sürü şey görüyorum. Değişik değişik imgeler. Bir gelip bir yok oluyorlar. Ama tam seçemiyorum ne olduklarını... Flular... Sanki gizliyorlar kendilerini.

— Darkness beni duyabiliyor mu?

— Evet, evet duyuyor.

Sesimi bir ton yükselterek Darkness'e seslendim.

— Sevgili Darkness, Can Bey'in bedeni sana ait değil. Ona yük oluyorsun. Senin ne ihtiyacın var? Sana yardım edelim.

Sustum, biraz bekleyip bu kez aynı tonla Can Bey'e seslendim.

— Can bey, Darkness size ait değil. Onun gitmesi lazım. Sizin kendi enerjinizi korumanız lazım.

Can Bey başıyla onayladı. Çok halsiz duruyordu.

— Neye ihtiyacınız var?

— Krishnamurti enerjisine.

Mistik konulara ilgim olup, ara ara okumalar yapmama rağmen, Can Bey'in bahsettiği enerji çeşidini bilmiyordum. Ancak terapist olarak danışanımın özellikle istediği enerjiyi ona hissettirmem lazımdı. İhtiyacımızı karşılayacak kaynak kendi içimizden çıktığı zaman çok daha anlamlı, etkili ve kalıcı olur. O yüzden onu yine kendi içine yönlendirdim.

— O zaman bu enerjinin göbek deliğinizden girdiğini hayal edin. Hissediyor musunuz girdiğini?

— Evet.

— Ne renk?

— Sarı, yeşil…

— Şimdi bütün vücudunuzu kapladığını hayal edin. Hissediyor musunuz?

Huzurlu bir sesle cevap verdi.

— Evet, tüm vücudumu kapladı.

Sesindeki huzur yüzüne de yansımıştı. Kaşlarını çatmayı bırakmış, yüzüne çocuksu bir ifade gelmişti. Nefesinin düzenliliğinden uyuyakaldığını hissettim. Seans sırasında danışanın uyuması genellikle iki nedene bağlanır. Ya kaçmak için ya da çok ağır bir his, enerji, farkındalık geldiğinde dinlenmek için…

Masama geçtim ve onu uyandırmamaya çalışarak bu seansın notlarını aldım. Can Bey'in uykusunun nedeninin kaçış olduğunu sanmıyordum. Bu uykunun nedeni az önce yaşadığı karşılaşmanın yorgunluğuydu, Darkness olarak tanımladığı, onu yoran, ondan beslenen ve her ay onu yataklara düşüren yabancı enerjiyle karşılaşmanın yorgunluğu… Seans esnasında ender olarak uykuya geçer danışanlar. Bu çok uzun sürmez, genellikle beş, on dakika ile kırk beş dakika arasında bu süre değişebilir. İmkânım varsa onlara uyumaları için alan açarım.

Ondan sonra başka randevum olmadığı için uyandırmadım Can Bey'i. Asistanıma telefon bağlamamasını tembih ettim, ben toplantı odasına geçtim, onun uyuyup toparlanması için gereken ortamı sağladım.

Yarım saat kadar sonra uyandığının haberini aldım, yanına gittim. Önce nerede olduğunu anlamadı, yarım dakika kadar boş boş etrafa baktıktan sonra hatırladı. Mahcup bir gülümsemeyle baktı bana.

— Uyuyakalmışım.

Ben de gülümseyerek cevap verdim.

— Doğal bir durum bu. O kadar yoruldunuz ki vücudunuz biraz mola vermek istedi demek ki.

Saatine baktı, sonra panikle fırladı yerinden.

— Ben uyumayı hesap etmediğim için sizden sonra buluşmak üzere bir arkadaşımla sözleşmiştim. İzninizle çıkayım hemen. Yarın tekrar görüşmek üzere…

Can bey gittikten sonra notlarımı düzenlerken, her insanın biricikliğini, insanların içindeki duyguları, algıları ne kadar farklı ve enteresan şekilde ifade ettiklerini düşündüm. Bir terapistin en önemli özelliklerinden birisi "Danışana kabul verme"dir, sorduğunuzda herkes "Aaa tabii biz her hikâyeyi kabul ederiz" der ancak bazı hikâyeler insanın esnekliğini gerçekten test eder. Can Bey'in anlattığı Darkness da buna güzel bir örnekti…

Ertesi gün geldiğinde daha iyi hissediyor, bir önceki güne göre de daha iyi görünüyordu.

— Bugün son seansımız, ne zaman dönüyorsunuz Suudi Arabistan'a?

— Yarın gece döneceğim. Yarın tüm gün kızımla olmak istiyorum. Yarını aylar öncesinden planladık… Baba-kız günü yapacağız.

— O zaman hemen başlayalım. Olur mu?

— Olur.

— Şimdi başınızı geriye doğru yaslayın, kendinizi rahat hissettiğiniz bir pozisyona geçin…

Sırtıyla kanepe arasına bir yastık yerleştirdi. Uzun saçlarını kulaklarının arasına sıkıştırdı, başını arkasına yaslayıp gözlerini kapadı.

— Hazır mısınız?

— Evet, hazırım.

— Şimdi sizinle farklı bir şey yapacağız. Sizin gizli/kutsal bahçenizi keşfedeceğiz….

Danışanı kendi iç dünyasına götürürken önce kendini iyi, güvende, huzurlu hissettiği bir yerde hayal ettirmek doğru olur. Bu aşamada ben, yaklaşık on dakika süren ve özel bir teknik isteyen bir çalışmayla danışanı o huzurlu noktaya götürürüm. Can Bey'e de öyle yaptım. On dakika boyunca komutlarımla onu yönlendirerek içindeki gizli bahçeyi bulmasına yardımcı oldum.

— Kendinizi nerde görüyorsunuz?

— Denizle dağ arasında bir yerdeyim... Bir Kangal köpeği var, kocaman, güçlü bir köpek... Bir de kedi var...

— Peki o halde, bu bahçede biraz dolaşmanızı istiyorum. Olur mu?

— Olur.

— Kimler var yanınızda, kimlerle dolaşıyorsunuz?

— Sevdiklerim var... Annem, babam, kızım...

— Şimdi onlardan ayrılmanızı istiyorum. Karşıda küçük bir patika göreceksiniz. Bu patikadan tek başınıza yürüyün lütfen.

— Yürüyorum.

— Karşınızda bir orman var. Attığınız her adımla bu ormana yaklaşıyorsunuz. Bir adım daha... Bir adım daha ve ormandasınız. Nasıl bir orman bu, bana tarif eder misiniz?

— Çok sık ağaçlar var... Büyük ağaçlar... Yaprakları da büyük... Kocaman ağaçlar... Belgesellerde gördüğümüz ağaçlar gibiler. Upuzunlar, gökyüzü görünmüyor onların yüzünden...

— Ormanda biraz daha ilerleyin lütfen. Hadi iyice derinlerine girin ormanın.

— Yürüyorum.

— Az sonra sıkıntılarınızı temsil eden birisiyle karşılaşacaksınız. Onu görünce haber verir misiniz?

— Tamam... görüyorum galiba!

— Ne görüyorsunuz?

Yüzündeki huzur silinmiş, yerini tedirginlik almıştı. Cevap verirken sesi de tedirgindi.

— Female Big Foot[3] geldi.

---

(3) Big foot: Koca ayak. Ormanlarda ve Himalayalar gibi yüksek yerlerde yaşadığına inanılan çok büyük, kıllı, yarı insan yarı hayvan yaratık.

Yine İngilizce vermişti cevabı. İçindeki yabancı enerjiyi tanımlarken daha önce Darkness, şimdi Female Big Foot demişti... Ne ilginç ki her ikisi de dişiydi...

— Bana onu tarif eder misiniz lütfen?

— Dev, ağaçlar kadar büyük, uzun siyah saçlı, siyah gözlü...

— Ne kadardır orada?

— Çok uzun zamandır bu ormanda.

— Niye orada? Orada ne işi var?

— Bana yaklaşmasının bir sebebi var. Ama ne olduğunu bilmiyorum.

— Peki siz nasıl hissediyorsunuz?

— Garip... Tuhaf... O da kendi dünyasında. Hisleri ve ihtiyaçları farklı... Benim içimde ama benden ayrı...

Durdum. Bekledim biraz... Can Bey'in bu karşılaşmayı sindirmesi için ona biraz süre verdim. Birkaç dakika sonra sordum.

— Adı ne olabilir? Bir isim verin ona.

— Geyza... Geyza...

— Peki Geyza nasıl birisi?

— Yabani. Bağlantı kurmak istemiyor. O yüzden ormanın en derininde yaşamayı seçmiş. Ama beni görünce rahatladı sanki... Kaybolmuş... Burada kaybolmuş...

— Geyza'yla konuşur musunuz lütfen? Ona orada ne yaptığını sorar mısınız?

— Geyza kaybolduğunun farkında değil. Bir şey arıyor. Kurtulmak istiyor.

— Ona nasıl hissettiğini sorar mısınız?

Gözleri hâlâ kapalıydı. Dudakları oynamıyor, ağzı açılıp kapanmıyordu ama yüzüne bakınca biriyle konuştuğu hissediliyordu. Arada kaşlarını kaldırıyor, hatta çatıyordu da. Hani insan bazen kendi kendine bir şeyi ölçer, tartar, bu arada kendiyle hesaplaşır ya, dışarıdan bakılınca yüzü aynen öyle görünüyordu.

— Bir tutukluluk hali var. Sanki mutlu değil...

— Peki tutukluluktan kurtulmak istiyor mu? Sorar mısınız ona?

— Sorumu duymazlıktan geliyor. Cevap vermiyor bana.

— Peki sizinle ilk teması ne zaman olmuş?

— Dört yıl önce…

Dört yıl öncesi, tam da Can Bey'in büyük borç altına girip, her ay düzenli olarak aynı sıkıntıları yaşamaya başladığı, babasını kaybettiği döneme denk geliyordu.

— Peki, hangi anınızda size temas etmiş?

— Kendime acırken, yalnız ve güçsüz hissederken…

"Benzer benzeri çeker" diye boşuna dememiş atalarımız, gerçek yaşamda da aynı olayları yaşarız. Kendinizi kötü hissettiğinizde, enerjiniz düşükken, aynı enerjide olan üzgün biri tak diye yanınıza gelir. İyi niyetlidir aslında, amacı yardım etmektir. İlk başlarda sizi anladığını düşünür, sevinirsiniz, yoldaş olur size. Sizi saatlerce dinleyebilir, empati seviyesi çok yüksektir, destekleyici konuşmalar yapar. Acının da farklı bir lezzeti vardır, beraber paylaşılır bu tat. Ancak bir süre sonra, acının vadesi dolmaya başladığında, size ağır gelmeye başlar bu beraberlik. Taze nefesi özlersiniz. Gözünüzü dışarıya çevirmeye başlarsınız. Ancak acı yoldaşınız sizinle aynı frekansta değilse; ki çoğu zaman değildir; tepki verir, birbirinizin yörüngesinden ayrılmanızı istemez. Kopma süreciniz zorlu olabilir. Size bir zamanlar hizmet eden bu birliktelik artık yorucu gelmeye başlar. Acınızı şifalandırmaya çalışırken bir de bu ayrılık ile uğraşmaya başlarsınız…

— Can Bey bana aracı olabilir misiniz? Ben Geyza'yla konuşmak istiyorum.

Önce cevap gelmedi. Belli ki Geyza yine duymazdan geliyordu. Bir kez daha yineledim sorumu.

— Bana aracı olabilir misiniz, ben Geyza ile konuşmak istiyorum.

Can Bey belli belirsiz başını sallayınca Geyza'nın sorularıma cevap vereceğini anladım. Kararını değiştirir endişesiyle hemen sordum.

— Geyza, ne zaman Can Bey'in hayatına girdiniz?

Can Bey'in sesi her zamankinden farklı ve boğuktu.

— Boşandıktan hemen sonra... İşlerinin kötü gitmeye başladığı zaman... Can yıkılmıştı, sığınacak bir yer arıyordu.

— Size mi sığındı?

— Evet, ben çok büyüğüm ya, ona sığınacak yer verdim. Ben Can'ın yalnızlığını giderdim.

Aklıma Can Bey'in söyledikleri geldi. Her ay şikâyetleri başladığında ona tek iyi gelen şeyin kendini eve kapamak, uyumak olduğunu söylemişti. Yani bir kabuğuna dönme, kozasına çekilme hali vardı.

— Peki Geyza teşekkür ederiz. Ama artık Can'ın hayatında olmaman gerekiyor. Artık ışığa gitmen gerekiyor. Işığa gitmeden önce sana yardım edebileceğim bir şey var mı?

Bir süre bekledim. Cevap gelmeyince yine sordum.

— Senin bitmemiş bir işin, sorulmamış bir hesabın var mı? Sana yardım edebileceğim bir şey var mı Geyza?

— Hayır, ben direkt ışığa gitmek istiyorum. Eski hayatıma bakmak istemiyorum.

— Peki ışığa giderken kimi istiyorsun yanında?

— Babamı... Babamı istiyorum.

Bekliyordum "Baba" demesini, şaşırmadım. Can Bey'in baba kaybı, ekonomik sıkıntılarının başladığı dönemle örtüşüyordu. Ebeveyn kaybı ağır travmalardan biridir, çünkü "çocuk, evlat" kimliğimizin de kaybıdır. Ebeveynlerimizi kaybettikten sonra hayatın yükünü, sorumluluğunu farklı hissederiz artık.

— Geyza, babana karşı ne hissediyorsun?

— Sevgi... Özlem... Onu çok seviyorum, çok özlüyorum.

— Gitmeden önce Can'a söylemek istediğin bir şey var mı?

— Ona teşekkür ederim.

Sonra Can Bey'e seslendim. Bu noktada onun da Geyza ile vedalaşması önemliydi.

— Can Bey, Geyza'ya söylemek istediğiniz bir şey var mı?

— Teşekkür ederim, yalnızlığımı giderdi. Benim için yaptığı her şey için teşekkür ederim.

Can Bey'in sesi normale dönmüştü.

— Şimdi ne görüyorsunuz, anlatır mısınız?

— Geyza ışığa gidiyor, yanında babası var. Babası da kendisi gibi kocaman. Beraber el ele ışığa uçuyorlar. İkisinin de yüzü huzurlu...

— Siz nasıl hissediyorsunuz?

— O uzaklaştıkça enerjim geri geliyor. Göğsüm enerjiyle doldu.

Yüzü aydınlanmış, üç gündür görmediğim bir dinginlik gelmişti yüzüne.

— Peki, size enerji verecek birini çağırsak, bu kim olsun istersiniz?

— İsa... Hz. İsa...

Seçtiği kişi şaşırtıcıydı. Can Bey Müslüman bir ailenin çocuğuydu, hatta anne tarafından halife torunuydu. Yoga yapıyor, spiritüel konularla ilgileniyordu. Ama seçtiği kişi Hıristiyanlığın peygamberi İsa'ydı.

— Hz. İsa'ya sorar mısınız size ne verebilir?

— Huzur, dinginlik ve sevgi...

— Size ne tavsiye ediyor, sorar mısınız lütfen?

— Şükran duası etmemi, yaradana sağlıklı ve hayatta olduğum için teşekkür etmemi ve olumlama yapmamı... Kendimi olumlu düşüncelerle doldurmamı söylüyor.

— Peki, hazır olduğunuzda yavaş yavaş gözlerinizi açabilirsiniz.

Gözlerini açtı, bakışlarını odada gezdirdi, sonra beni fark etti, kısa bir süre bende takılı kaldı gözleri. Ardından bir anda ifadesi değişti. Burun kanatları titremeye, çenesi kasılmaya başladı. Çok geçmeden gözlerinden yaşlar dökülmeye başladı. Üç gün boyunca bu ilk ağlayışıydı.

— Babamı çok özledim. Aslında kızgınım da ona, beni çok zor

durumda bıraktı. O koca servetten geriye hiçbir şey bırakmadı bana. Hiçbir şey... Bir de o kadar çabuk gitti ki... Vedalaşamadık.

— Neden öldü babanız?

— Bilmiyorum. Neden öldüğünü bilmiyorum. "Uykusunda öldü" dediler. Ben yurtdışındaydım. Sonra aşırı dozdan öldüğü çalındı kulağıma. Anneme sordum yalanladı. Ben de düşmedim peşine. Kimbilir belki de yüzleşmek istemedim. Hangi evlat babasının uyuşturucudan öldüğünü bilmek ister ki?

— Ölüm nedeni önemli mi sizin için?

— Hayır... Ama arkasından yas tutamadım. Normalde sulu gözlü herifin tekiyimdir. Kızımla Disney filmlerine giderdik, onlarda bile ağlardım. Ama babamın ardından ağlamadım. Hatta... Hatta bu onun arkasından ilk ağlayışım...

İçini çeke çeke, uzun uzun ağladı. Belli ki ihtiyacı vardı böyle bir duygusal boşalmaya. On dakika kadar sonra yavaşladı gözyaşları, sonra tamamen kesildi.

— Babanızın mezarına gidiyor musunuz?

— Hayır, hiç gitmiyorum.

— Bizim kültürümüzde mezar ziyareti önemli bir ritüeldir. Her zaman hatırlarız öte âleme gidenleri, ancak belirli bir mekâna, onları anma niyetiyle gidince insan daha çok odaklanıyor, o kişiyle ilgili düşünceleri, duyguları yoğunlaşıyor, içini daha rahat döküyor, yeni düşünceler, duygular ortaya çıkabiliyor... Babanızın mezarını ziyaret etme fikrine nasıl bakarsınız?

— Evet, ondan bahsetmek, onu anmak bile iyi geldi. İlk fırsatta, hatta belki yarın kızımla beraber babamın mezarını ziyaret edeceğim.

Derin bir nefes aldı. Sonra o nefesi yavaş yavaş geri verdi.

— Çok daha iyi hissediyorum. Sanki içimde kocaman bir yumruk varmış da gitmiş, kurtulmuşum, yerini de büyük güçlü bir enerji almış gibi. Göğsümü sıkıştıran, beni ağırlaştıran her şeyi geride bırakmış gibi...

Üç gün boyunca ikişer saat süren seanslarımızın sonuna gelmiştik. Üç gün önce odama giren adamdan o kadar farklı görünüyordu ki. 'Mış' gibi değil de gerçek bir huzur vardı yüzünde.

Can Bey, üzerinden yıllar geçse bile unutamadığım danışanlarımdan oldu. Bilinçaltının gücünü ve hayatımızdaki etkilerini yoğun şekilde anladığım, hissettiğim bir çalışmaydı. Ani gelen şeyin aniden gidebileceğini, hazır bir insanın çok kısa sürede enteresan dönüşümler yaşayabileceğini hissettim.

Bir kişide yüksek tansiyon varsa klasik tıp tansiyonun varlığıyla ilgilenir, oysa psikonöroimmünoloji bu hastalığı bir film gibi ele alır, psikonöroimmünolojiye göre hastalık filmin son sahnesidir. Tansiyon yükselene kadar bu kişinin neler yaşadığıyla yani hastalığın sebebi ve gelişme yollarıyla ilgilenir.

Psikonöroimmünolojik terapide ise hastalığın sebebi ve gelişim yolları birlikte çözülür. Belirtilere yönelik terapi değil sebebe yönelik terapi yapılır.

Pek çok bilim insanı, ilk başta psikonöroimmünolojinin bulgularını kuşkuyla karşılamış olsa da, 21. yüzyılın başlamasıyla bu alan geniş ölçüde güvenilirlik kazanmıştır. Hâlâ bu konuda pek çok yeni araştırma yürütülmektedir. Psikonöroimmünoloji özellikle, kanserli ve depresyonlu hastalarla ilgilenen araştırmacılar için aydınlatıcı olmuştur.

Can Bey, araştırma yapmış, çok sayıda makale okumuş, psikonöroimmünolojiye inanmış ve Amerika Birleşik Devletleri üzerinden bana ulaşmıştı. Kendi isteğiyle gelmek terapi için çok önemlidir. Kimi terapiyi hiç istemez, acısı neyse onun içinde kalmayı tercih eder, bu durumda genellikle kişinin o acıdan bir çıkarı olduğu da düşünülebilir. Kimi etrafının zorlamasıyla gelir, zaten çeke çeke getirildiği için ondan çözüm almak çok zordur. Kimi de Can Bey gibi kendi isteğiyle gelir. Zaten o kapıdan kendi isteğiyle girdiği an terapinin yüzde ellisi bitmiş, başarılı olunmuştur demektir.

* * *

Can Bey ile irtibatı hiç koparmadık, hâlâ yazışıyoruz, beni başkalarına tavsiye ediyor zaman zaman, sosyal medyadan birbirimizi takip ediyoruz. Maalesef hayal ettiği merkezi henüz açamadı, hâlâ Suudi Arabistan'da yaşıyor. Ama sık sık Türkiye'ye geliyor, kızıyla düzenli olarak görüşüyor. Onu çok yoran, her ay yaşadığı sıkıntıları bir daha hiç yaşamadı. Terapi öncesine göre çok daha sağlıklı, mutlu ve keyifli bir hayat sürüyor. Bu arada yogaya, çiğ beslenmeye devam ediyor, son fotoğraflarından anladığım kadarıyla biyolojik yaşına göre çok daha genç duruyor.

Rahşan T.

"Pratisyen hekimim ben. Bir türlü kazanamadım uzmanlığı. Sınava girince kilitleniyorum. Sanki yerime başkası geliyor. Ben gidiyorum o geliyor!"

Dokuz günlük bayram tatilinin başlamasına birkaç gün daha vardı ama şehirde şimdiden "kavimler göçü" başlamıştı bile. Resmi tatili, yıllık izinleriyle birleştiren beyazyakalılar şehirden ayrılınca trafik hafiflemiş, yollar boşalmıştı.

Çevremdeki herkesi tatil heyecanı kaplamıştı. Benim için ise durum farklıydı. Böyle zamanlarda randevu talepleri çoğalırdı. Ajandam uzun tatili fırsat bilip İstanbul'a gelen, gelmişken beni görmek isteyen eski danışanlarımla dolardı. Yine öyle olmuştu.

Bu kez İstanbul dışından gelen yeni bir danışanın ismi de vardı randevu defterinde; Rahşan T... Rahşan Hanım, çalıştığını, izin alacak başka zamanı olmadığını, yakında kendisi için çok önemli bir sınava gireceğini, bu sınavdan önce benimle mutlaka görüşmek istediğini söylemiş, 1,5 ay önceden randevusunu almıştı.

Saatime baktım. Seansın başlamasına birkaç dakika vardı. Bir yandan bu önemli sınavın ne olabileceğini düşünürken, bir yandan da önceki seansın notlarını toparladım. Bu benim önem verdiğim bir ritüeldi. Notları toparladığımda kafamı da toparlıyor, kendimi bir sonraki seans için temizliyordum sanki.

Kapı çaldı. Asistanım, Rahşan Hanım'ı aldı odama. İlk dikkatimi çeken zayıflığı oldu Rahşan Hanım'ın. Çok zayıftı, çelimsiz denebilecek kadar zayıf... Utangaç bir sesle selamladı beni.

Antalya'dan geliyordu. Bütün İstanbul tatil için Antalya'ya akarken, o İstanbul'daydı. Bana kendisinden bahsetmesini istediğimde tedirgin bir sesle konuşmaya başladı.

— Doktorum ben. İşyeri hekimliği yapıyorum.

Sustu, bir süre durup sonra sesini alçaltarak devam etti. Sanki kendi sesini kendi bile duymak istemiyor gibi rahatsızdı sesi.

— Pratisyen hekimim ben. Bir türlü kazanamadım uzmanlığı.

Demek telefonda bahsettiği sınav, Tıpta Uzmanlık Sınavı'ydı. Gerçekten zor bir sınavdı bu. Yakın çevremden de biliyordum. Tıp tahsili çok zordu, altı yıl süren o tahsilden sonra bir de uzmanlık sınavına girmek, sınavı kazandıktan sonra uzmanlığı alabilmek için dirsek çürütmek, üzerine mecburi hizmet derken yıllar geçiyordu. Kolay doktor olunmuyordu. Mesleğini istismar edenler bir yana, hakkıyla yapanlara çok saygım vardı. Hele ki gazetelerin üçüncü sayfalarında bu ara sık görmeye başladığımız doktor darpları ve cinayetleri çok yakıyordu canımı. Onca yıllık tahsil, emek, alın teri, cahil birinin tek kurşunuyla yitip gidiveriyordu.

— Sınav kaygımla ilgili geçmişime ait yanlış bir kodlama ya da edindiğim yanlış bir inancın olabileceğini düşünüyorum. Bu yüzden size geldim.

Doktor olduğu için bilimsel bir giriş yapmıştı.

— Biraz açabilir misiniz bunu?

— Deneme sınavı, sözlü ya da yazılı sınavlarımda hep başarılıyım. Ama ÖSYM'nin sınavlarında aşırı stresliydim. Ve işin enteresanı da daima kendime girecek yeni bir sınav buluyorum. Her defasında da aynı şey oluyor. Emeğimin karşılığını alamıyorum.

Arkama yaslandım, bu yaşa gelmiş (formunda 40 yaşında olduğunu görmüştüm), doktor olmuş, yetişkin bir kadının hâlâ sınav stresi yaşaması ilginçti.

— Peki sınav esnasında ne hissediyorsunuz?

İki eli de o farkında olmadan kendiliğinden yumruk oluvermişti. Yumruklarını sıktıkça bilekleri daha da incelmiş, damarları iyice belirgin hale gelmişti.

— Kilitleniyorum. Sanki yerime başkası geliyor. Ben gidiyorum o geliyor!

— Şimdi gelin baştan başlayalım. Bana okul hayatınızı baştan anlatır mısınız?

Omuzlarını silkerek cevap verdi.

— İlkokulda başarılı bir öğrenciydim. Hatta hatırlıyorum birinci sınıfta kırmızı kurdeleyi ilk ben takmıştım. O zaman anadolu liselerine ilkokuldan sonra giriliyordu ve çok önemliydi, babam çok istiyordu anadolu lisesini kazanmamı... Öğretmenlerim de kazanmama kesin gözüyle bakıyorlardı.

— Kazandınız mı?

— Hayır, sınavın ortasında ağlayarak çıktım. Oysaki sorular çok kolaydı. Ama bir anda o ana kadar hiç yaşamadığım şeyler hissettiğimi hatırlıyorum.

— Sonra?

— Annemle babam avuttu beni, "Fen Lisesi sınavı var, ortayı bitir sonra ona girersin" dediler.

— O nasıl geçti?

— Ona girmedim bile. Reddettim, cesaret edemedim.

— Üniversite?

Arkasına yaslandı, acı acı gülümsedi.

— Kazanamadım. O sene Antalya'daki bütün dershanelerin deneme sınavlarında birinci olmuş ben; üniversiteyi kazanamadım.

— Aileniz ne yaptı?

— Ne yapsınlar, şaşırdılar tabii. Antalya küçük yer, eş dost çok şaşırdı, bayağı dedikodum yapıldı. Uzun süre sokağa çıkamadım. Hani dershanelere kazananların listesini afiş yapıp asarlar ya, o afişler kalkana kadar çıkmak istemedim sokağa.

Yıllar önceki bu başarısızlığın, Rahşan Hanım'ı ne kadar çok etkilediği belliydi. Anlatırken hâlâ sesi titriyor, gözleri doluyordu.

— Neyse sonraki sene bir daha girdim sınava. Yine olmadı!

— Psikolojik destek aldınız mı o dönem?

Başını iki yana salladı.

— O zaman böyle değildi ki bu işler. Yirmi iki yıl öncesinden söz ediyoruz. Psikologlara gidenlere deli gözüyle bakılırdı. Böyle şeylerin danışılabileceği kimsenin aklına gelmezdi bile, hele ki Anadolu'da... Belki İstanbul'da daha farklıdır ama Antalya'da daha yaygınlaşmamıştı bu işler.

Ellerini kavuşturup, parmaklarını çıtlattı birkaç kez. O incecik parmaklardan çıkan sesin bu kadar kuvvetli olması şaşırtmıştı beni.

— Ama dershanedeki hocalarla konuştum birkaç kez. Onlar da klasik motivasyon sözleri söylemişlerdi. İyi gelmesi bir yana kendimi daha da çaresiz hissettirmişti. Nitekim ikinci sene yine kazanamadım.

— Üçüncü sene ne oldu?

Derin bir nefes aldı. Yüzüne bir gülümseme iliştirip cevap verdi.

— Kazandım.

— Tıp Fakültesi'ni mi?

— Evet ama Antalya'yı. Akdeniz Tıp Fakültesi'ni...

Oradaki "ama" dikkatimi çekmişti. Altındaki nedeni bulmak için sordum.

— Ne hissettiniz kazanınca?

— Başarılı hissetmedim. Kazanmış gibi hissetmedim.

— Neden?

— Çünkü hedefim Çapa ya da Cerrahpaşa'ydı. Üçüncü senede anca kazandığım fakülte yaşadığım şehirdeydi, bu beni tatmin etmedi. Zaten öğrencilik hayatım da mutlu geçmedi.

Arkasına yaslandı. Söylemek istediklerini kafasında kararlaştırır gibiydi. Kaşlarını oynatıp duruyor, farkında olmadan yüzü şekilden şekle giriyordu. Sonra sakinleşti, belli ki kafasında netleştirmişti söylemek istediklerini. Oturduğu yerde öne doğru eğildi ve gözlerini gözlerime sabitleyerek kendinden emin bir tonla konuşmaya başladı.

— Yanlış anlamayın beni. Daha doğrusu ben yanlış anlatmayayım kendimi. Kendimi bildim bileli doktor olmak istedim. Altı yaşındaydım, çok net hatırlıyorum. Bütün arkadaşlarım evcilik oynardı, ben doktorculuk oynardım. Çocukken bile sağlık ansiklopedileri okurdum.

— Ne güzel, çocukluk hayalinizi gerçekleştirmişsiniz, doktor olmuşsunuz.

Cevabı isyan eder gibiydi.

— Öyle değil işte. İstediğim gibi olamadım.

— Ne olmak istiyordunuz?

— Kardiyoloji istiyordum.

— Neden?

— Çünkü ilk girdiğimde en yüksek puanlardan biri kardiyolojinindi.

Girmek istediği bölümler hep en yüksek puanlı olanlardı. Çapa, Cerrahpaşa, kardiyoloji... Bunlar olmadığı sürece kendini başarmış saymıyordu.

— Kardiyoloji için üç kez girdim TUS'a, üçünde de olmadı. Sonunda "Madem öyle, ne yapalım?" deyip dahiliyeye girdim.

Başarı olgusu kişiden kişiye nasıl da değişiyordu? Tıp bitirip, üstüne dahiliye uzmanlığını kazanmak birçok kişi için büyük başarı iken, bazıları için "Madem öyle, ne yapalım?" diye karşılanabiliyordu. Acaba başarı nedir? Genel kabul, her geçen gün daha rekabetçi olan dünyada "ben diğerlerinden daha iyiyim" demek diyebiliriz. Daha fazla para, yüksek mevki, daha hızlı koşmak, en iyi yemeği pişirmek, en fazla takipçiye sahip olmak, vs vs... hatta en geç yaşlanmak! Sürekli aşağıya veya yukarıya doğru bir mukayese içinde olmak, tam gaz hareket etmek! Peki bu "başarı" isteğinin maliyeti nedir acaba? Maddi ve manevi olarak?

— İstanbul'da okudum uzmanlığı. Anadolu yakasında bir araştırma hastanesinde. Dahiliyede yan dal seçmek lazım, biliyorsunuzdur muhtemelen. Onda da endokrinoloji ya da onkoloji istedim.

— Neden istediniz endokrinoloji ya da onkolojiyi?

Boş vermiş bir ifadeyle cevap verdi.

— Çünkü onkolojide sürekli yeni gelişmeler var, kendinizi geliştirmek zorundasınız... Yayınları takip edeceksin, konferanslara gideceksin. Endokrinolojide ise matematik var. Matematik de bana ilginç geliyor. Ama olmadı. Nefrolojiyi kazandım.

— Ne yaptınız peki?

— Okudum, ama son sınavda bıraktım.

Şaşkınlığım iyice artmıştı.

— Neden?

— Mecburi hizmeti yapmamak için.

— Şimdi ne yapıyorsunuz?

Acı acı gülümseyerek cevap verdi.

— Antalya'da bir fabrikada işyeri hekimiyim. Grip ilacı yazıyorum personele.

— Memleketinize neden döndünüz peki?

— Babamı kaybettik geçen sene. Babam Antalya'nın bilindik isimlerindendi. Yıllarca çok üst düzey yöneticilik yaptı oranın en önde gelen kuruluşlarında.

— Neden vefat etti?

— KOAH ve kalp yetmezliği.

Kardiyoloji okumak isteyip kazanamamışken, babasını kalp yetmezliği nedeniyle kaybetmesi de hayatın acı bir oyunuydu.

— Bana biraz ailenizden bahseder misiniz?

— Annem 61 yaşında, emekli ilkokul öğretmeni. Babam vefat ettiğinde 67 yaşındaydı. Biz iki kız kardeşiz, Handan benim küçüğüm. Evli, iki çocuğu var bir kız, bir oğlan. Ben hiç evlenmedim.

— Kız kardeşiniz çalışıyor mu?

— Handan avukat.

— Neden evlenmediniz?

İnce dudaklarını ısırdı birkaç kez, ona baktığımı görünce toparlandı.

— İki erkek arkadaşım oldu ama evlenecek kadar ilerlemedi işler.

— İstediniz mi onlarla evlenmeyi?

Durdu, düşündü biraz, sonra omuzlarını silkerek cevap verdi.

— Emin değilim. İstemedim galiba.

— Peki nedir tam olarak sizin istediğiniz?

Arkasına yaslandı, derin bir nefes aldı, sonra bir derin nefes daha... Pencereden görünen bulutlara daldı gözleri bir an. Sonra bana döndü, her hecenin üzerinde tek tek durarak cevap verdi. Sesi, o incecik bedenden çıkamayacak kadar tok ve kendinden emindi.

— Mesleki anlamda istediğimin olmasını istiyorum.

— Mesleki anlamda istediğiniz tam olarak nedir?

— Endokrinoloji ya da onkoloji uzmanı olmak!

— Peki, yaşam amacınız nedir? Mesleki konuların dışında ne istersiniz?

— Mesleğimde iyi olmak. Çocukluğumdan beri istediğim donanımlı bir hoca olmak, birilerini yetiştirmek! Mesleğimde iyi, sözü dinlenen biri olup ders vermek, hoca olmak istiyorum!

— İş, meslek konuları dışında neler var hayatınızda? Bana biraz da ailenizden bahseder misiniz? Babanız nasıl biriydi, nasıl anlatırsınız onu?

— Müzikseverdi, tiyatroseverdi, Antalya'ya gelen her oyunu, her konseri en önden izlerdi. Entelektüel bir adamdı. Çok merhametliydi, adaletliydi, sevecendi. Ama inattı da.

— Anneniz?

— Dürüsttür, sevecendir, bir de çok güvenilirdir benim annem. Ama kincidir. Yıllarca kin güdebilir.

— İnatçı da diyebiliriz belki?

Bir an düşünüp, başıyla onayladı.

— Doğru, kininde inatçıdır.

— Annenizin hangi davranışı sizi kızdırırdı?

— Kendini ihmal etmesine, kendini kullandırmasına kızarım en çok.

— Kız kardeşinizle aranız nasıl?

— İyidir ama o filmlerdeki gibi çok bağlı bir kız kardeşlik yok aramızda. O da yardımseverdir, adildir, dürüsttür. Ama o da inatçıdır.

— Farkında mısınız, her üçünü de tanımlarken inatçılıklarını vurguladınız.

Elini saçlarına attı. Saçları da bedeni gibi zayıf, inceydi. Parmaklarını saçlarının arasından geçirirken huzursuz bir gülümsemeyle cevap verdi.

— Evet, biz inatçı bir aileyiz. Ben de inatçıyım. Yaşadıklarımdan da belli değil mi? Bu yaşa geldim, hâlâ sınav ve eğitim peşindeyim. İlla istediğim şey olacak. Oysa bırak, kabul et değil mi? Yapamıyorum işte.

Üst üste birkaç kez içini çekti.

— Bende teslimiyet eksik Şeniz Hanım, teslim olamıyorum.

— Her konuda mı teslimiyet duygunuz eksik?

— Hayır, sınav konusunda, başka konularda bu kadar değil, ama sınav konusunda hiç teslim olamıyorum.

— Konuşmamıza ilk başladığınızda "Sınavda sanki yerime başkası geçiyor" demiştiniz, hatırladınız mı?

— Evet, tabii.

— Şimdi sizden gözünüzü kapatıp sınavda sizin yerinize geçen kişiyi canlandırmanızı isteyeceğim. Olur mu?

Gözlerini kapadı, arkasına yaslandı.

Danışan "Sanki içimde başkası varmış gibi" dediği zaman, bu durum terapi ekollerinde ve ruhsal çalışmalarda farklı farklı yorumlanabilir. Mistik konulara, ruhlara, geçmiş yaşamların varlığına inanan kişiler, ölmüş bir kişinin ruhunun kaynağa geri dönmeyip dünyada takılı kaldığına, hatta uygun tema ve durumda yaşayan bir insana "eklenti" olarak varlığını devam ettirdiğine inanırlar. Eski zamanlarda, dini ritüellerde "cin çarpması" denirdi ve hatta "cin çıkarma – egzorsizm" seansları yapılır, hocalara okutulurdu insanlar. Psikiyatristler ise bu durumu sanrı olarak nitelendirebilirler, farklı tanılar alabilir danışan. Hasta psikotik kategorisine girer. Burada kilit nokta, "için-

deki ses, kişi" hakkında danışanın iç görüsü olup olmamasıdır. Eğer danışan içinde gerçekten birisinin yaşadığına inanıyorsa o zaman psikozu olabilir. Ancak iç görüsü var olup, "sanki..." ile cümleler kuruyorsa o zaman psikoterapi işe yarar. Bir sebepten dolayı, danışan iç dünyasını anlatırken "başka birisinin etkisi varmış" demeyi tercih edebilir, konuyla yüzleşmesi daha kolay olabilir. Etkisinde olduğu kişinin ihtiyacını hayalinde anlayıp giderince sonra da kendisine veda ederek ayrılması daha rahat olur. Bir şekilde "başkasının kurbanıdır" ve "o gidince rahatlar". Günün sonunda amaç danışanın sıkıntılarından kurtularak, huzurlu ve doyumlu bir hayat sürmesine yardımcı olmaktır. Terapist onun inancını sorgulamaz, onunla uyumlanarak ona yardımcı olmakla yükümlüdür.

— Kendinizi rahat hissettiğiniz bir pozisyon alın lütfen. Rahat mısınız?

Gözleri kapalı şekilde başıyla onaylayınca sordum.

— Sizce sizin yerinize geçen nasıl biri?

— Yirmi, yirmi beş yaşlarında... Orta boylu, kahverengi saçları var, saçları çok gür değil. Yuvarlak bir yüzü var, ince dudaklı, iri gözlü... Kot pantolon giymiş, üzerinde de tunik gibi bir gömlek var. Sakin ama endişeli, hatta gergin görünüyor.

— Peki bu kişinin bir ismi olsa ne olurdu?

— Aysu.

— O zaman sizin aracılığınızla ben Aysu'ya sorular soracağım, tamam mı?

— Tamam.

— Yalnız sorduğum sorulara onun cevap verdiğini duyarak bana aktarmalısınız, sizin cevaplarınız değil onun cevapları olmalı.

— Peki.

— Aysu Hanım, sınavlarda neden Rahşan Hanım'ın yerine geçiyorsunuz?

Kapalı gözlerini kırpıştırdı birkaç kez. Sonra cevap verdi. Tonlaması, vurguları Rahşan Hanım'ın konuşmasından farklıydı.

— Çünkü o çağırıyor, ben de geliyorum.

— İlk ne zaman geldiniz Rahşan Hanım'ın yanına?

— Küçücüktü daha. İlkokuldaydı.

— Rahşan Hanım nasıl hissediyordu?

— Çok gergindi, endişeliydi. Herkes ondan çok şey bekliyordu. Ama o, herkesin sandığı kadar iyi olduğunu düşünmüyordu.

— Peki bana biraz kendinizden bahsedebilir misiniz?

— Trafik kazasında öldüm ben. Karşıdan karşıya geçiyordum. Heyecanlıydım. Araba geliyormuş, fark etmemişim, araba çarptı bana. O yüzden öldüm. Çarpar çarpmaz, oracıkta...

— Ne zaman oldu bu?

— Ben sınav salonuna yetişmeye çalışırken. Üniversiteyi kazandım, iki sene okudum. Ama beğenmedim bölümümü, kayıt dondurup tekrar sınava hazırlandım. Deliler gibi çalıştım. Tam sınava girecekken de öldüm. Çok pişmanım şimdi... Ders çalışarak geçirdiğim bütün o zamanlar için, yaptığım bütün fedakârlıklar için, vazgeçtiğim her şey için çok pişmanım.

— Peki şimdi lütfen o kaza anına gidin, tepeden bakın, ne görüyorsunuz?

— Cansız ve değersiz bir şeyin orada yattığını görüyorum.

— Nasıl hissediyorsunuz oraya baktığınızda?

— Amacına ulaşmamış, mutsuz ve pişman. Hem de fazlasıyla pişman!

— O trafik kazası yüzünden yarım kalan ne var hayatınızda?

— İstediğim kadar gezemedim. Hep ders çalıştım. Hiç âşık olmadım mesela. Hep erteledim. "Şu sınavdan sonra yaparım, bu sınavdan sonra gezerim" deyip durdum. Yaşamadım sanki. Hayattaydım ama hayatın içinde değildim ben.

— Farklı ne yapmak isterdiniz?

— Spor yapmak isterdim. Müzikle ilgilenirdim, yeteneğim de vardı, sesim çok güzeldi. Bir de Cengiz'e hayır demezdim.

— Cengiz kim?

— Lisede bana âşıktı. Çok koştu peşimden. Çok güzel yeşil

gözleri vardı. Ama "hayır" dedim ona. Niye dedim bilmiyorum, hep beni sever sandım, hep benim peşimden koşar. Öyle olmadı ama. Kaçırdım elimden.

Can Bey'deki durumun bir benzeriydi Rahşan Hanım'ın yaşadıkları. Can Bey'in zor, kendini çaresiz hissettiği bir anda nasıl Geyza gelip onu bulmuşsa, Rahşan Hanım'ı da Aysu bulmuştu. Bu birliktelik bir süre, özellikle de çocukken Rahşan Hanım'a hizmet etmişti ama uzun süredir de ona yük oluyor, onu yoruyordu.

— Ah göğsüm sıkıştı. Nefesim daraldı sanki.

Rahşan Hanım'ın ses tonu, vurgulamaları değişmişti. Konuşan Aysu değil Rahşan'dı bu kez. Yüzünün acıyla kasıldığını fark ettim.

— Nasıl bir his bu tarif eder misiniz?

— Bıkkınlık, yorgunluk, iç sıkıntısı. Biri kalbimi sıkıyor, göğsümde baskı hissediyorum.

— Bunu şu andan önce, en son ne zaman hissettiniz?

— En son... Yan dal sınavına hazırlanırken.

— Peki bu hissin kaynağına gidelim. Bunu ilk kez hissettiğiniz zamana gitmenizi istiyorum. Üç, iki, bir... Gidin...

— İlkokuldayım. Çizgi çiziyorum. Bir tanesi eğri olunca hepsini silip, yeniden çiziyorum.

Bir anda ağlamaya başladı. Kapalı gözlerinden yaşlar akıyor, ağlarken tıpkı bir çocuk gibi ayaklarını yere vuruyordu.

— Geç kalıyorum. Geç kalıyorum.

Sürekli aynı şeyi söyleyerek uzun uzun ağladı. Bir süre sonra hıçkırıkları iç çekişlere döndü, ayaklarını yere vurmayı bıraktı. Sımsıkı kapalı gözlerinden dökülen son yaşları da silince derin bir nefes aldı. Artık sorularımı cevaplamaya hazırdı.

— Nereye geç kalıyorsunuz?

— Derse geç kalıyormuşum gibi hissediyorum. Hiç de geç kalmam derse ama sürekli böyle hissediyorum. Geç kalmışlık hissi...

— Bu geç kalmayla ilgili hatırladığınız en eski anıya gidin lütfen. Üç, iki, bir... Neredesiniz şimdi?

— Ağaçlık bir mesire yerindeyim. Havuz var, masalar var. 6-7 yaşındayım. Piknikteyiz, herkes telaşla koşturuyor. Ama ben mutlu değilim, iyi değilim.

— Neden mutlu değilsiniz?

— Çünkü Fatoş teyze var orada.

— Kim bu Fatoş teyze?

— Komşumuz... Sürekli beni kızı Feryal ile karşılaştıran, hakkımda hep olumsuz şeyler söyleyen komşumuz.

— Anneniz buna ne diyor?

Ellerini yumruk yaptı. İnce bileklerindeki damarlar ortaya çıkıvermişti yeniden. İsyanla bağırdı.

— Sorun da bu zaten. Annem hiçbir zaman sesini çıkarmadı. Annem beni hiçbir zaman müdafaa etmedi.

— Annenizin ne demesini isterdiniz?

— "Benim çocuğum hakkında yorum yapma" demesini isterdim. Demedi. Hiç demedi!

Birden gözünü açtı. Önce nerede olduğunu hatırlayamadı, etrafını süzdü bir süre. Sonra beni fark edince mahcup bir şekilde gülümseyerek sordu.

— Ya bu Fatoş teyze de nereden çıktı? Zaten hiç sevmem, geldi burada da beni buldu.

Yetişkin Rahşan, Fatoş teyzesinin onu ta çocukluğunda yaraladığının farkında değildi.

— Şimdi gözlerinizi tekrar kapatın lütfen. Altı yaşınıza gitmenizi istiyorum. Altı yaşınızı hayal edin. Neredesiniz?

Gözlerini tekrar kapattı. Kanepeye yerleşti. Çocukluğunu hayal ettiği, gözleri kapalı olsa bile, yüzüne gelen çocuksu ifadeden belliydi.

— Evdeyim. Radyoda, Yurttan Sesler Korosu var. Hale Gür türkü söylüyor. Annem çok mutlu, çünkü Hale Gür'ü çok beğeniyor. Hem sesinin güzel olduğunu, hem hanımefendi olduğunu söylüyor. Babam eve gelmemiş henüz. Kardeşim beşiğinde. Ev biber dolması kokuyor.

— Siz ne yapıyorsunuz?

— Ben bir defter yapıyorum. Kâğıtları düzgün kesip, ortalarından delip, içinden ip geçiriyorum. İkiye katlayınca tek ortalı defter gibi oluyor. Çok mutluyum. Defterin kenarlarına kenar süsü yapıyorum. Annem çok beğeniyor yaptıklarımı. Şimdi kapı çalıyor.

— Kim geldi?

— Fatoş teyze... Defterimi ona da gösteriyorum. "Ay bu ne biçim bir şey" diyor. Onun kızı Feryal'in çok daha güzelini yaptığını söylüyor.

— Peki şimdi sizden bir şey yapmanızı isteyeceğim. Altı yaşındaki Rahşan'a bakın.

Başıyla onayladı.

— Görüyor musunuz çocuk Rahşan'ı?

— Görüyorum.

— Ona lütfen, "Bu defter bu haliyle mükemmel. Seni çok seviyorum. Sen her halinle mükemmelsin" deyin.

Sesi titreyerek dediklerimi tekrar etti. Gözlerinden sessiz yaşlar akıyordu.

— Bu defter bu haliyle mükemmel. Seni çok seviyorum. Sen her halinle mükemmelsin.

— Bir kez daha tekrar edin lütfen.

— Bu defter bu haliyle mükemmel. Seni çok seviyorum. Sen her halinle mükemmelsin.

Sessiz gözyaşları hıçkırığa dönüşmüştü. Katıla katıla ağlamasına rağmen dediklerimi tekrarlamaktan vazgeçmiyor, kendi sesini duydukça daha çok ağlıyordu.

— Bu defter bu haliyle mükemmel. Seni çok seviyorum. Sen her halinle mükemmelsin.

Beş dakika kadar sürdü bu böyle. Hiç karışmadan, bölmeden kendi kendine sakinleşmesini bekledim. Hıçkırıkları kesilip, nefes alıp verişi düzene girince sordum.

— Şimdi nasıl hissediyorsunuz?

— Gerginliğim azaldı. Sıkıntım azaldı.

— Peki küçük Rahşan nasıl? Onu görüyorsunuz değil mi?

— Evet, o da ikna olmuşa benziyor. Defterine bakıyor, gülümsüyor.

— Kendinizi hazır hissettiğinizde lütfen yavaş yavaş gözlerinizi açın.

Önce koltukta doğruldu. Sonra boynunu, ardından başını kaldırdı, en son gözlerini açtı. Ferahlamış gibiydi, solgun yanaklarına renk gelmişti.

Hafifledim. Çok rahatladım, dedikten sonra birden ağlamaya başladı. Aynı anda hem ağlıyor hem gülüyordu. Bir yandan da sürekli tekrar ediyordu.

— Çok rahatladım. İnanamıyorum, çok rahatladım. Rahatlama ağlaması bu!

İki, iki buçuk saat kadar sürmüştü seansımız. Şehir dışından geldiği için çift seans yapmayı uygun görmüştük. Çünkü uzun süre bir daha görüşmemiz mümkün olmayacaktı.

— Tekrar görüşene kadar bazı ödevler vereceğim size.

Merakla sordu.

— Ne ödevi?

— Kırtasiyeye gidin ve altı yaşında Rahşan'ın seveceği türden bir defter alın kendinize, bir de renkli kalemler...

— Ne yapacağım onları?

— Ara sıra çıkarın defterinizi, resim ve kenar süsleri yapın defterinize. Bir de günlük tutun, renkli kalemlerle notlar alın. Yaşadıklarınızı, hissettiklerinizi yazın.

— Gerçekten mi?

— Gerçekten tabii. Günün sonunda sorun kendinize, benim neye ihtiyacım var diye? Vereceğiniz cevapları defterinize yazın. Fotoğrafını çekip bana e-postayla gönderin.

Yüzüne çocuksu bir gülümseme gelmişti. Çıkarken ona tokalaşmak için uzattığım elimi, iki elinin arasına alıp sıktı, üst üste teşekkür etti. İstanbul'a geldiğinde tekrar görüşmek için sözleştik.

Üç ay boyunca ara ara bana e-posta yolladı, çizdiği resimleri, yazdıklarını gönderdi. Birkaç kez de telefonla konuştuk. İstanbul'a ancak üç ay sonra gelebildi. Bu kez tatili beklemedi, seansımız için özel olarak izin alıp geldi. Odamdan içeri geldiğinde ilk gelişine göre daha iyi görünüyordu, daha kendinden emin, daha güvenliydi.

— Nasılsınız?

— Bayağı bir rahatladım. Yan dal sınavına çok az kaldı, iki buçuk ay var, onun belirsizliği hayatımın ortasında kocaman duruyor ama ben daha rahatım.

— Nasıl bir belirsizlik bu? Biraz açabilir misiniz?

— Bu seferki yan dalım ne olacak? Mecburi hizmeti nasıl yapacağım? Bu yaşta kalkıp başka bir şehre gitmek çok da kolay değil.

— Ama daha önce her şeyi bırakıp Antalya'ya dönmüştünüz, değil mi?

— Evet. Ama Antalya memleketim. Bir de babamı kaybetmiştik. Anneme destek olmak istedim. Gerçi annemi sıkı sıkıya tembihledim. "Benim şartlarıma uymazsan seninle Antalya'ya gelmem" dedim.

Biraz merak, çokça şaşkınlıkla sordum.

— Şartlarınız neydi?

— Ben evdeyken Fatoş teyzenin gelmesini istemiyorum. Sınır koymasını istedim annemden, restimi çektim. "Fatoş varsa ben yokum" dedim.

Daha önceki seansta anlattığı kadarıyla Fatoş Hanım boş konuşan, haddini bilmez bir komşudan ötesi değildi. Bir insanın hayatına başka birisi bu kadar damgasını vuruyorsa, büyük olasılıkla ona kendi gölgesini yansıtıyordur. Fatoş teyzelerden herkesin hayatında var, herkesin hayatı hadsiz, ne dediğini bilmeyen teyzelerle, yengelerle, kayınvalidelerle çevrili. Herkes Fatoş teyzelerle baş etmenin yolunu bir şekilde buluyor. Kimi kulak arkası ediyor söylenen tatsız şeyleri, kimi cevap vermeyi, haddini bildirmeyi tercih ediyor. Ancak Rahşan'da durum farklıydı. Fatoş Hanım, Rahşan'da kendisiyle ilgili çok kuvvetli bir duyguyu tetikliyor, sözleri Rahşan'ın kendisiyle ilgili hislerini yansıtıyordu.

— Fatoş Hanım'dan bahseder misiniz biraz? Kimdir bu Fatoş Hanım?

Huzursuzca kıpırdandı yerinde. Kanepedeki yastıklardan birini aldı, yastığın arkasındaki fermuarı açıp kapattı birkaç kez. Sonra omuzlarını silkerek anlatmaya başladı.

— Annemin komşusu. Ev kadını, hayat boyu hiç çalışmamış, 60-65 yaşlarında… Kısacık boylu…

— Çocuklarından da bahsetmiştiniz geçen seans, çocukları kim?

— İki kızı, bir oğlu var. Benimle yaşıt olan Feryal. İki yıllık üniversite bitirdi, şimdi bir bankada çalışıyor. Oğlu mühendis, Rusya'da çalışıyor. Küçük kızı da anaokul öğretmeni.

— Eşi?

— Mustafa amca emekli devlet memuru. Çok severim Mustafa amcayı. Fatoş teyzeyi sevmem ama Mustafa amca ayrıdır.

— Mustafa amca nasıldır?

— Çok zekidir, duygusaldır, yardımseverdir, dürüsttür.

Arkama yaslandım. Rahşan Hanım, Fatoş teyzenin aksine Mustafa amcaya bütün iyi özelliklerini kodlamıştı sanki.

— Hiç kötü bir yanı var mı Mustafa amcanın?

Bir an düşündü. Sonra geçiştirir gibi bir el hareketi yaparak cevap verdi.

— Sinirlidir, lafını esirgemez, bir de bazen Fatoş teyzeye kötü davranır.

— Nasıl kötü davranır?

— Yani mesela herkesin ortasında bozar, tersler, azarlar. Çok kırıcı ve kötü davranır.

— Bir tek karısına karşı mı, herkese karşı mı?

— Fatoş teyzeye karşı.

Rahşan'ın yaklaşımı çok ilginçti. Gerçekten Mustafa Bey'i seviyor muydu, yoksa onun karısına kötü davranmasını mı seviyordu? Dahası tek başına ayakta duran, iyi eğitimli bir kadın olarak, bir başka kadına kocasının herkesin ortasında kötü davranmasından nasıl rahatsız olmuyordu? Yoksa Fatoş Hanım'a olan öfkesi yüzünden mantıklı olarak değerlendirme yapamıyor muydu?

— Fatoş Hanım ne yapardı azarlandığında?

— Kindar değildir, çabuk affeder.

— Peki Fatoş Hanım'ı biraz daha anlatır mısınız bana?

Az önceki yastığı aldı yine eline, aynı fermuarı açıp kapattı birkaç kez. Ona baktığımı fark edince hızlıca yastığı bıraktı yerine. Yüzüne umursamaz bir ifade, sesine de umursamaz bir ton iliştirip anlatmaya başladı.

— Yapmacık... Çok yapmacık... Kötü niyetliydi, insanların olumsuz özelliklerini pat diye yüzüne vurur, hiç sakınması yoktur. Çok yalan söyler... Çok sinirdir.

— Örneğin, sizi en çok ne yaptığında sinirlendirirdi?

— Sürekli beni kendi kızıyla kıyaslar. Mesela ben iki sene önce dalış kursuna gidecektim. Bana "Boş ver, dalış kursunu ne yapacaksın, Feryal keman kursuna gidiyor, sen de kemana git" dedi. Hep beni Feryal'le karşılaştırıyor zaten.

— Nasıl karşılaştırıyor?

— Geçen maaş konusu açıldı. Maaşımı da sordu, söyledim. "Feryal de senin kadar maaş alıyor, sen bu kadar okudun, okuyorsun, o iki sene okudu, senin kadar maaşı var" dedi. Bir de...

Sustu, derin bir nefes alıp öyle devam etti sözlerine.

— Bir de bana asosyal olduğumu söyledi. Bence burada asıl söylemek istediği evli olmamam. Feryal evli ya...

— Bu olanlar sizi ne derecede rahatsız ediyor?

Arkasına yaslandı, Ne hissettiğini çok iyi biliyor ama nasıl söyleyeceğini bilemiyor gibiydi. Yüzünden söyleyeceklerini tartıp biçtiği çok belliydi. Sonra derin bir nefes alıp gürültüyle boşalttı, ardından bir çırpıda söyleyiverdi içinden geçenleri.

— Hepsinin unuttuğu bir şey var, doktorum ben! Maaşla, parayla ölçülemeyecek bir şey bu, işim hayat kurtarmak benim, ben doktorum!

Bu sözleri başkası söylese geçiştirebilirdim ancak Rahşan Hanım'ın karakteri için adeta volkan patlaması gibiydi bu söyledikleri. Bu cümlenin teması "başarıyla" ve onun alt başlığı "başkalarına göre daha iyi olma" ile ilgiliydi. Rahşan Hanım genelde duygularını zor ifade ettiği için bu açıdan da önemliydi söyledikleri. İçindeki öfke ve onun altındaki acıyı yavaş yavaş ortaya çıkarıyordu.

— Annenizin Fatoş Hanım'la arkadaşlığını nasıl değerlendiriyorsunuz?

— Anlamıyorum, annem neden arkadaşlık ediyor bu kadınla. Annem tahsillidir, ilkokul öğretmenidir, emekli oldu şimdi tabii. Uzun boylu, çok güzel, gösterişli bir kadındır. Hele sesi, ah o sesi... Tiyatro sanatçısı gibidir sesi. Öyle güzel konuşur ki, babam hep annemin önce sesine âşık olduğunu söylerdi. Ama işte... Bu Fatoş ne alaka yani? Gerçekten anlamıyorum ne buluyor bu kadında?

— Peki Fatoş Hanım hayatınızdan gitse ne olur?

Gülümsedi.

— Bir şey olmaz. Rahatlarım. Çok iyi olur.

— Anneniz ne diyor buna peki yani sizin Fatoş Hanım hakkındaki fikirlerinize ne diyor?

— "Kızım her zaman her şey senin istediğin gibi olmaz. Sen evlensen çok zorlanırsın" diyor.

— Çevrenizdekiler, yakınlarınız size böyle şeyler söylerler mi sıklıkla? Yani eleştirirler mi sizi?

Bir an düşündü. Sonra iki elini iki yana açarak cevap verdi.

— Kimse pek bir şey söylemez.

— Hiç kavga ettiniz mi birileriyle?

Durdu, şaşırdığı bakışlarından belliydi.

— Nasıl yani?

— Yani hayatınızda hiç kimseyle kavga ettiniz mi?

— Bilmem, galiba etmedim. Şimdi bir anda aklıma gelmedi.

Sustu, gözlerini kısarak odanın duvarlarına baktı bir süre. Sonra birden yerinde zıplayarak cevap verdi.

— Evet, evet şimdi hatırladım. Lisedeyken kuzenime bağırmıştım birkaç kez. Her yere geç kalırdı, "Ben seni hep beklemek zorunda mıyım?" demiştim. Asistanlığımda nöbet yüzünden kavga etmiştim bir kere. Bir de bir arkadaşımla kavga eder gibi olmuştum ama edememiştim...

— Kırk yaşında üç kez diyebiliriz o halde, değil mi? Kırk yılda üç öfkelenme anı... Hiç mi onu kızdıran başka bir olay olmamıştı? Düşünceli bir sesle cevap verdi.

— Evet, şimdi siz sorunca düşündüm de hep alttan aldım ben, hayatım boyu hep alttan aldım.

Daha konuşacak, irdeleyecek konular vardı ancak seansın sonuna gelmiştik. Yan dal sınavına sadece iki buçuk ay kalmıştı ve biz onun işlerinin yoğunluğu yüzünden bu iki buçuk ay bir daha görüşemeyecektik. Ama vardığımız noktadan, kendi içinde yaptığı keşiflerden, kendinde kat ettiği mesafeden gayet memnundu. Odamdan içeri ilk girdiği güne göre çok daha hafif ve güvenli hissediyordu kendisini. Ben de bu halin devam etmesini, Antalya'ya döndüğünde aynı sıkıntılara teslim olmamasını istiyordum.

— Size yine ev ödevi vereceğim.

Gülümsedi.

— Resim mi çizeceğim yine?

— Yok, resim yok bu kez. Ama günlüğe devam etmenizi istiyorum. Her akşam kendinize neye ihtiyacınız olduğunu sorun ve cevaplarınızı yazın, olur mu?

— Tabii, çok severek yapıyorum bunu zaten. Başka?

— Bir de... Fatoş Hanım'ı ziyaret etmenizi istiyorum. Bir gün evine gidin, farklı, gözlemci bir bakış açısıyla ziyaret edin onu. Ve lütfen benimle irtibatı kesmeyin.

Neredeyse her hafta haberleştik Rahşan Hanım'la. Bana günlüklerinin fotoğrafını çekip yolladı. Ders çalışmaktan çok yorulduğundan şikâyetçiydi. Arkadaşlarını, İstanbul'u çok özlemiş, sürekli çalışmaktan çok sıkılmıştı. Maalesef Fatoş Hanım'ı ziyarete gidememişti, çünkü Fatoş Hanım Rusya'da mühendis olan oğlunun yanına gitmişti. Ama dönünce mutlaka gitmeyi kafasına koymuştu.

Ve sonunda iki buçuk ay geçti, sınav zamanı geldi. Takvimimde o tarihi şanki kendi sınavım varmış gibi işaretlemiş, gün boyu gözüm telefonda Rahşan Hanım'dan gelecek haberi beklemiştim. Akşam tam uyumama yakın, telefonumun e-posta zili çaldı. Yazan Rahşan Hanım'dı, e-postasını hâlâ saklıyorum, aynen şöyle yazıyordu:

> *Teşekkürler Şeniz Hanım. Sınava hazırlık sürecim de, sınav da gayet iyi geçti. Sınavın sonucu da muhtemelen çok iyi olacak. Terapinin çok faydasını gördüm. Her şey için tekrar teşekkürler.*
>
> *Not: Sayenizde günlük yazma alışkanlığı edindim, meğer ne rahatlatan bir şeymiş. Vazgeçmeye hiç niyetim yok.*

Birkaç ay sonra bir e-posta daha geldi Rahşan Hanım'dan. Çapa Üniversitesi geriatri bölümünü kazanmıştı. Kafaya taktığı Endokrinoloji ya da onkolojiyi tutturamamıştı ama hep okumak istediği Çapa'ya girebilmişti sonunda. Üstelik geriatriden de çok memnundu. "Neden bunca zaman bu dalı düşünmedim ki?" diye hayıflanıyordu.

Rahşan Hanım ile iki yoğun seans yapıp, aralarda çevrimiçi çalışmalarla süreci desteklemiştim. Her zaman uzun çalışma fırsatı olmuyor maalesef. Ancak kişi kendi iç dünyasına bakmaya hazırsa, birkaç seans bile ciddi fark yaratabiliyor, yeter ki kişinin iç dünyasına bakmaya isteği ve kazandığı farkındalıklarla harekete geçmeye cesareti olsun!

Şirin Y.

"Her defasında bir daha yapmayacağım, sinirlenmeyeceğim diyorum, her defasında pişman oluyorum, ağır vicdan azabı yaşıyorum. Ama işte... Ama işte yine yeniliyorum sinirime, içimdeki öfkeye... Kendimi suçluyorum sürekli... O kadar yorgunum ki kendimi suçlamaktan..."

Yılın en sıcak günüydü. Hani eskilerin eyyam-ı bahur dediği türden bir sıcak vardı İstanbul'da. Hava öyle nemli, öyle boğucuydu ki; değil hareket etmek, nefes almak bile neredeyse imkânsızdı.

Klimayı icat edeni hayırla yad ederek penceremden sokağa baktım. Bomboştu, sokak kedileri bile yoktu etrafta, bütün şehirde hayat durmuştu sanki. Acaba hangisi daha zordu onlar için, soğuk kış günleri mi, yoksa bu sıcak havalar mı? Binanın girişinde duran mama ve su kabını sabah kontrol etmiştim, "Acaba bir kez daha etsem mi?" diye düşünürken telefonum çaldı, asistanım yeni danışanımın geldiğini haber verdi. Notlarıma baktım, gelen Şirin Y. Randevuyu telefonla almıştı. Az sonra kapım çalındı ve Şirin Hanım, merhaba diyerek içeri girdi. Kırklı yaşlarının başlarında, enerjisi yüksek, özgüvenli bir kadındı. Kısacık siyah saçları, düz kesim siyah elbisesiyle iddialı bir iddiasızlığı vardı.

— Merhaba, hoş geldiniz.

Kanepeye otururken gülümsedi ve anlatmaya başladı.

— Uzun zamandır aklımdaydınız. Ama ancak harekete geçebildim. İki küçük çocukla insanın kafasını toplaması da, neye ihtiyacının olduğunu anlaması da kolay olmuyor.

— Nasıl haberdar oldunuz benden? Biri mi tavsiye etti?

— Yok dergide okudum.

Durdum, bir an düşündüm. Son dergi röportajımı yaklaşık dört sene önce bir kadın dergisine vermiştim. Dört sene önceki röportajdan bahsediyor olamazdı herhalde…

— Hangi dergi?

— *Elle* dergisinde çıkan röportajınızdan bahsediyorum. Çok eski bir röportaj ama ancak okuyabildim.

— Dört sene önceki röportajı nasıl buldunuz?

— Sonra okurum diye saklamıştım.

— Yani dört sene önce gördünüz, sonra okurum diye sakladınız, öyle mi?

Omuzlarını silkerek cevap verdi.

— Öyle oldu.

— Peki, tekrar hoş geldiniz o halde. Bana biraz kendinizden bahseder misiniz?

Genelde danışanlarıma kendilerinden bahsetmelerini istediğimde önce arkalarına yaslanır, biraz düşünüp, öyle başlarlar konuşmaya. Ama Şirin Hanım'da öyle olmadı. Sorar sormaz, hiç düşünmeden başladı anlatmaya.

— On bir yıllık evliyim. İki çocuğum var. Bir süredir çalışmıyorum, daha doğrusu çalışamıyorum. İşletme mezunuyum. Uzun yıllar uluslararası firmalarda yöneticilik yaptım. Sonra bir vakıf üniversitesinde ders verdim. Bu arada iki çocukla beraber hem çalışıp hem doktoramı da yaptım. Ama şimdi çalışamıyorum.

— Neden?

— Çalışma ve aile hayatını dengede tutamadım. Fark ettim ki gemi batıyor. İşi gücü bıraktım, şimdi çocuklarımı, ailemi toparlamaya çalışıyorum.

— Kaç yaşında çocuklarınız?

— Oğlum Kaan sekiz yaşında. Kızım Kayra üç yaşında. Aslında tek Kaan varken, her şey iyiydi. O çok zeki bir çocuk, çok meraklı, öğrenmeyi, keşfetmeyi seviyor. Tek o varken yetişebiliyordum her şeye, onun meraklarına, öğrenme arzusuna cevap verebiliyordum. Sonra Kayra doğdu. Kayra çok ağlayan bir bebekti. Sürekli gazı vardı, hep kucak isterdi, gecede sekiz dokuz kez uyanırdı. Şimdi büyüdü ama hâlâ kucak seviyor, sürekli benimle olmak istiyor. Bir de kız çocukları ilgiyi nasıl üzerlerine çekeceklerini biliyorlar.

Haklıydı, iki kızım olduğu için iyi biliyordum, kız çocukları gerçekten de ilgiyi üzerlerine çekme konusunda erkek çocuklara göre çok daha marifetliydi.

— Oğlunuz nasıl karşıladı kardeşini?

— İlk başlarda iyiydi, Kayra bebekken onun bana muhtaç olduğunu anlıyordu ama şimdi Kayra ayaklanıp, üstüne bir de konuşmaya başlayınca, evde bıcır bıcır dolaşıp şarkılar söyleyip, dans edip, sürekli şebeklikleriyle bizi güldürünce Kaan önce içine kapandı, ardından hırçınlaştı.

Gözleri dolu dolu olmuş, sesi titremeye başlamıştı. Üst üste birkaç kez nefes aldı, sonra işaret parmaklarıyla göz çukurlarına bastırdı.

— Benim suçum tabii. Yetişemedim. İkisine de yetemedim. Kayra'dan önce yaptığım gibi uzun uzun keşif gezilerine çıkamadım onunla, onun merak ettiği şeylere eskisi gibi cevap veremedim. Sonunda o... Sonunda... Sonunda...

Bir anda hıçkırmaya başladı. Bir yandan ağlıyor, bir yandan da hep aynı sözü tekrar ediyordu. Sonundanın ardından ne geleceğini merak ediyordum ama onu bölmek de istemiyordum. Uzun uzun ağladı. O rahatlayıp, anlatacak gücü kendisinde bulana kadar soru sormadım. Yavaş yavaş hıçkırıkları azaldı, burnunu sildi, sehpada duran sürahiden bir bardak su doldurup içti ve sözlerini tamamladı.

— Sonunda Kaan da kakasını tutmaya başladı.

Çok daha ciddi bir şey beklerken şaşırdım ve sordum.

— Nasıl kakasını tutmaya başladı?

— Yani yapmıyor, büyük tuvaletini günlerce yapmıyor, reddediyor.

— Kabız mı?

— Yapmak istiyor da yapamıyor gibi bir durum değil. Yapmıyor, çocuk kakasını yapmıyor.

— Siz ne yapıyorsunuz bu durumda? Nasıl karşılıyorsunuz bunu?

— Önceleri sinirlenmiyordum, sakin kalmaya çalışıyordum, ama artık sinirleniyorum. Sonra da kendimi çok suçlu hissediyorum. Yani sekiz yaşındaki bir çocuk kakasını yapmıyorsa zaten bir sorunu olduğu içindir, değil mi? Onu anlamak, ona şefkat göstermek yerine niye ona bağırıyorum ki... Her defasında bir daha yapmayacağım, sinirlenmeyeceğim diyorum, her defasında pişman oluyorum, ağır vicdan azabı yaşıyorum. Ama işte... Ama işte yine yeniliyorum sinirime... Sık sık kendime soruyorum acaba Kaan'ın bu durumu benim kontrolcülüğümle alakalı olabilir mi diye? Kendimi suçluyorum sürekli... O kadar yoruldum ki kendimi suçlamaktan...

— Kaan'ı çocuk psikoloğuna götürdünüz mü?

— Tabii, doktora da gittik, psikoloğa da gittik. Şimdi bir psikolog ile ayda bir kez görüşüyoruz.

Durdu, hafifçe öne doğru eğilip bakışlarını bakışlarıma sabitleyerek, kararlı bir sesle devam etti konuşmaya.

— Ama ben Kaan için gelmedim buraya, kendim için geldim. İçimdeki öfke için geldim.

— İçimdeki öfke derken neyi kastediyorsunuz?

— Çok çabuk sinirleniyorum. Özellikle en yakınlarıma... Oğluma, eşime... Hiç sabrım yok.

— Eşiniz nasıl biri?

— Eşim...

Derin bir nefes aldı.

— Eşim... Eşim Ferit, Artvinli. Büyük bir otelin genel müdürü. Çok pimpiriklidir, çok hassastır, ailesinden önce başkalarını düşünür, hep başkaları önceliklidir onun için. Çok karışır her şeye, çok mükemmeliyetçidir. Aslında onun benden çok ihtiyacı var terapiye.

— Aranız nasıl? Karı koca olarak nasılsınız?

— Bu aralar daha çok sürtüşüyoruz. Kaan'ın durumundan beri... Dedim ya ben beceremedim bu iki çocuklu aile işini.

— Nelerden dolayı sürtüşüyorsunuz?

— Durduk yere. Mesela bu ara en çok benim onun işini beğenmediğim fikrine takılmış durumda.

— Beğenmiyor musunuz peki?

— Yoo. Ama işe geç gidiyor filan diye söyleniyorum arada. Çünkü çok rahat çalışıyormuş gibi geliyor bana. Ben söylenince o da benim onun işini küçümsediğimi düşünüyor.

Gözleri yine buğulanmıştı. Bir süre camdan dışarı baktı, sonra ayaklarını isyan eden küçük bir çocuk gibi yere vurdu birkaç kez.

— Üzülüyorum, çok üzülüyorum. Daha ne yapabilirim bilmiyorum, inanın. İşi bıraktım, tam zamanlı anne ve ev kadını oldum. Sürekli çabalıyorum ama olmuyor, evde huzur yok. Ne kadar uğraşsam da yok. Üzülüyorum Şeniz Hanım, çok üzülüyorum.

— Peki bana üzüntüyü tarif eder misiniz?

— Nasıl yani?

— Kapatın gözlerinizi. Kanepede kendinizi rahat hissettiğiniz bir pozisyon alın lütfen.

Gözlerini kapattı, kanepenin sırt kısmına başını koydu, rahat bir pozisyon bulana kadar birkaç kez kıpırdandı, rahat edince başparmağıyla tamam işareti yaptı.

— Şimdi üzüntüyü düşünün lütfen, üzüntüye odaklanın, onu bana nasıl tarif edersiniz? Yalnız lütfen aklınıza ilk geldiği gibi söyleyin, zihninize ne gelirse tutmayın, bırakın aksın.

Bu tekniğe psikolojide serbest çağrışım (free association) denir. Danışanın ne kadar mantıksız, ilgisiz ya da utanç verici ol-

sa da aklına her gelen duygu ve düşünceyi sansürlemeden ya da seçici olmadan söylemesi gerekir. Serbest çağrışım psikanaliz ve diğer psikodinamik psikoterapi türlerindeki temel tekniktir. Tekniğin uygulanmasındaki amaç, bilinçaltındaki travmatik deneyimlerin, bastırılmış duygu ve düşüncelerin bilince çıkmasını, böylece bunların değerlendirilmesini sağlamaktır.

Serbest çağrışım süresince terapistin görevi, danışanı dinlerken sadece yüzeyde bulunan içeriği değil, altta ya da arkada yer alan içeriği de anlamaya çalışmaktır. Buna "üçüncü kulakla dinleme" de denir. Terapist danışanın hikâyesi, sorunu ile paralel ve kendi deneyimini kullanarak danışana yol çizer.

— Turuncu... Ama üzerinde mor şekiller var, tuhaf anlamsız şekiller... Bir külçe gibi. Kocaman bir külçe gibi... Yanan bir demire benziyor sanki. Kor gibi yanıyor... Olta kurşunu gibi de biraz...

— Peki, üzüntü sizinle konuşsa ne der?

— "Üzülme geçecek" der.

— Siz ona nasıl cevap verirdiniz?

— Hortumla su tutup şakır şakır yıkamak istiyorum.

— Yıkayın o halde hayalinizde.

— Yıkıyorum şimdi. Kor gibi demire su tutuyorum.

— Olta kurşunu dediniz demin, o nerede?

— Oltaya bağlı.

— Olta nerede?

— Bir yelkenlinin ucunda...

— Siz neredesiniz şimdi?

— Denizdeyim. Rüzgârla dalgalanan bembeyaz yelkenler görüyorum, iyot kokusu geliyor burnuma.

— Şimdi olta kurşunu nasıl oldu, bir değişim var mı?

— Yanmıyor artık, kendi rengine dönmüş, metal renginde, turuncu değil.

Şirin'in yüzündeki gergin, isyankâr ifade gitmiş huzur gelmişti yerine. Yelkenlideki o anı daha uzun yaşayabilmesi, huzuru sindirebilmesi için birkaç dakika bekledim.

— Artık yavaş yavaş gözlerinizi açabilirsiniz.

Gözlerini açtı, bu sıcak yaz gününde denizin üstünde süzülen bir yelkenliyi düşünmek bana da iyi gelmişti.

— Nasıl hissediyorsunuz?

— Az öncekine göre çok daha iyiyim. Aslında tatillerde hep iyiyim ben. Bakın zihnim de tatile götürüverdi beni. Çünkü tatil iyi geliyor bana, İstanbul'da kötüyüm. Tatilde salıyorum, hiçbir şeyi kontrol etmiyorum, hiçbir şey için uğraşmıyorum, boş boş duruyorum. Ama İstanbul'da sürekli çabalıyorum. Herkes iyi olsun, her şey iyi olsun diye çok çabalıyorum. Ama hiç takdir görmüyorum.

— Kim sizi takdir etmiyor?

— Kocam... En ufak bir hatamda eleştiriyor. Ben de dayanamıyorum eleştirilmeye. Kahroluyorum. O da kasıtlı yapıyor gibi geliyor bana.

— Cinsel hayatınız nasıl?

— O da iyi değil, on günde bir belki... İkinci çocuktan sonra benim libidom epey düştü. Hiçbir şey iyi değil anlayacağınız. Yapamıyorum, beceremiyorum işte. Hiçbir şey istediğim gibi değil. Hiçbir şey...

— Siz ne istiyorsunuz?

Bu sorunun cevabını daha önce uzun uzun düşündüğü, bir karara vardığı belliydi. Hemen cevap verdi.

— Küçük mutlulukların peşindeyim ben. Hani böyle çayımı, kahvemi alayım, yanında kitabımı okuyayım. O zaman mutluyum işte. Bir düzen olsun hayatımda. Yapılacaklar listemi tamamlayabileyim.

— Yapılacaklar listeniz mi var?

Soruma neredeyse hayret ederek cevap verdi.

— Var tabii. Ben her şeyi yazarım, bugün yapılacaklar, haftaya yapılacaklar, yapılıp bitenler... Sürekli not alırım. Her şeyi kontrol altında tutmama yardımcı oluyor, böylelikle unutmuyorum. Siz liste tutmaz mısınız?

Şirin Hanım'ın kontrolcülükle ilgili bir sıkıntısı vardı besbelli, genellikle hayatının kontrolünü ele alamadığını hissedenler, günlük işlerini aşırı kontrol ederek o taraflarını rahatlatmaya çalışırlar. Tabii aşırı hallerde bu durum takıntıya kadar gidebilir. İlk görüşmede derine inmek istemedim, bu durumu bir kenara not edip Şirin Hanım'ın dini inancını öğrenmek istedim. Çünkü danışanların neye inanıp inanmadığı, gündelik hayatının içinde inanç ile ilgili ritüellerin var olup olmadığı terapi sürecini etkileyebiliyor.

— Dini inancınız var mı? Neye inanıyorsunuz?

Cevap yine hiç düşünmeden geldi.

— Allah'a, bir gücün varlığına çok inanıyorum. Ruhun yok olmadığına, başka hayatlarda devam ettiğine de inanıyorum. Deepak Chopra'yı çok okudum. Onun görüşlerini yakın hissediyorum kendime. Yoga yapıyorum, gerçi artık pek yapamıyorum ama... Sri Lanka'da ayurveda kampına bile gitmiştim. Kanallarım açıktır benim. Her işimin rast gideceğine inanırım, yani inanırdım... Girdiğim her sınavda başarılı oldum, istediğim her şeyi elde ettim. Küçükken bir çekilişte araba kazanmışlığım bile vardır. Ama şimdi hiçbir işim rast gitmiyor gibi geliyor.

— Bu terapiden ne bekliyorsunuz? Neyin değişmesini umuyorsunuz?

Durdu, bu kez birkaç saniye düşündükten sonra cevap verdi.

— Denge istiyorum. Çabuk sinirleniyorum, çabuk sinirlenmek istemiyorum, bir dengeye oturmak istiyorum bu durumu.

Bir hafta sonrası için sözleşerek çıktı odamdan. O çıktıktan sonra uzun uzun düşündüm. Anne olmak gerçekten de ne çok şey yüklüyordu kadınların omuzlarına. Hele iki çocuk annesi olmak... Ne yapsan, ne etsen, ne kadar koşuştursan da hep bir şey eksik kalıyordu. Özellikle sosyal medyanın hayatımıza girişinden sonra daha da arttı anneliğin ağırlığı. Sosyal medya hesaplarında sürekli çocuklarıyla mutlu pozlarını, yaptıkları pastaları, yemekleri paylaşan ve bunu kazanç kapısı haline getiren "fenomen" anneler yüzünden, gerçek anneler kendi anneliklerini daha da sorgulamaya başladı. Yetmiyorum, yetişemiyorum hissi daha da arttı annelerde.

Tüm hafta sıcaklarla boğuşurken bir yandan da bunları düşündüm. Şirin Hanım gibi eğitimli kadınların çocukları için çalışma hayatlarından vazgeçip, eve kapanması hem hiçbir soruna çare olmuyor, hem de onları mutsuz kılıyordu. Anne mutsuz olunca, çocuk da baba da mutsuz oluyordu. Demek ki günde on saat çalışan bir anne de, hiç çalışmayıp evde duran bir anne de doğru formül değildi. Anneler hem çalışmaktan vazgeçmemeli hem de çocuklarıyla yeterince zaman geçirebilmeliydi. Bu işte mutlaka bir ara yol olmalıydı, kişiye, aileye has belirlenmiş.

Bir sonraki randevu günümüzde neyse ki sıcaklar azalmış, İstanbul'u tatlı bir serinlik sarmıştı. Şirin Hanım beklediğim gibi tam saatinde geldi. Elinde ajandası ve renkli kalemleriyle çalışkan öğrencilere benziyordu. Selamlaştık, daha kanepeye oturmadan telefonu çaldı. Arayan kocasıydı. Kuru temizlemenin geldiğini haber vermek için aramıştı. Daha konuşurken yüzü ekşidi Şirin Hanım'ın, kapatır kapatmaz da eşinden şikâyet etmeye başladı.

— İyice titizleşti Ferit. Eskiden bu kadar değildi. Babasının ölümünden sonra çok değişti. Beş yıl önce öldü kayınpederim. Kanser teşhisi konuldu, daha biz teşhisi sindiremeden, pat diye gitti adamcağız. Ne olduğunu anlamadık bile! Ferit de babasından sonra çok kaygılı, sinirli oldu. Evde çalışan yardımcılara taktı önce. Yaptıkları işi beğenmemeye başladı. Her yaptıklarına kulp taktı. Pantolon ütüsü meselesi de öyle başladı zaten. Onların yaptığı ütüyü beğenmeyince kuru temizlemeye vermeye başladık.

— Eşiniz otel yönetiyordu değil mi?

— Evet, evet. Adamın mesleği de bu zaten. Her şeye takmak! Her şeyi biliyor, her şeyden anlıyor, her şeye karışıyor. Çok sinirli, sürekli sinirli. Hiçbir şeyine dokunulsun istemiyor, evde ofisi var, oraya kimseyi sokmuyor, orada temizlik de yapamıyoruz, çöp gibi ofisi, çöp gibi... Hiçbir şeyini de atmıyor, hani televizyonda istifçileri gösteren belgesel programlar var ya, oradakiler gibi... Dağınık obsesif... Kaç yıllık dergileri duruyor, hiçbirini atmıyor.

— Siz de atmamışsınız. Beni dört yıl önceki dergiden buldunuz.

Durdu. Ezberi bozulmuş öğrenci gibi baktı bana. Sonra muzip bir gülümsemeyle cevap verdi.

— Evet. Ben de dağınığım ama sadeyim. Onun kadar biriktirmiyorum.

Seanslarda danışanlarımdan kendilerini anlattıkları kadar yakın çevrelerindeki insanları da anlatmalarını isterim. Çünkü insan başkalarını anlatırken farkında olmadan aktarım ve yansıtma yapar. Yani bir anlamda kendini anlatmış olur. Şirin Hanım da eşini anlatırken farkında olmadan kendini de anlatmıştı. Kocasıyla ilgili şikâyet ettiği şeyleri kendisi de yapıyordu, oda dağınıktı, eskileri istifliyor. Ama kocasında şikâyet ettiği şeyleri kendisinin de yaptığının farkında bile değildi.

— Peki kayınvalidenizden bahseder misiniz biraz? O nasıl biri?

Bu soruyu sorma nedenim annesinin de Ferit kadar titiz olup olmadığını öğrenmek, Ferit Bey'in titizliğinin nedenini anlamaya çalışmaktı.

— Çok iyidir kayınvalidem. İyi niyetlidir, sosyaldir, gezip tozmayı, eğlenmeyi çok sever. Kayınvalidemi çok severim.

— O da sizi sever mi?

— Beni sevdiğinden eminim ama bence Ferit'i kardeşinden daha az seviyor. Feritler iki erkek kardeşler, kardeşi Dubai'de yaşıyor. Mesela, annesi onunla her gün görüntülü konuşur, Ferit'i haftada bir arar. Bu da Ferit'e biraz dokunuyor galiba.

— Sizin aileniz nasıl?

— İyilerdir ama öyle ilgili, meraklı bir aile değillerdi hiçbir zaman. Ben biraz da kendimi büyüttüm.

— Nasıl yani?

— Yani öyle dersmiş, ödevmiş, okulmuş, veli toplantısıymış umurlarında olmazdı bizimkilerin. Ben kendi sorumluluğumu bildim hep. Zaten ilkokul bitince de yatılı okumaya başladım. Çok mutluydum yatılı okurken. Öyle hafta sonları filan da evci çıkmazdım, iki ayda bir giderdim eve.

Dikkatle baktım Şirin Hanım'a, söylediklerini gerçekten kalpten mi söylüyor diye. Gerçekten de o yaşta evden ayrılıp yatılı okuyan, ailesini iki ayda bir kez görebilen bir çocuk mutlu olabilir miydi? Ama doğru söylüyordu, yatılı okuldan, arkadaşlarından bahsederken gözleri parlıyordu. Peki ne olabilirdi acaba bunun sebebi?

— Annenizden bana biraz bahseder misiniz?

— Annem... Annem ağa kızıdır. Balıkesirliyiz biz. Annemin babası ağaymış zamanında Balıkesir'de. O yüzden dışarıyı çok önemser annem. Herkesin ne dediği, el âlemin ne düşündüğü çok önemlidir onun için. Titizdir, hatta temizlik hastasıdır. Kontrolcüdür de, her şey hep onun istediği gibi olmalıdır. Çok zeki kadındır ama okumamış, orta ikiden terk. Bu da onu güvensiz yapmış. Nedense bazılarına karşı çekingendir. Herkese değil de bazılarına...

— Kime mesela?

— Ferit'ten çekinir. Kayınvalidemin yanında eksiklenir.

— Babanız?

— Babam esnaftı. Eskiden Balıkesir'de büyük bir mensucat mağazamız vardı. Çocukluğum hep top top kumaşların arasında geçti. Ama sonra...

Durdu, bakışları karardı birden. Önce pencereden dışarıya baktı biraz, sonra parkedeki bir lekeye sabitledi bakışlarını. Epey bir süre sessiz kaldıktan sonra omuzlarını silkerek devam etti anlatmaya.

— Ama sonra o olay oldu. Babamlar da İstanbul'a taşınmak zorunda kaldı.

— Ne oldu?

— Biz Ferit ile henüz yeni evlenmiştik. Babam bir akşam eve dönerken karşıdan karşıya geçen bir üniversite öğrencisine çarpmış. Oracıkta ölüvermiş kız.

Gözleri dolmuş, sesi titriyordu, bir yandan ellerini ovuşturuyor, bir yandan sağa sola hafifçe sallanıyordu.

— Çok üzüldük tabii. Babam mahvoldu. Zaten sonra da İstanbul'a taşındılar. Balıkesir'de kalamazlardı daha fazla, her gün o yoldan geçmek, her gün aynı acıyı tekrar tekrar yaşamak ağır gelirdi.

— Şimdi ne yapıyorlar?

Gözünden akan bir damla yaşı silerek cevap verdi.

— Ne yapsınlar, boş boş oturuyorlar.

— Babanız nasıl? Yani o olayı atlatabildi mi?

— Kızcağızın ailesiyle konuştular, babam defalarca özür diledi ki hatalı da değildi aslında. Rapora göre yaya kusurluymuş. Ama yine de helalleşmek istedi babam. Aile bir kan parası istedi. Onu ödedi. Ondan beri biraz daha rahatladı.

— Geldiklerinden beri sizin aranız nasıl?

— Onlar uzaktayken daha iyiydi her şey. Hatırlıyorum da bana hep "zeki Şirin, zilli Şirin" derlerdi. Ben her şeye yetişiyorum, her işimi kendi kendime hallediyorum diye... Her ailenin bir aradan sıyrılanı vardır ya... Bizim ailede de o benim. Hoşuma da gidiyordu öyle demeleri. Ama şimdi rahatsız oluyorum. Onların o boş oturmalarından, etraf ne der diye kasılmalarından etkileniyorum. Uzaktayken daha iyiydi, ama şimdi huzursuz ediyorlar beni.

— Hep etrafınızdakilerden bahsettik, siz nasılsınız, sizin sağlığınız nasıl?

Derin derin içini çekti.

— Etrafımdakilerle uğraşmaktan bana sıra gelmiyor ki... Oysa çok başım ağrıyor, sürekli ağrıyor.

— Ne zamandan beri ağrıyor başınız?

— Bir aydır kronik duruma geldi. Eskiden de ağrırdı, üniversite zamanında başladı. Bazen acıktığımda ya da stresli bir iş yemeğinde ağrırdı. Ağrı kesici aldığımda geçerdi. Ama bir aydır geçmiyor. İlaç, masaj hiçbir şey kâr etmiyor.

— Doktora gittiniz mi?

— Göz doktoruna gittim, gizli hipermetrobum varmış benim meğerse.

— O nedir?

— Gözün yorulması sonucu yakını görememekmiş. Yani mesela okumaya başladığınızda sorun yok, görüyorsunuz ama birkaç sayfa sonra görememeye başlıyorsunuz. On beş gündür okuma gözlüğü kullanıyorum. Alışması zor olur sanıyordum ama hayatım kurtuldu resmen, çok rahatladım. Bir de şu baş ağrılarımdan kurtulsam…

İkinci seansın sonuna gelmiştik. Haftaya bir sonraki randevu için sözleştik, elimi sıkıp kapıdan çıktı, tam yerime oturuyordum ki bir daha girdi içeri.

— Şeniz Hanım bugün konuşmaya dalınca söylemeyi unuttum. Biliyorum daha yolun çok başındayız, henüz iki kez buluştuk, ama sağ olun, iyi geliyorsunuz bana.

Onun söyledikleri de bana iyi gelmişti. Zaten bu mesleği seçmemin, sahip olduğum kariyeri değiştirerek bu yola girmemin nedeni de bu değil miydi, insanlara iyi gelmek, böylelikle kendime de iyi gelmek!

Aradan bir hafta geçti. Neyse ki havalar serinlemiş, İstanbul o korkunç sıcaklardan kurtulup sonbahara göz kırpmaya başlamıştı. Ofisimde bir önceki danışanımın notlarını düzenlerken, Şirin Hanım sözleştiğimiz saatten ne bir dakika önce ne bir dakika sonra, tam zamanında kapıdan içeri girdi.

— Nasılsınız geçen haftadan beri? Baş ağrınız nasıl oldu?

— Teşekkür ederim. Baş ağrım hiç geçmedi. Hiç… Ama ilaç içmedim. Direndim. Yarım kadeh şarap içtim geçen gece. Uyumamı kolaylaştırsın diye, ama o da işe yaramadı.

Benim terapilerimde amaçladığım bir esas var. Danışanlarıma sadece terapi yapmayı değil, kendilerini dinlemeyi, onlara iyi geleni bulmayı öğretmeyi de amaçlıyorum. Balığı pişirip tabağına koymak değil, balık tutmayı da öğretmek. Bu nedenle her danışanıma farklı farklı tavsiyelerim oluyor. Kimine günlük tutmayı tavsiye ederken kimine de bazı kitap önerilerinde bulunuyorum.

Size birkaç kitap tavsiye edebilir miyim? Duygu ve düşüncelerin, biyolojimizi nasıl değiştirdiğini anlatan kitaplar.

— Aa elbette. Çok sevinirim.

— Debbie Ford'un *Işığı Arayanların Karanlık Yanı* ve Bruce Lipton'un *İnancın Biyolojisi.*

— Hemen alacağım.

— Oğlunuz, Kaan nasıl oldu?

— Sizin de tavsiye ettiğiniz gibi psikoloğumuzla görüşmeye devam ediyoruz. Ama bir sonuç alamadık henüz. Ben şu sinirimi, öfkemi bir yensem, eminim o da rahatlayacak, ama yapamıyorum, elimde değil, sinirleniyorum.

Yine gözleri buğulanmış, sesi titremeye başlamıştı. Hayatı kontrol etmek için sürekli listeler yapan, her işini farklı renkte postitlerin olduğu ajandalara not alan, sürekli organize olmaya çalışan birinin öfkesini kontrol edememesi kimbilir ne kadar yorucuydu.

— Hadi gelin içinizdeki öfkeye bakalım. Gözlerinizi kapayın, kendinizi rahat hissettiğiniz bir pozisyona geçin ve derin derin nefes alın lütfen.

Gözlerini kapadı, başını yasladı, derin nefesler almaya başladı. Birkaç nefesten sonra sordum.

— İçinizdeki öfke kime benziyor? Nasıl biri?

— Çirkin, kaşları çatık bir kadın. Siyah tişört ve pantolon giymiş, kısa saçlı, çok sade, hiç takısı yok. 50 yaşlarında.

— Şu anda ne yapıyor?

— Benimle konuşmak istiyor ama ben istemiyorum.

İçindeki öfkenin özelliklerinin Şirin Hanım'a benzemesi dikkatimi çekmişti. Şirin Hanım da kısa saçlıydı, bütün randevularına siyah kıyafetlerle gelmişti ve hiç takı takmıyordu.

— Peki ne hissediyorsunuz öfke hakkında?

— Hayatımı çirkinleştirecek. O çok sevgisiz. Hayatın güzelliklerinin farkında değil. Her şeyden şikâyet ediyor. Gözleriyle bile beni eleştiriyor, sürekli yargılıyor beni.

— Şirin Hanım şimdi sizden öfkeye benim sorduğum soruları sormanızı, onun verdiği cevapları da bana iletmenizi istiyorum. Yalnız cevaplar onun olmalı, sizin değil, değiştirmeden o ne dediyse iletin lütfen, olur mu?

Başını sallayarak onayladı.

— Başlıyorum o halde. Merhaba öfke, nasılsın?

Şirin Hanım'ın kaşları çatıldı birden, ses tonu da her zamankinden daha yüksekti.

— Çok sıkıldım.

— Neden?

— Şirin hiçbir şeyi beğenmiyor. Ne istediğini bilmiyor.

— Neye ihtiyacın var?

— Hiçbir şeye...

Kapalı gözlerini huzursuzca kırpıştırdı birkaç kez. Belli ki bir sorun vardı. Ne olduğunu sordum.

— Öfke ürkek hareketler yapmaya başladı. Yardıma ihtiyacı varmış gibi duruyor.

Birden ağlamaya başladı. Kapalı gözlerinden sicim gibi yaşlar akıyordu.

— Onun için çok üzülüyorum. Çok üzülüyorum. Ona sarılmak istiyorum. Öyle sıkışmış duruyor ki...

— Peki sizce öfke ne hissediyor?

— İşe yaramaz ve çirkin olduğunu düşünüyor. Oysa güzel olduğunu duymak istiyor. Üstünü başını değiştirirse daha iyi olacak, yeni kıyafetlere ihtiyacı var. Mesela şık bir elbise, lacivert, diz üstü... Saçını başını tarasa, biraz makyaj yapsa, çok daha iyi görünecek ama bilmiyor galiba...

— Peki o zaman çirkini de çağıralım. Olur mu?

Başını sallayarak onayladı.

— Üç, iki, bir... İçinizdeki çirkini görebiliyor musunuz?

— Evet.

— Nasıl biri? Bana biraz tarif eder misiniz?

— Kıvırcık, kabarık saçlı, şişman, iri burunlu, yaşlıca biri. Üzerinde kocaman çiçek desenli bir elbise var.

Sonra sustu, başını salladı birkaç kez.

— Ya bence bu hiç çirkin değil ki. Sinirli, ama bana çirkin gelmiyor.

— Peki öfke ne yapıyor?

— Öfke kendisiyle alakalı, hiç çirkine bakmıyor.

— Çirkin ne yapıyor?

— Çirkin biraz eleştirel hatta yargılayarak bakıyor. Durumdan çok rahatsız. Oraya zorla getirilmiş de rahatı kaçmış gibi... Kendini kötü hissediyor. Konuşmak istemiyor.

Bu teknik, ünlü aile terapisti Virginia Satir'in de kullandığı bir tekniktir. Satir bu tekniğe, "İçimizdeki parçalar" der. Alt kişilikler, arketipler, içimizdeki gölgeler diyenler de vardır. Hatta geçtiğimiz yıllarda bu fikirden yola çıkılarak çok sevilen, çok izlenen bir animasyon film de yapılmıştır. Orijinal ismi "Inside Out" olan, Türkiye'de vizyona "Ters Yüz" adıyla giren filmde küçük bir kız çocuğunun başka bir şehre taşınmasıyla alt üst olan hayatı anlatılır. Riley isimli kızın zihninde yaşayan, ona yeni hayatına alışmak için tavsiyeler veren neşe, korku, öfke, nefret, üzüntü duygularının yarattığı kaosu; çocukların da anlayabileceği biçimde, keyifli bir dille aktarır film.

— Peki oraya bir de anneyi çağıralım?

— Kendi annemi mi?

— Yoo hayır, içinizdeki anneyi. Üç, iki, bir... Geldi mi?

— Evet, şişman ve neşeli bir kadın. Gelir gelmez de ortamı neşelendirdi.

— Ne dedi?

— "Aaa yemek yapıyordum, neden çağırdınız beni?" dedi. Şen şakrak bir kadın. Güldü mü bütün vücuduyla gülüyor sanki.

— Diğerleri ne yaptı o gelince?

— Çirkin ile öfke onu beğenmedi ama annenin umurunda değil.

— Nasıl bir ortam tarif eder misiniz?

Gülümsedi.

— Kaos var ama bir yandan da neşeli bir hava var. Anne çirkini çağırıyor, gel konuşalım diye. Ama çirkin geldiği yere dönmek istiyor. Öfke de bir kenarda, o zaten hayattan kopuk, garip garip tikleri filan var. Ama anne geldikten sonra daha rahat ve güvendeler.

— Anne nasıl?

— Kendine yetiyor. Neşe içinde, derdi yok gibi. Varsa da derdini söylemiyor, kendini dinlemiyor, yüzeysel yaşıyor.

— Peki bir de sevinci çağıralım oraya? Üç, iki, bir... Sevinç geldi mi?

— Geldi. Pembe bir bluz giymiş, mor fırfırlı eteği var, çorapları çiçekli. Aysel Gürel'in genç hali gibi sanki...

— O ne yapıyor şimdi?

— Kendi kendine "Onlar için bir şey yapmalıyım" diye söyleniyor. Sonra en çok öfkenin ona ihtiyacı olduğuna karar veriyor ve ona sarılıyor.

— Öfke nasıl?

— Sevinç ona sarılınca küçülüyor, büzülüyor, şimdi küçücük.

Şirin bunları anlatırken ben de gözümü yüzünden ayırmadan dikkatle dinledim onu. Yüzündeki her bir mimik, her bir kıpırdanış önemliydi benim için. Ağzından çıkanlar kadar, yüzünün söyledikleri de değerliydi.

— Sizden benim için öfkeye bir soru sormanızı isteyeceğim, olur mu?

— Elbette.

— Ne zaman hayatınıza girmiş?

— Sekiz yaşında.

— O ana gider misiniz? Ne görüyorsunuz?

— Çok şaşkınım. İnce askılı bir elbise var üzerimde. Saçlarım dağınık.

— Peki lütfen sarılın o çocuğa, sımsıkı sarılın. Yükselin biraz ve şimdiki Şirin'in, sekiz yaşındaki Şirin'e sarıldığını görün.

Dudakları titremeye başlamıştı. Sağ kolunu sol omuzuna, sol kolunu sağ omuzuna koymuş, bir yandan kendi kendine sarılıyor bir yandan da ağlıyordu.

— Siz sarılınca ne dedi küçük Şirin?

— "Keşke daha çok sevilseydim" dedi.

— Öfke orada mı?

— Evet az önce küçülmüştü ya hani, şimdi de tikleri geçti. Ben küçük Şirin'e sarılınca tikleri geçti. Daha normal görünüyor. Şimdi onu da çağırdım yanımıza. Ona da sarıldım. İlk kez gülümsedi bana.

Gözlerinden yaşlar akarken bir yandan da gülümsüyordu.

— Ben ona da sarılınca aydınlandı burası. Güneş açtı sanki. Gözlerim kamaştı.

— O zaman hadi küçük Şirin'le vedalaşalım.

Hıçkırarak cevap verdi.

— Ben onu bırakmak istemiyorum. Bu çocuğa haksızlık yapıldı. Sekiz yaşında büyümek zorunda kaldı. Ben nasıl bırakırım onu? Bırakmak istemiyorum.

— Şimdilik veda edin o halde. Ne zaman isterseniz onun yanına gidebilirsiniz. Hadi vedalaşalım.

— Peki.

— Çocuk ne yapıyor şimdi?

— Bana el sallıyor.

Bu noktada aklınıza sekiz yaşında ne olduğunu neden sormadığım gelebilir. Sormadım, çünkü olayların her zaman çok önemi yok! Olayları değiştiremeyiz, biz sadece duygumuzu ve algımızı değiştirebiliriz. Eğer sarılarak o çocuk değişiyorsa, benim için yeterlidir. Şirin Hanım o çocuğu anlatmak için şaşkın değil de küskün, kırgın gibi sıfatlar kullansaydı o yaşta ne olduğunu sorabilirdim belki. Ama "şaşkın" dedi. Ben terapide terapistin merakına yenilmemesi esasına inanıyorum. Çünkü bazı terapistler sadece meraktan "Ne oldu?" diye sorabiliyor. Eğer o bilgi lazım değilse öğrenmeme de gerek yok. Kişisel merak ile mesleki gereklilik arasındaki sınır çok ince ve terapist bu sınırı iyi gözetmeli düşüncesindeyim.

— Şimdi yavaş yavaş gözlerinizi açabilirsiniz.

Sanki tarif ettiği o güneşli ortamdan ayrılmak istemiyor gibiydi. Bir süre daha gözleri kapalı kaldı. Sonra yavaş yavaş açtı gözlerini.

— Nasılsınız?

— Buraya gelmeden öncesine göre çok daha iyiyim. İyi geldi bu bana. İçimdeki parçaları görmek, onlarla tanışmak iyi geldi.

O günkü seansımızın sonuna gelmiştik. Şirin Hanım odamdan çıktıktan sonra içimizdeki parçaları bir kez daha düşündüm. Sonra ajandama baktım. Neyse ki kızların kursu, etkinliği yoktu bu akşam. "Koca bir kâse mısır patlatıp hep beraber *Ters Yüz*'ü bir kez daha seyretsek ne iyi olur" diye geçirdim içimden. Ne zamandır hep beraber bir şey yapamamıştık. Tam o sırada cep telefonum çaldı. Arayan büyük kızımdı. Yarınki sınava arkadaşıyla beraber çalışabilmek için izin istiyordu. Arkadaşı bize gelecekti, annesi ilerleyen saatlerde gelip alacaktı. "Peki" dedim çaresizce, benim ailece sinema keyfi planım güme gitmişti.

Bir sonraki seansımıza yine tam vaktinde geldi Şirin Hanım. Ama bu kez simsiyah değildi kıyafetleri. Ondan hiç beklenmeyecek şekilde uçuk pembe bir gömlek giymişti.

— Çok yakışmış bu renk size.

— Teşekkür ederim. Geçen sene hediye gelmişti de şimdiye

kadar giymek aklıma nedense hiç gelmemişti. Sabah dolapta aranırken karşıma çıktı, hadi giyivereyim dedim.

— Çok güzel olmuş. Geçen haftadan beri nasılsınız?

Taramalı tüfek gibi art arda sıraladı kelimeleri.

— Kaan beni sinirlendiriyor. Oysa sinirlenmek istemiyorum ona. Sinirlenmemem lazım.

— Neden sinirlenmemeniz lazım?

İki elinin parmak uçlarını birbirine ritmik bir şekilde vurarak yanıt verdi.

— Hep doğru yapmam gerekiyor, yanlış yapmamam gerekiyor.

— Neden öyle düşündünüz? Hiç yanlış yapmayan birini tanıyor musunuz? Böyle biri var mı etrafınızda, hiç yanlış yapmamak mümkün mü?

— Eski işyerimdeki direktörüm öyleydi. Gönül Hanım, idolümdür benim. Kırıcı olmazdı hiçbir zaman ama hep çerçevesi de, kuralları da belliydi. Öyle net belliydi ki hepimiz uyardık onun kurallarına. Duygularını da çok güzel ifade ederdi, sinirlenip bağırıp çağırmak yerine konuşurdu. Tane tane anlatırdı. Akışa bırakmazdı hiçbir şeyi.

— Siz de bırakmıyorsunuz akışa. Ajandalarınız, postitleriniz hep sizinle. Her anınızı programlamak istiyorsunuz.

— Evet, akışa bırakmak beni çok rahatsız ediyor. Akışa bırakınca kendimi tembel hissediyorum.

— Eşinizle nasılsınız?

— Ferit'le... Ferit'le bilmem iyiyiz sanki.

Durdu, önce halıda sonra duvarda gezdirdi gözlerini. Sonra pencereden dışarı baktı uzun uzun. Döndü, fısıldar gibi bir sesle alyansıyla oynayarak konuşmaya başladı.

— Ferit benim için çok ulaşılmazdı önceden. Yani... Durun en baştan anlatayım. Biz lisede öğrenciyken aynı gruptaydık. Bütün kızlar Ferit'e âşıktı. Ben de beğenirdim ama talibi çok olunca nasıl olsa bana sıra gelmez diye uzaktan beğenirdim. Sonra üniversite döneminde hepimiz dağıldık. Üniversiteyi bitirdikten birkaç sene sonra tesadüfen bir konserde karşılaştık Ferit'le. Ondan sonra başladı her şey. Ferit benim için hayaldi. Hâlâ bazen inanamıyorum onunla evli olduğuma.

Dedikleri çok ilginçti. Bunu bunca zaman anlatmamış, duygularını paylaşmamış olması daha da ilginçti.

— İtiraf etmem gerekirse kendimi Ferit'ten az, Ferit'ten eksik görüyorum. Ben aşağıdayım o yukarıda sanki. O her şeyde daha iyi benden. Her şeyde daha başarılı.

Yine sustu. Gözleri dolmuştu, ağlamamak için tavana baktı biraz, sonra gülümsemeye çalıştı kendi kendine. Az önce söylediklerinin ona ağır geldiği belliydi.

— Ama buraya gelmeden önceye göre daha iyiyiz sanki. Çünkü ben kendimi daha iyi hissediyorum. Ben iyi hissedince o da bana daha saygılı davranıyor.

— Duygularınızı size Ferit yansıtıyor. Siz değiştikçe Ferit'in size olan davranışları da değişecek. Sihirli değnek değmişçesine değişecek.

Daha fazla direnemedi gözyaşlarına. İki yanağından akan yaşları elinin tersiyle silip cevap verdi.

— Her şey bende bitiyor. Kaan da bende bitiyor, onun kaka problemi de bende bitiyor.

— Hadi gelin sizinle gizli bahçenize gidelim.

— O nasıl olacak?

Derin bir içsel çalışma yaparken, danışanı kendi iç dünyasına götürürken kendini tam anlamıyla dingin, en güvende, huzurlu hissettiği bir yerde hayal ettirmek gerekir öncelikle. Bu aşamada ben, yaklaşık on dakika süren ve özel bir teknik isteyen bir çalışmayla danışanı o huzurlu noktaya götürürüm. Şirin Hanım'a da öyle yaptım. On dakika boyunca komutlarımla onu yönlendirerek içindeki gizli, adeta kutsal bahçeyi bulmasına yardımcı oldum.

Nasıl ki her danışan farklı ve biricik ise, her danışanın gizli bahçesi de farklı ve biriciktir. Kimininki tropik bir adada, kimininki dağın tepesinde olabilir. Kiminin bahçesinin etrafı yüksek duvarlarla örülüyken, kiminin; nasıl bir güvenlik ihtiyacı varsa, gizli bahçesi başka bir gezegende bile olabilir.

Şirin Hanım'ın bahçesi de yemyeşil bir çayırdı. Ilık bir rüzgârın estiği, salkımsöğütlerin altında hamakların olduğu, aradan bir derenin geçtiği dümdüz, engebesiz bir çayır.

— Şimdi bahçenizdesiniz. Kimi çağırmak istersiniz yanınıza?

Heyecanla cevap verdi.

— Kaan'ı. O burayı mutlaka görmeli. Seveceğine eminim.

— Tamam, çağırın o halde Kaan'ı.

Gülümsedi, ışıl ışıldı yüzü.

— Geldi.

— Peki şimdi lütfen Kaan'ın etrafındaki enerji bulutunu, aurasını düşünün. Bakın bakalım orada sizin dikkatinizi çeken bir şey var mı?

— Sağ bacakta kırmızılık görüyorum.

— Sağa odaklanın o halde. Bütün dikkatinizi sağ bacaktaki kırmızılığa verin lütfen.

Gülümsemesi yüzünde donmuş, yüzüne endişeli bir ifade yerleşmişti.

— Bu kırmızı sis gibi...

— Peki bu kırmızı sis size ne hissettiriyor?

— Rahatsızlık, güvensizlik veriyor ama merak da ediyorum bir yandan.

— Şimdi kırmızı sisin iyice büyüdüğünü, etrafı kapladığını düşünün lütfen, tamamen kırmızı sisin içindesiniz.

Gözlerini huzursuz huzursuz kırptı birkaç kez.

— Evet, içindeyim şimdi. Her tarafım kırmızı bir sisle kaplı.

— Şimdi de o sisin dağıldığını düşünün. Üçten geriye doğru sayacağım ve sis dağılacak, tamam mı? Sayıyorum. Üç... İki... Bir... Kırmızı sis sizi bir yere götürdü. Bakın bakalım nereye götürdü?

— Çok garip. New York gibi bir yerdeyim. İki yanımda yüksek binalar var. Bir ana caddenin kenarındayım. Şapşal gibiyim.

Üzerimde uzun bir hırka var, ayağımda kalın botlar. Saçımı toplamışım ama kenarlardan çıkmış, dağınık. Topladığıma göre uzun saçlarım, uzatmışım demek ki… Amaçsızca yürüyorum.

— Nasıl hissediyorsunuz?

— Kaygılı değilim. Öyle olmam lazım ama değilim.

— Ne yapıyorsunuz?

— Yürüyorum.

— Neden yürüyorsunuz?

— Kaybolma kaygım yok. Halbuki buraya ilk gelişim. Öylesine yürüyorum. Kalabalığın içinde olmak, yürümek iyi geliyor. Kimsenin beni tanımaması güzel. Biriyle konuşmak zor geliyor. Biriyle zorla sohbet etmek, ilgilenmek, gülümsemek, "miş" gibi yapmak zor geliyor. Hiç halim yok, yorgunum. Ama yorgun olsam da yürümek ruhumu dinlendiriyor, iyi geliyor. Şimdi bir kafeye girdim, biraz soluklanmak için.

— Peki Kaan nerede?

— Kaan yok.

Bu aslında Şirin Hanım için bir anlamda sanal bir tatil olmuştu. Kendisini kimsenin tanımadığı, kaybolma kaygısının olmadığı, sorumluluklardan uzak olduğu bir yerde hiçbir şey yapmadan oyalanmak ona iyi gelmişti. Çünkü Şirin Hanım anne-babasında görüp eleştirdiği "boş boş oturma" durumundan kaçınmak için kendine zorla işler yaratıp duruyordu. Nedense her anını işle doldurmak, hep bir aksiyon halinde olmak gerekliliği hissediyordu.

— Kendinizi hazır hissettiğinizde gözünüzü açın ve şimdiye dönün.

Düşündüğüm gibi hemen dönmek istemedi. Biraz daha gözleri kapalı oturdu kanepede. Sonra yavaş yavaş açtı gözlerini. Hani yoğun bir iş gününde yarım saat kestirirsiniz de sanki üç günlük tatil yapmış gibi gelir insana işte öyle. Tuhaf bir şekilde dinlenik ve mutlu hissedersiniz kendinizi. Yüz ifadesi aynen öyleydi.

— Farkında mısınız hayalinizde boş boş gezindiniz? Akışa bıraktınız kendinizi.

Gülümsedi.

— Evet, öyle oldu.

— Peki bu boş boş gezinmek ne anlama geldi sizin için?

Yüzünü buruşturdu.

— Rahatsız oluyorum. Annem ve babamın bomboş oturması, eşimin işe gitmek yerine sabahları boş boş evde oyalanması... Beni rahatsız ediyor.

— Siz hiç oturmuyor musunuz boş boş?

— Ben her anımı işle dolduruyorum, hep yapacak bir şeyler yaratıyorum kendime.

— Neden?

Durdu, düşündü bir süre. Sonra yavaş yavaş, sözcükleri çok dikkatle seçerek konuştu.

— Çünkü eğer o işleri çıkarırsam hayatımdan, düşünecek çok vaktim kalacak. Ben düşünmek istemiyorum.

— Neyi düşünmek istemiyorsunuz?

— Duygularımı... O yüzden her anımı dolduruyorum. Düşünürsem ortaya çıkacaklardan korkuyorum. Kendimi dinlemekten kaçıyorum galiba.

Bunları söyledikten sonra yüzüme baktı. O çalışkan kız ifadesi yüzüne gelmişti yine. Öğretmeni tarafından onaylanmak ister gibiydi.

— Size bu hafta bir ödev vereceğim, olur mu?

Ödev lafını duyunca gözleri parladı, eli not almak için gayriihtiyari not defterine gitti.

— Yok yok yazmanıza gerek yok. Kolay bir ödev aslında. Bu hafta kendinizi bırakın biraz. İzin verin kendinize. Azıcık boş boş oturun. Bakalım siz boş boş oturunca neler çıkacak?

İstemeye istemeye peki dedi ama odamdan çıkarken kafasındaki soru işaretleri yüzünden okunuyordu.

Bilinçli zihnimiz sadece yüzde on oranında görev yapıyor aslında. Alt bilincimiz ise yüzde doksan. Çok enteresan bir kodlaması var zihnimizin, bilinç bizi korumaya odaklı, bizi ra-

hatsız edici şeylerden, olumsuz diye tanımladığı duygulardan uzak tutmaya programlı. Ama hipnotik durumdayken tamamen 'Saldım çayıra, mevlam kayıra' modunda davranabiliyor bilinç. Yalnız terapistin kendi merakına yenilmemesi ve danışanın kaptan olduğunu unutmaması lazım. Aslına bakarsanız terapiye gelmeye karar veren de, terapide nelerin konuşulacağını belirleyen de danışan. Terapist dümeni tutuyor sadece. Ve dümeni bir saniye bırakmak bile yolu şaşırtabilir. O yüzden terapist çok dikkatli olmalı ve kendi merakına hiçbir koşulda yenilmemeli.

O hafta aklımın bir köşesinde Şirin Hanım vardı hep. Acaba ne yapmıştı? O çılgın post it kalabalığından sıyrılıp kendine, kendinde bir yer açabilmiş miydi acaba?

Bense okul alışverişi telaşında geçirmiştim bütün haftayı. Malum, evde iki kız çocuğu olunca, ikisi de farklı okullara gidince alışveriş daha da bir zorlaşmıştı. Yeni üniforma, eşofman, ayakkabı, üstüne bir de gereksiz uzun kırtasiye alışveriş listeleri derken, tüm hafta iş dışındaki vaktim alışverişte geçmişti. Tam bir "Hocanın dediğini yap, yaptığını yapma" durumu vardı yani. Koca hafta boyunca işe, eve, alışverişe koşturmaktan bir saniye bile kendime kalamamıştım.

Şirin Hanım yine tam zamanında odama girdi. Hafiften yanmış cildiyle, uçları güneşten açılmış saçlarıyla çok hoş görünüyordu.

— Tatilde miydiniz?

— Evet, bu haftayı özellikle seçtik. Kaan'ın okulu bir hafta geç açılıyor diye rahat davrandık. Bir de okullar açılmadan önceki hafta nispeten daha boş olur oteller diye düşündük.

— Peki, isabet olmuş, nasıl geçti tatil?

— Çok iyiydi. Dediklerinizi de yapmaya çalıştım. Arada boş boş oturdum, denize baktım falan. Her şey yolundaydı. Ama işte tatilden dönünce, döndüm ben de.

— Ne oldu?

— Her zamanki şeyler, Ferit'e kızdım, Kaan'a patladım falan. Yani neden diyorum her seferinde. Neden böyle oluyor? Neden? Neden?

— Hadi hemen kapayın gözlerinizi o halde. Kendinizi rahat hissettiğiniz pozisyonu bulun. Başınızı arkanıza yaslayın. Üç, iki, bir... Hadi içinize bakalım. Öfkeyi gördünüz mü? Nasıl şimdi?

— Gördüm. Çok üzgün, bağırdığı için çok pişman.

— Ona sorar mısınız neye ihtiyacı var?

Bütün yüzü kasılmıştı. Çenesi titriyordu. Yaşadığı acı gözleri kapalı olsa da yüzünden okunuyordu.

— Yardıma ihtiyacı var.

— Ne konuda?

— Acelecilik ediyor, her dediği hemen olsun istiyor. Hemen olsun, hemen...

— O zaman yine üçten geriye doğru sayacağım, bu acelecilik sizi nereye götürecek, hemen bakalım. Sayıyorum. Üç, iki, bir... Neredesiniz?

— Çok eski bir yerdeyim. Samanlık gibi bir yer... Üzerimde eski püskü kıyafetler var. Sanki ortaçağda filanım. Bir yemek masası var. Han burası sanki. Ben de orada garson gibi bir şeyim, getir götür yapıyorum. Zırhlı adamlar oturmuş masaya, yüksek sesle gülüyorlar. Mutsuzum, çok mutsuzum. Bir köşede oturuyorum. Çağırdıklarında gidiyorum ama ağır kanlıyım, yavaş hareket ediyorum.

Geçmiş hayatlara inananlar, bu duruma geçmiş hayatıma gittim diyor, inanmayanlar ise içimden hikâye çıktı şeklinde yorumluyor. Şirin Hanım geçmiş hayatlara, reenkarnasyona inanıyordu. Kendisini geçmiş hayatta savaşçılara, şövalyelere hizmet eden bir hizmetçi gibi görmüştü.

— Peki daha da gerilere gidin bakalım. Üç, iki, bir... Neredesiniz?

— Dışarıdayım, mutluyum. Piknik gibi bir yerdeyiz. Yanımda arkadaşım var, bir de onun anneannesi.

— Kaç yaşındasınız?

— Yedi, sekiz yaşlarındayım.

Bu kez kendi hayatında regrese olmuştu. Daha önceki seansta bahsettiği sekiz yaşına gitmişti. Ben o zaman ne oldu diye sormamıştım. Demek ki şimdi anlatma ihtiyacı hissetmişti.

— Peki o piknik yerinden çıkın lütfen. Bakalım nereye gideceksiniz?

— Balıkesir'deyim. Meydandayım. Caddede yürüyorum. Babamın mağazasına giriyorum. Koca caddede tek başıma yürüdüğüm için kendimi bilmiş, yaşımdan büyük gibi hissediyorum. Mağazada herkesin yüzü asık, herkes gözlerini birbirinden kaçırıyor. Dedem ölmüş. Üzülmeyeyim diye bana söylemiyorlar. Halbuki ben her şeyin farkındayım. Bu çok ağır bir his.

— Oradan çıkın şimdi, ilerlemeye devam edin, nereye geldiniz?

— Pikniğe döndüm. Arkadaşımın anneannesi ekmeğin arasına peynir, taze soğan koyup bize veriyor. Ne kadar iyi bir anneanne. Çok mutluyum.

Titrek sesiyle üç, dört kez tekrar etti "Çok mutluyum" diye. Sonra ağlamaya başladı.

— Çok sevgi dolu bir yer burası. Arkadaşımın anneannesi başımı okşuyor. Ne güzel bir anneanne. Benim anneannem hiç sevgi dolu değil. Neden benim anneannem böyle değil? Çilek topluyoruz beraberce, o şişeden su döküp yıkıyor çilekleri. Hep beraber yiyoruz. Mis gibi kokuyorlar. Çok mutluyum. Çok mutluyum.

Sonra sustu birden. Ağlaması kesildi. Nefes alış verişi düzeldi.

— Hadi gelin zırhlı adamlara geri dönelim. Bana oradaki kızı tarif edin lütfen.

— Zavallı ve korunmaya muhtaç bir kız. Üstü başı kir içinde, mutsuz. Hayatta hiç şans tanınmamış ona.

— Peki zırhlı adamlar nasıl insanlar?

— Kötüler, kabalar, çirkinler ve çok büyükler... Sarhoş değiller ama sarhoş gibi şamata yapıyorlar. Başkalarının ne düşündüğü, ne hissettiği umurlarında değil. Başkasını kırmaktan korkmuyorlar.

— Bu kızı biraz daha anlatır mısınız?

Derin derin içini çekti.

— Bu kıza bir şans verilmeli. Handan çıkmalı bu kız. Açık havada zırhsız insanlarla yürümeli. Zorla çalıştırılmamalı. Eğitimine devam etmeli. Boş boş çimenlerde uzanmalı.

'Boş boş' tabirini yine kullanması dikkatimi çekmişti.

— Peki kızın handan dışarı çıkmasını engelleyen birileri mi var?

— Kızın kendisi. Çünkü dışarıdan korkuyor. Kimse kıza dışarı çıkma demiyor. Ama kız kendiliğinden dışarı çıkmıyor. Korkuyor, çünkü dışarıda ne yapacağını bilemiyor. Kendini çok yalnız hissediyor.

— Hadi o halde. Şimdi kız yalnız değil, siz de varsınız yanında. Çıksın bakalım, nereye gidecek?

Yüzüne ürkek bir ifade gelmişti.

— Çıktı, şimdi kapıdan dışarı ilk adımını attı. "Daha kötüsü olamaz, en kötü kilise gibi bir yere giderim" diyor. Şimdi yürüyor. Huzurlu ve mutlu hissediyor. Yürüdükçe güveni yerine geliyor. Parka gidiyor, çimlere uzanıyor. Yanına biri geldi şimdi.

— Kim geldi?

— Bilge bir kadın. Gözlerinden sevgi akıyor, çok hoş bir kadın. Çocukluğumuzda televizyonda yayınlanan Amerikan filmlerindeki gibi bir şapka var kafasında, elbisesi kat kat. Uzun boylu, şapkanın altından dalgalı saçları görünüyor. Çok kibar, çok sakin... Güven veren, yol gösteren, bilge bir kadın.

— Yüzünü anlatır mısınız, yüzü nasıl?

— Çok hafif bir makyajı var, gözlerinin etrafı kırışmış biraz, ama ona çok yakışmış. Hafif bir gülümsemesi var. Saçları çok güzel. Uzun, dalgalı, bütün omuzlarını örtüyor, çok güzel, pırıl pırıl saçları...

Anlattığı kadın kendisine çok benziyordu. Hafif makyajı, göz etrafındaki kırışıklıklarıyla kendisini resmediyordu zihninde.

Ama bu kadının saçları ondan farklı olarak uzundu. Daha önce kendisini sokakta "boş boş" yürürken gördüğünde de uzundu saçları. Uzun saçlara yüklediği anlam ise kendisinde değiştirmek istediği her şeydi; bilgelik, sükûnet, kibarlık... Yani bu uzun, dalgalı saçlı kadın aslında olmak istediği kendisiydi.

— Peki ne yapıyor o kadın şimdi?

— "İstersen benim yanıma gel" diyor. Kız kalkıp kadınla beraber yürümeye başlıyor. Eve gidiyorlar. Kadın kızı banyoya sokuyor. Temiz elbiseler veriyor. Sonra kız da, o kadın gibi görünmeye başlıyor. Gurur duyuyor kendisiyle. Okul gibi bir yere gidiyor sonra. En ön sıraya oturuyor, ders dinlemeye başlıyor. Çok heyecanlı yüzü, öğrendikleri onu mutlu ediyor. Okul, yeni bir şeyler öğrenmek, güzel giyinmek onu çok mutlu ediyor.

Şirin Hanım'ın yüzü değişmiş, küçük bir kız çocuğunki gibi yumuşamıştı hatları. Az önceki ürkeklikten eser yoktu.

— Kendinizi hazır hissettiğinizde açabilirsiniz gözlerinizi.

Yavaş yavaş gözlerini açtı. Beni görünce sıcacık gülümsedi.

— Çok iyi geldi bana bu. Çok iyi hissediyorum, çok daha iyiyim.

Seansımız sona ermişti. Uçar adımlarla çıktı odadan. O çıktıktan sonra uzun uzun düşündüm. Modern hayatla beraber annelerin işi kolaylaşacağına nasıl daha da zorlaşıyordu. Ne çok gereklilik vardı modern annelerin hayatında. Ve bu gereklilikler onları nasıl da zorluyor, onları gerekliliklerden oluşan bir hapishaneye kapatıyordu. İşin tuhaf yanı, çoğu eğitimli kadın, doğumdam sonra bütün enerjisini çocuğa yönlendirdiği için, işler hem anne-baba hem de çocuk için zorlaşıyor, anne çocuk ilişkisi doğallığından kopuyordu. Bunda en mutsuz olan taraf ise kendini hiçlediği için kadın oluyordu.

Bir hafta sonra geldiğinde ışıl ışıldı Şirin Hanım. Sadece yüzü değil sesi bile gülümsüyordu kanepeye otururken.

— Nasılsınız?

— Bu hafta bana sihirli değnek değdi.

— Ne oldu?

— Bendeki değişikliği Ferit bile fark etti. "Çok değiştin" dedi bana. Aslında bence o da değişti.

— Sizde değişen neydi?

— Kendimi çok iyi hissediyorum. Kafamda işle ilgili bir fikir vardı, ona dört elle sarıldım. Çok iyi şeyler olacakmış gibi hissediyorum. Kendime güvenim geldi.

— Ne güzel haberler bunlar. Ferit'te değişen neydi?

Kanepenin ucundaydı, yerinde duramıyor, anlatırken kıpır kıpır, sürekli hareket ediyordu.

— Mesela bizim evin girişinde bir ampul var. Bir yıl önce patladı. Bir yıldır değiştir diyordum. Her defasında kulak ardı ediyordu. Benim de her giriş çıkışta sinirim bozuluyordu. Ama sonra nasıl olsa fayda etmiyor diye vazgeçtim hatırlatmaktan. Geçen gün bir baktım, kendiliğinden değiştirmiş.

— İşle ilgili düşüncenizden biraz bahsetmek ister misiniz?

— Tabii. Çok heyecanlandırıyor beni. Biliyorsunuz devir internet devri, e-ticaret iyice güçlendi. Neredeyse her şey internetten alınabiliyor artık. Burada ürettiğin şeyi dünyanın öbür ucuna pazarlamak çok daha kolay. Ben de genç sanatçılara bu ortamı sağlayabilecek bir platform yaratmayı amaçlıyorum. İstediğim şey sanatçıları müşterilerle aracısız buluşturabilmek.

— O zaman hadi gelin biraz ileri gidelim sizinle.

— Nasıl yani?

— Yani hep geriye bakacak değiliz ya, bir de ileriyi canlandıralım zihninizde. Hadi kendinizi rahat hissettiğiniz bir pozisyon alın, sonra gözlerinizi kapatın... Hazırsanız sayıyorum. Üç, iki, bir... Şimdi bir yıl ileriye ve bugüne gidin. Kendinizi nasıl görüyorsunuz?

Heyecanla anlatmaya başladı.

— İşimde ilerlemişim. Sanatçılarla bayağı güzel işler yapıyoruz. Ses getiriyor yaptığımız işler, sanat çevresinin dikkati üzerimizde... Çok güzel tatiller yapmışız ailecek. Sadece deniz tatili değil, Kapadokya'ya, Karadeniz'e de gitmişiz. Çocuklar çok mutlular. Ferit ile yakınız. Bana güzel şeyler söylüyor. Saçlarım uzamış. O kadınınki gibi olmuş saçlarım… Enerjik ve neşeliyim. Evimizin de havası değişmiş, mutluyuz ya, mutluyuz. Arada kafa izni veriyorum kendime, boş boş oturuyorum.

— O zaman hadi. Hazır olduğunuzda açabilirsiniz gözlerinizi.

Her zamankinin aksine hemen açtı gözlerini. Sanki bir yıl sonraki bu imgeye bir an önce ulaşabilmek için vakit kaybetmemek istiyordu.

— Hayal etmesi bile iyi geldi.

Gülümsedim.

— Hayal olarak kalmaması en çok da sizin elinizde.

— Evet, evet öyle. Çok haklısınız.

— Kaan nasıl oldu? Onunla işler nasıl?

Heyecanla çırptı ellerini.

— Tüh ya. Esas güzel haberi vermeyi unuttum size… Kaan tuvalet problemiyle ilgili ilk kez konuştu.

— Bu çok büyük bir adım. Ne dedi?

— "Sevmediğim biri temizleyince rahatsız oluyorum. Kendi kendimi temizlemek istiyorum," dedi.

— Çok güzel. Demek ki kişisel alanının ihlali ile ilgiliymiş sıkıntısı…

Tıpkı babasının odasını başkasının temizlemesinden duyduğu rahatsızlık gibi diye düşündüm kendi kendime. Titizlik de takıntılar da aynen ten rengi, göz rengi gibi babadan oğula aktarılabiliyordu pekâlâ!

— Eskiye göre daha az problemliyiz. Psikolog da doğru yolda olduğumuzu söylüyor. Bir de artık ona sorumluluklar vermeye başladım, ufak tefek.

— Ne gibi sorumluluklar?

— Yani artık bakkala, markete yalnız başına yolluyorum. Sitedeki çocuk parkına tek başına çıkıyor. Çocukcağız büyük olmanın hep zorluğunu yaşadı, biraz da büyümenin ayrıcalığını yaşasın.

— Kayra nasıl?

— Gayet iyi. Muzurluklara tam gaz devam.

— Peki baş ağrınız nasıl oldu?

— Giderek azaldı ağrılar. Siz sorunca düşündüm de bu hafta hiç ağrımadı.

— Öfke ve bağırmayla ilgili ne hissediyorsunuz?

— Artık bunu doğal kabul ediyorum. Bunlar doğal süreçler. İnsan arada öfkelenebilir, sesi yükselebilir. Öfkelenmemeliyim düşüncesinin beni asıl öfkelendiren şey olduğunu fark ettiğimden beri iyiyim. Kendimi, kendi koyduğum yasaklardan oluşan hapishaneden çıkarmaya kararlıyım. Biliyorum, ben iyi hissedersem evdekiler de daha iyi hissedecek. O yüzden ara sıra boş boş da oturabilirim, ara sıra öfkelenebilirim de…

Şirin Hanım'la birbirimize sarılarak vedalaştık. Kısa sürede geçirdiği dönüşüm muazzamdı. Çünkü içinde zaten hazır olan bir şeyi ortaya çıkarmıştı. İçinde o hizmetçi olarak gördüğü kızın yeniden yaratılmasıyla, kendi içindeki gücü de fark etmişti. İçindeki yetersizlik duygusundan arınınca, kendisini hizmetçi gibi hissetmekten kurtulunca rahatladı, ilişkileri düzene girdi.

Birkaç sene sonra bir sergi açılışında karşılaştık Şirin Hanım'la. Çok huzurlu, tamamlanmış görünüyordu. Beni görür görmez deyim yerindeyse boynuma atladı. Etrafındakilerle beni "Hayatıma çok güzel dokundu" diyerek tanıştırdı. Çok hoşuma gitmişti sözleri. Zaten bence yaptığım işin en güzel yanı da birilerinin hayatına dokunabilmek, sonrasında "sayenizde" ile başlayan cümleleri, güzel gelişmelerin haberini duyabilmekti.

O karşılaşmanın ardından bir gün buluşup uzun uzun konuştuk. Eskiye göre çok daha az öfkelendiğini anlattı bana. Öfkelense de bunun onda suçluluk duygusuna yol açmadığını, o öfkenin çocuklarında travma yaratacak bir öfke değil de "Aa yeter artık" öfkesi olduğunu bildiğini, bunun herkesin başına gelebileceğinin farkında olduğunu söyledi.

Baş ağrıları ara sıra tekrarlasa da baş edilemeyecek düzeyde değildi. Belki gördüğü akupunktur tedavisinin de etkisi olmuştu buna.

İşi ise epey ilerletmişti. İnternet üzerinden satışların yanı sıra bir de ofis açmıştı. Ofise duruma göre gidiyor, duruma göre işi evden idare ediyor, kendi işini yapmanın rahatlığını yaşıyordu.

Kaan kakasını tutmayı bırakmıştı zaten ama hâlâ bazı takıntıları vardı, babası gibi odasına girilmesinden, odasında temizlik yapılmasından hoşlanmasa da, bazen bir tişörte kafayı takıp günlerce her yere o tişörtle gitse de çok daha sosyal ve iletişime açık bir çocuktu artık. Kendi kendine sinemaya, arkadaşlarına gidebiliyordu. Bir beşinci sınıf öğrencisi olarak dersleri çok iyiydi, okulda uyumluydu, kendi hobileri ve ilgi alanları vardı.

Maalesef ki eşi Ferit zor bir dönemden geçiyordu. Annesini çok kısa sürede akciğer kanserinden kaybetmişti. Çalıştığı otel turizm sektöründeki sıkıntılar yüzünden kapanınca daha küçük bir otelin başına geçmişti. Daha küçük otel daha az iş demekti. Yani daha çok evdeydi artık. Şirin Hanım önceleri bunu kafaya takıp, tembellik yaptığı için eşine söylenecek olsa da oğlu Kaan'ın sözleriyle kendine gelmişti. "Babam eskiden çok çalışmış, şimdi de böyle bir dönem geçiriyor. Biraz anlayış göster ya da babamı tembel biri olarak kabul et, rahat et!" demiş Kaan, haklıydı!

Sibel S.

"Zaman zaman lekeli görüyorum. Sanki birden gözümün önüne böyle bir sis perdesi geliyor... Koyu renk, parça parça önce... Sonra puantiyeli oluyor. Gitmediğim doktor kalmadı. Artık korkmaya da başladım. Yani neyim var ki, teşhis konulamıyor? Ne olduğu anlaşılsa, bana ne olduğunu söyleyen bir Allahın kulu çıksa inanın rahatlayacağım."

Düşen yaprakların mevsimi gelmişti sonunda. Sokaklar bastıkça hışırdayan sarılı, turunculu yapraklarla kaplanmış, ağaçlar soyunmuştu. İstanbul'da evden çıkarken "Aman şemsiyeni unutma" diye tembihlenme günleri başlamış, çoktan dolaplardan yağmurluklar çıkmıştı. En sevdiğim mevsim sonunda gelmişti işte.

Üniversitede eğitim yılının da başlamasıyla işlerim hızlanmış, öte yandan randevularım da yoğunlaşmıştı. Çünkü çoğu insan için yılın başı bugünlerdi. Tatillerin bitip, okulların açıldığı, hayatın hızlandığı, planların yapıldığı, kendi içinde hesaplaşmaların çoğaldığı günler...

Sonbaharın hüznü pencereden sızıp odamı doldururken göz ucuyla notlarıma baktım. Uzun ve yoğun bir seanstan henüz çıkmıştım. Bir sonraki danışanın gelmesine yarım saati vardı daha. Telefonumdan Bach'ın "Ay Işığı Sonatı"nı açtım. Hep iyi geliyordu bu ezgi bana. Neden bilmem alıp götürüyor, içimi temizliyordu sanki. Sandalyemin arkasına yaslandım, gözlerimi kapadım ve Bach'ın yüzlerce yıl önce yazdığı notalara teslim ettim kendimi.

Telefonum çaldığında uzun, derin bir uykudan uyanmışçasına dinç açtım gözlerimi. Arayan asistanımdı, yeni danışanın geldiğini bildirmek için arıyordu. Tekrar notlarımı aldım elime. Formda adının Sibel S. olduğu yazılıydı, 42 yaşındaydı, antikacıydı. İstanbul dışından geliyordu, bu nedenle her görüşmemizi çift seans yapmak üzere anlaşmıştık. Şehir dışından gelenlerle "maraton terapi" yaparım. Danışanın şikâyetine göre birkaç gün üst üste yoğun çalışırız. Bazen haftalık veya on beş günlük seanslara göre daha randımanlı bile olabiliyor bu tarz çalışmak. Ancak kolay değil, danışana büyük yük düşüyor, yoğun temizlik çok halsiz bırakabiliyor.

Çok geçmeden kapıdan içeri girdi Sibel Hanım. Orta boylu, balık etli bir kadındı. İçten, samimi biri olduğu her halinden belliydi. Hani herkesin yardımına koşan, yardım etmek için kendini paralayan insanlar vardır ya, öyle bir enerji yayıyordu etrafa. Kanepeye oturdu, gülümseyerek hızlı hızlı konuşmaya başladı.

— Sizi çok kişi tavsiye etti. Ne yaptıysam, nereye gittiysem derdime çare bulamadım. Son ümidim sizsiniz.

Çare bulamadığı derdinden gülümseyerek bahsetmesi o kadar dikkatimi çekmişti ki, kimin tavsiye ettiğini sormak aklıma gelmemişti bile.

— Nedir sıkıntınız, anlatır mısınız?

Yine hızlı hızlı cevap verdi.

— Lekeli görüyorum ben. Bir de astım hastasıyım. İkisi de çok sıkıntı veriyor bana. Çok zorlanıyorum.

Bu danışanın sıkıntıları psikosomatikti. Her hastalığın, özellikle kronik olanların, psikolojik bir boyutunun olduğu artık bilimsel olarak ispatlanmış durumda. En basitinden olumsuz duygular kortizol (ve benzeri hormonlar) üretiyor vücutta ve bu da yavaş yavaş zehirliyor vücudu. Peki, neden insan kendine zehir üretir ki? Aslında az kortizol insanı harekete geçiren, karar almaya itekleyen bir mekanizmanın parçasıdır. Ancak bir sürü sebeple kişi atalet içinde, olumsuz duyguların yoğunluğu ile ade-

ta felce uğramış şekilde kalırsa, kortizol (ve benzeri mekanizmalar) miktarı artar ve fiziksel hastalıkları da artırır. Tabii hastalığın kendisi de kişiyi depresyona sokabilir. Her açıdan bakıldığında, kronik hastalıkların tedavisinde psikoterapi şarttır.

— Nasıl lekeli görüyorsunuz?

— Yani zaman zaman puantiyeli görüyorum. Bir de benim işim, yaptığım her şey, bütün hobilerim görmekle çok alakalı. Lekeli gördüğümde çok sıkıntıya giriyorum.

— Ne sıklıkla lekeli görüyorsunuz?

— Hiç belli olmuyor.

— Ne kadar sürüyor?

— Onun da belli bir süresi yok.

— Doktora gittiniz mi?

— Gittim tabii. Hem de kaç doktora, beyin mr'ım çekildi, röntgen çekildi, kan tahlili, zart tahlili, zurt tahlili, hepsi yapıldı. Hiçbir şey bulamadılar. Omuriliğimden sıvı bile aldılar. Sonuç sıfır.

Gülümsemesi birden dondu. Üst üste birkaç kez içini çekti.

— Artık korkmaya da başladım. Yani neyim var ki, teşhis konulamıyor? Ne olduğu anlaşılsa, bana ne olduğunu söyleyen bir Allahın kulu çıksa inanın rahatlayacağım. Son gittiğim doktor "Belki strestendir" dediği için size gelmeye karar verdim.

Nedense doktorlar hastalığa sebep bulamayınca, stres deyip çıkıveriyorlar bazen işin içinden. Tabii ki stres, geçmiş travmalar, işlevsiz duyguların yarattığı yanlış algılar, hastalıklara sebep olabilir. Keşke doktorlar da hastalarıyla baştan böyle bir açıyı paylaşsalar. Hastalarına, hastalıklarına bir de bu pencereden bakmaları gerektiğini anlatsalar.

— Astım ne kadardır var?

— 16-17 yaşından beri. Yani yaklaşık 25 yıldır. Genellikle yaz dönemlerinde oluyor, ama ben ne olur ne olmaz diye ilacımı hep yanımda taşıyorum.

— Bana biraz kendinizi anlatır mısınız? Antikacılık yapıyorsunuz değil mi?

Elimdeki formu görünce gülümseyerek cevap verdi.

— Evet yani oraya öyle yazdım da benim işler karışık biraz. Ben Açık Öğretim Fakültesi'nin İşletme Bölümü'nü bitirdim, dört yıllık. Üzerine de iki yıllık cilt bakımı ve güzellik hizmetleri okudum özel bir merkezde. Sonra iki yıllık Sosyal Bilimler Bölümü'nü bitirdim. Ardından birçok kursa gittim. Hat kursu, Osmanlıca kursu, çeşitli tarih seminerleri, antikacılık seminerleri, yoga, astroloji, şimdi de makyaj kursuna gidiyorum.

— Daimi öğrencisiniz yani.

Başını kaşıdı birkaç kez. Ona baktığımı fark edince de elini hemen çekiverdi, yüzüne bir gülümseme oturtup öyle cevap verdi.

— Evet, çok seviyorum öğrenmeyi. İlgimi çeken birçok konu var. Çabuk da öğreniyorum.

— Şimdi ne yapıyorsunuz peki?

— Bir müzayede yeri işletiyorum.

Daha önce de doktorlar tarafından tanı konulamayan pek çok rahatsızlıkla bana gelen danışanım olmuştu ama görüşün lekelenmesi şikâyeti ilk kez karşıma çıkıyordu. O yüzden ayrıntılı olarak anlatmasını istedim. Cevabı da, lekeyi anlatırken seçtiği sözcükler de ilginçti.

— Sanki birden gözümün önüne böyle bir sis perdesi geliyor... Koyu renk, parça parça önce... Sonra puantiyeli gibi oluyor bu sis perdesi.

— Doktorların nedenini bulamadığı durumlarda önce paterni bulmak, kronolojiyi incelemek gerekir. Yani sabahları mı oluyor, hafta sonları mı oluyor, bankaya giderken mi oluyor, markete giderken mi? Bunun tespitini yapmak lazım. Sizden ricam önümüzdeki süreçte görüşünüz her lekelendiğinde not almanız. Böylelikle paterni çıkarabiliriz.

— Ben psikolojiyle de ilgiliyim biraz. Acaba nedendir diye okumalar yaptığımda aynen sizin dediklerinizi söyleyen bir yazıya denk geldim. Bir aydır her lekeli gördüğümde bir kâğıda not aldım. Ama belli bir patern yok. Ne belli bir zamanı var, ne de belli bir ortamda oluyor.

Arkama yaslandım. Gözlerimi gözlerinden ayırmadan konuşmaya başladım.

— Öyleyse belki de bu durumda bu lekeli görmeyi bedeninizin size verdiği bir mesaj olarak algılamanız lazım. Beden adeta bir anten gibi de çalışır. Zihniniz, bilinçaltınız görmeden bazı detayları fark edip tepki verebilir. Mesela bir mekâna girersiniz, ceketinizi çıkarırken karnınıza bir ağrı saplanır, arkanızı döndüğünüzde hiç hoşlanmadığınız bir kişinin de orada olduğunu görürsünüz. O kişinin yaydığı enerjiyi sizin beden enerjiniz hisseder ve tepki verir. Çoğu kişi karın ağrısını ihmal eder ancak o ağrı size bir mesaj vermeye çalışıyordur. O anda aslında birkaç saniye durup ne yöne gideceğinize karar vermeniz gerekir. Size seçim şansı verilmiştir, gitmeyi de seçebilirsiniz ama çoğu zaman sanki o mekândan içeri girmeye mecburuz gibi düşünürüz. Bu bakış açısıyla, karın ağrınız sizin adeta pusulanızdır diyebiliriz. Size bir yön göstermektedir...

Bir anda dondu kaldı. Öyle ki acaba ne dedim de böyle etkilendi diye dediklerimi bir kez daha gözden geçirmek zorunda hissettim.

— Çok ilginç! Çok ilginç! Bunu böyle anlatmanız çok ilginç! Yani söylenebilecek bir sürü kelime varken bunu seçmeniz çok ilginç!

Merakım iyice kabarmıştı. Neydi ki bu kadar ilginç olan?

— Benim pusula koleksiyonum var. Hatta pusulalar için en büyük ilgi alanım diyebilirim. Yıllardan beri pusula topluyorum. Şu ana kadar otuz sekiz pusulam oldu.

Gülümsedim. Bu benim başıma sık gelen bir durumdu. Danışanıma iyice odaklandığım için algım mı açılıyor yoksa danışanımla aramda enerjitik bir bağ mı kuruluyordu bilmiyorum ama benzer durumları sık sık yaşıyordum. Her defasında da danışan üzerinde etkisi büyük oluyordu. Ne ilginçtir ki, bazen kırk dakika konuşsanız da bir yere varamadığınız bir danışanın kafasında, duyduğu tek bir kelimeyle birden çanlar çalıveriyordu. Sibel Hanım'da da öyle olmuştu.

— Bu sizin pusulanız. Lekeli görmek sizin pusulanız. Siz de bunun nedenini bulmaya niyet edin. Edin ki size yol göstersin.

Kararlı bir şekilde başını salladı.

— Niyet ediyorum, bulacağım da...

— Peki biraz da ailenizden bahsetseniz bana.

Bakışları gölgelendi birden. Az önceki kararlı kadın gitmiş, yerine mahzun bir kız çocuğu gelmişti sanki.

— Biz dört kardeşiz. İki kız, iki erkek. Annem babam yaşıyor hâlâ.

— Siz bekar mısınız?

— Evet, ailemle yaşıyorum. Ağabeyim eşinden boşanıyor, onun oğlu var, beş yaşında daha, adı Cansın, o da bizimle kalıyor, bu ara en çok onunla ilgileniyorum.

Durdu birden. Yüzü kararmış, dudakları bıçak gibi incecik olmuştu.

— İşte geldi.

— Ne geldi?

— Lekeler geldi. Sanki gözüme sis indi...

— Ne yapabilirim sizin için? Böyle olunca geçmesi için ne yapıyorsunuz?

— Yapabileceğim hiçbir şey yok. Öyle geçmesini bekliyorum sadece.

Ağlamaya başladı. Öyle kendini sakınarak da değil hıçkıra hıçkıra ağladı uzun süre. Her hıçkırığın arasında ailesiyle ilgili bir şeyler söylüyor, dedikleri tam anlaşılamıyordu. "Ağabeyim geldi... İki oğlun, dedi babama... Babam çok kızdı... Annem fenalaştı..." söylediklerinden ancak seçebildiklerim bunlardı. Sonra yavaş yavaş azaldı hıçkırıkları. İçini çeke çeke anlatmaya başladı.

— Kusura bakmayın, pek öyle ağlayan biri de değilimdir ama bu sabah yaşadıklarım çok ağır geldi bana.

— Ne oldu bu sabah?

— Evde kavga çıktı. Yani ceviz kabuğunu doldurmayacak bir neden için işler o raddeye geldi ki babam ağabeyimi evden attı. Annem araya girmeye çalıştı, fenalaştı, babamın tansiyonu çok yükseldi. Cansın da oradaydı, her şeyi gördü, çok ağladı yavrum benim, çok ağladı.

— Peki siz esas kim için, ne için ağlıyorsunuz?

Gözyaşlarını silerken cevap verdi.

— Biz böyle şeyler için kavga edecek aile miydik?

— Yani kavga edilen konuya değil de kavga çıkmasına mı üzüldünüz?

Durdu, ne sorduğumu idrak etmekte zorlandı ilkin. Sonra omuzlarını silkerek cevap verdi.

— Evet... Ben birbirini seven, birbirinin yardımına koşan, dayanışma içinde bir aile olduğumuzu sanıyordum ama bu kadar sudan bir meseleden bu kadar büyük bir kavga kopunca cidden sarsıldım. Demek ki ben yanılmışım.

— Sibel Hanım, Şimdi nasıl görüyorsunuz?

Durdu, gözlerini kırpıştırdı birkaç kez.

— Leke yok.

Bir anda dondu kaldı. Gözlerini ovuşturdu, açtı, kapadı, sonra hayretini belli eden bir ses tonuyla hızlı hızlı konuşmaya başladı.

— Leke yok Şeniz Hanım. Leke yok. Birden gitti, hiç bu kadar çabuk gitmemişti.

Heyecanının yatışmasını bekledim bir süre. Sakinleşince sordum.

— Neyi fark edince lekeler gitti? İsterseniz gözlerinizi kapatıp, birkaç derin nefes alın. İç görüsü epey kuvvetli birisiniz, lekelerin mesajını fark edeceğinize eminim.

— Aileme pembe gözlüklerle bakıyordum. Kafamda hep mükemmel aile olarak onları tasarlamıştım. Az önce gerçekle yüzleştim. Sudan sebepten dolayı bu kadar büyük bir kavga çıkması, ailem hakkındaki düşüncelerimi cidden sarstı. Fark ettim ki mükemmel bir aile filan değiliz. Demin ailemle ilgili olanları düşündüğümde lekeler çıkmıştı, bunun yanlış olduğunu fark ettiğim zaman lekeler gitti. Yani o zaman bu lekeler gerçekleri farklı algıladığım zamanlarda mı çıkıyor?

— Bazı insanların pusula görevi gören bir organı vardır. Kiminde bağırsaktır bu, kiminde kalp... Kişiden kişiye değişir. Sizde de gözleriniz ve gördüğünüz lekeler olabilir. Buna ben değil siz cevap verebilirsiniz ancak. Tekrar görüşünceye kadar size tavsiyem kendinizi bu şekilde dinlemeniz, lekeler tekrar geldiğinde kendinizi bu şekilde yoklamanız, olur mu?

Odadan dışarı çıkarken kafasının soru işaretleriyle dolu olduğu belliydi. Ama ben emindim, bir ay sonraki seansa geldiğinde o soruların çoğunun yanıtını bulmuş olacaktı.

Ünlü bilim insanı Tesla, "Eğer evreni anlamak istiyorsanız; enerji, frekans ve titreşim yasalarıyla düşünün" der. Aslında herkes ve her şey titreşimden, frekanstan meydana gelir. Maddeler enerjinin az titreşmesinden; sözler, düşünceler de çok titreşmesinden oluşur. Olumlu duyguların frekansının daha yüksek, olumsuz duyguların frekansının daha düşük olduğu kabul edilir. Bu konuda detaylı bilgi edinmek için pek çok yayın mevcuttur. Sağlıkla ilgili konularda Dr. Bruce Lipton'un İnancın Biyolojisi *kitabını, genel bilgi için de Rupert Sheldrake'in kitaplarını başlangıç olarak tavsiye edebilirim.*

Bir sonraki görüşmemize kadar zaman zaman Sibel Hanım'ı düşündüm. Lekelerin gelip gelmediğini de, kafasındaki sorulara yanıt bulup bulamadığını da çok merak ediyordum. Randevu vakti gelip odamdan içeri girdiğinde düpedüz heyecanla karşıladım onu. O da heyecanlıydı. Kanepeye oturmayı bırakın daha merhabalaşmadan hızlı hızlı anlatmaya başladı.

— Artık kesinlikle eminim bu lekeler gerçekleri farklı algıladığım zaman çıkıyor. Yok yok, farklı algılama da değil aslında. Görmezden geldiğimde çıkıyor. Evet, doğru tanımlama bu! Gerçekleri görmezden geldiğimde çıkıyor.

Gülümsedim. Tam da beklediğim cevapla gelmişti.

— Sizin bu kadar emin olmanızı sağlayan neydi? Doğrusu çok merak ettim.

— Buradan çıktıktan sonra hep lekeyi bekledim. O da inadına gelmedi. Ta ki düne kadar. Dün akşam tam mağazayı kapatacakken iki kişi girdi dükkâna. İlk görüşte gözüm tutmadı adamları. Aslında takım elbiseli, eli yüzü gayet düzgün tiplerdi ama bir şekilde rahatsız oldum onlardan. Kapatmak üzere olduğumu söyledim ama çok ısrar ettiler. Ben de müşteridir, geri çevirmeyeyim diye içeri aldım onları. Adamlar mağazaya girip, içeride gezinmeye başladığında lekeler geldi yine.

— Çok ilginç değil mi? O an kafama dank etti. "Bak" dedim kendi kendime, "Yine aynı şey oldu, bir şey hissettin ama o hissini bastırdın, kötüyü iyi görmek istedin, yine pembe gözlükleri taktın."

— Ne yaptınız peki?

— Kafam bir anda başka türlü çalışmaya başladı. Müşteri gezerken her zaman kasaya yakın dururum. Kasa masamda diye orada oturur öyle gözlerim müşteriyi. Ama bu kez kapının yanına gittim. Bir yandan da karşıdaki bakkalı kesmeye başladım. Hani bir şey olursa hemen onlara sesleneyim diye. Aksi gibi sokak da karanlık, yoldan kimse geçmiyor.

Yaşadıklarının hâlâ etkisinde olduğu belliydi. Konuşurken ağzı kuruyor, dudaklarını sık sık ıslatıyordu.

— Evet aynen gerilim filmi gibi. Adamlar üst kata çıkmaya niyetlendiler. Allem ettim, kallem ettim, "Üst kat tadilatta" dedim, çıkmalarını engelledim. Ben kapının önünde deli deli yüksek sesle filan konuşmaya başlayınca korktular sanırım. Biraz da Allah yardım etti. Gittiler.

— Lekeler ne oldu?

— Onlar gider gitmez lekeler de gitti. Ondan sonra ben kesinlikle ikna oldum. Sizin de dediğiniz gibi gözlerim benim pusulam, bu lekeler de ben gerçekleri görmezden geldiğimde, iç sesimi dinlemediğimde çıkıyor.

Kendiyle ilgili bu gerçeği yine kendisinin bulması çok önemliydi. Ne tuhaf diye düşündüm kendi kendime; bazen zaten kendimizde olan bir şeyi bulmak için ne çok yoruluyor, ne çok hırpalanıyor, boş yere vakit harcıyorduk. Şirin Hanım'da ise bu durum tam anlamıyla doğruydu, pusulası tam da gözünün önündeydi.

— Sizin adınıza çok sevindim. Anlamaya niyet etmişsiniz ve bir olay, durum yaşayarak da içsel onayınızı almışsınız. Şimdi de astım için çalışalım?

Meraklı bir öğrenci gibi sordu.

— Nasıl bir çalışma?

— Öncelikle rahat hissedeceğiniz bir pozisyon alın.

Daha cümlemi tamamlamadan başını kanepeye yaslamış, belinin arkasına pofuduk yastıklardan birini koymuştu bile.

— Şimdi gözlerinizi kapatın. Derin derin nefesler alın. Bedeninizin gevşemesine izin verin. Aldığınız her nefes sizi biraz daha rahatlatacak, gevşetecek ve dinginleştirecek. Verdiğiniz her nefes de sıkıntınızı, gerginliğinizi biraz daha sizden uzaklaştıracak.

Nefes alıp verdikçe gevşediğini, rahatladığını görebiliyordum.

— Şimdi size yarım cümleler söyleyeceğim. Siz de aklınıza ilk geldiği şekilde bu cümleleri tamamlayacaksınız. Hazır mısınız?

— Tamam. Hazırım.

Ses tonu bile rahatlamış, hızlı konuşması yavaşlamıştı.

— Denize baktığınızda…

— Yukarı zıplayan balıklar var.

— Teşekkür ederim. İkinci cümleye geçmeden önce tekrar hatırlatmak istiyorum, cümleleri tamamlarken önemli olan aklınıza ilk geleni söylemek. Hazır mısınız?

— Hazırım.

— Sabahları kalktığımda…

— Dinç olmak istiyorum ama olamıyorum. Daha uyumak istiyorum ama uykum yok.

— Peki teşekkür ederim. Üçüncü cümle; ben çocukken…

— Şımarık olmak istedim ama olamadım.

— Teşekkürler. Devam ediyoruz. Annem her zaman…

— Çok konuşurdu.

— Teşekkürler. Annem asla…

— Tek başına karar vermez.

— Teşekkür ederim. Annemin beklentisi…

— Çoluğu çocuğu olan normal bir ev kadını olmam. O istedikçe ben istemedim.

Bir yandan cevaplarını dinleyip not alırken bir yandan da gözümü hiç ayırmadan Şirin Hanım'a bakıyordum.

— Teşekkürler. Babam her zaman…

— Olgun ve uzak.

— Teşekkürler. Babam asla…

— Şımartmaz.

— Teşekkür ederim. Babamın beklentisi…

— Kariyerimin daha iyi olması, ama beni bırakmak da istemiyor, dizinin dibinde olmamı istiyor.

— Teşekkür ederim. Peki Sibel Hanım, şimdi bana esas, en temel probleminizi söyler misiniz?

— Çok var…

Birden nefesi sıklaştı, sesi titremeye başladı.

— Koşmak istiyorum ama bağlıyım, koşamıyorum.

— Nereye koşmak istiyorsunuz?

— Açık alanlara… Açık alanlar çok güzel, o zaman daha çok nefes alıyorum. Ama ailem, arkadaşlarım beni koşmaktan alıkoyuyor, ben koşarsam onlar gelmez, yalnız kalırım, korkarım, her yer karanlık olur.

Ağlamaya başladı, gözlerinden akan yaşlar başını kanepeye yasladığı için şakaklarına iniyor, saç köklerini ıslatıyordu.

— Hiçbir şey yok. Çok kötü hissediyorum, nefes alamıyorum, kimse yok…Çok korkuyorum.

— Peki üçten geriye doğru sayacağım. Bire geldiğimde o korktuğunuz ana gitmenizi istiyorum. Üç…iki…bir… Neredesiniz şimdi?

— Nefes nefese demirlerin arasında görüyorum kendimi, çok az gökyüzü var, benim yıldızım yok bu gece, diye düşünüyorum. Halbuki her gece olurdu ve çok parlardı.

— Neredesiniz?

Çok alçak bir sesle, neredeyse fısıldayarak cevap verdi. Konuşması da iyice yavaşlamıştı.

— Kapalı bir yerdeyim... Karanlık... Dışarıda çok su sesi var... Bir kenarda büzülmüşüm, ayak parmaklarım çok pis... Eski kıyafetler var üzerimde... Saçlarım yoluk yoluk...

— Kaç yaşındasınız?

— 16 yaşında bir kızım.

Astıma da 16 yaşında yakalandığını hatırladım. Emin olmak için göz ucuyla notlarıma baktım. Haklıydım.

— Peki başka birisi var mı yanınızda?

— Uzakta birileri var... Halim yok... Hiç halim yok. Çok açım!

Çok açım der demez sessiz hıçkırıkları haykırışlara döndü. Bağıra bağıra, uzun uzun, dakikalarca ağladı. Arada ağlaması yavaşlıyor, birkaç cümle ettikten sonra tekrar hızlanıyordu.

— Gökyüzünde dolunay var. Işıl ışıl bir gece... Annem babam içeride... İki kardeşimle evimizin bahçesindeyiz. Evimiz çok güzel. Kocaman bir bahçemiz var, ağaçlarla dolu... Sonra askerler geliyor... Karanlığın içinden çıkıp geliyorlar. Her yerde onlar var... Dillerini bilmiyorum, üniformalarında çok demir var. Bizi yakalıyorlar, kardeşlerim kurtulup koşmaya başlıyor... Üniformalılar ateş ediyor. Kardeşlerim küçücük daha, ikisi de yere düşüyor, ölüyorlar.... Annemle babam evden çıkıyor, babamın elinde silah var, karşı çıkmaya çalışıyor, ikisini de vuruyorlar üniformalılar. Ben kalıyorum. Beni esir alıyorlar...

Sustu birden. Hıçkırıklar kesilmişti ama gözyaşları durmaksızın akmaya devam ediyordu.

— Evimizi yaktılar, bahçemizi yaktılar. Oysa yemyeşildi bahçemiz. Kardeşlerimle o ağaçlara tırmanırdık, baharda meyvelerini toplardık. Çok güzeldi... Yaktılar...

— Zamanda biraz ilerleyin lütfen. Üç, iki, bir... Şimdi neredesiniz?

— O üniformalı adamlardan birinin evinde, hizmetçi ya

da, köle gibi bir şeyim. Ailemi öldürmüşler, bir beni tutmuşlar. Çok açım ama... Çok açım... Bir sürü asker var her yerde. Kemerlerinde, yakalarında demirler var. Demirlerinde kuş işareti var. Dilleri başka, ne dediklerini hiç anlamıyorum.

Hafızamı yokladım. Hatırladığım kadarıyla üniformasında kuş olan askerler Nazilerdi. Bu durumda anlattığı olaylar İkinci Dünya Savaşı sırasında geçiyor olmalıydı.

— Her şey çok karışık. Askerler gidiyor, orayı terk ediyorlar, beni götürmüyorlar ama serbest de bırakmıyorlar, bir odaya kilitliyorlar. Yalnızım... Çok korkuyorum.

Yattığı yerde deli gibi ağlamaya başladı. Bir yandan sarsıla sarsıla ağlıyor bir yandan ellerini yumruk gibi sıkıp sıkıp bırakıyordu. Sonra öksürmeye başladı. O kadar çok öksürdü ki morarmaya başladı. Ben tam ambulans mı çağırsam yoksa üst kattaki doktora mı haber versem acaba diye düşünürken, Sibel Hanım öksürüğünün arasında konuşmaya başladı.

— Yakıyorlar. Ölmek istemiyorum. Canım acıyor. Nefes alamıyorum... Ölsem kurtulurum... Ölsem anneme, babama, kardeşlerime kavuşurum. Keşke ölsem... Ölsem de kurtulsam...

Öksürüğü azaldı, rengi yavaş yavaş normale döndü. Sonra sayıklar gibi fısıldadı.

— Öldüm. Kurtuldum, her şeyden kurtuldum.

— Peki şimdi yükseldiğinizi düşünün. Tepeden bakın, ne görüyorsunuz?

— Her şey yanıyor. Uçaklarla bombaladılar. Almanlar bombaladı. Biz Fransızca konuşuyorduk, o anlamadığım dil Almancaymış. Başka bir yere gidiyorum şimdi. Işıklar arttı. Ben ışık oldum artık, hafifim, özgürüm, ağrım yok.

— Biraz önce deneyimlediğiniz hayat, şimdiki hayatınıza nasıl etki etmiş olabilir? Hangi şekilde izini belli etmiş?

— Bu hayatımda hep temkinli oldum, koşmaya korktum, ailemi bırakıp gitmeye korktum. Koşarsam ölürüm gibi geldi.

— Peki kendinizi hazır hissettiğinizde yavaş yavaş gözlerinizi açabilirsiniz.

Gözlerini açtı, önce tanımıyormuş gibi bana baktı, sonra uzun uzun etrafı inceledi. Sonra birden nerede olduğunu hatırladı ve mahcup gülümsedi.

— Çok mu ağladım?

— Çok... Şimdi nasılsınız?

— Tuhaf bir biçimde kendimi iyi hissediyorum. Yani yorgunum, böyle dayak yemiş gibiyim, kolumu kıpırdatmaya halim yok ama iyiyim.

— Rahat nefes alabiliyor musunuz?

Durdu, üst üste birkaç kez derin nefes aldı.

— Biliyor musunuz uzun zamandır böyle rahat nefes alamıyordum. Aldığım nefesin içimde dolaştığını hissediyorum. Sonu neresiyse oraya kadar nefes alabiliyorum sanki.

Kalktı, pencereyi açmak için izin istedi. Sonra kafasını pencereden çıkarıp nefes aldı birkaç kez.

Anlattıkları çok ilginçti Sibel Hanım'ın. Daha önce söylediği "Koşmak istiyorum ama koşamıyorum" sözü de anlamını bulmuştu. Demek ki koştuğu için öldürülen kardeşleri ona "Koşarsam ölürüm, yaşamak için koşmamalıyım" fikrini yerleştirmişti. Bu yüzden ayrılmak istese de ailesinin yanından ayrılmıyor, hedeflerine ulaşmak için gerçek adımlar atmaktansa o kurs senin bu kurs benim oyalanıp duruyordu.

Sadece iki seans yaptık Sibel Hanım ile. Çok hızlı ve muazzam farkındalıkları sadece iki seansta deneyimledi. Bazen, ender de olsa, böyle olabiliyor. Kişisel deneyimime göre, kronik hastalıkları çözümlemek biraz vakit alıyor, soğanın cücüğüne inmek gibi, kat kat soymamız gerekiyor. Ancak bazı durumlarda, danışanın önden yaptığı çalışmalar, hayatında bulunduğu yer ve kişiliği çok hızlı cevap bulmamızı sağlayabiliyor. Sibel Hanım ile uzun süre irtibatımızı hiç koparmadık. Ben onun önce bebek adımlarıyla yürüyüp, sonra özgürce koşmaya başlamasını hep mutlulukla takip ettim. Çok yoğun bir farkındalık süreci yaşadı ilkin. Kendi deyişiyle Pollyannacılıktan vazgeçti. Her şeyi olumlu görmeye çalışmaktan, insanları olduğu gibi değerlendirmektense, onların yanlış hareketlerine olumlu bir bahane aramaktan vazgeçti. Kendini dinlemeyi, içindeki sese güvenmeyi öğrendi. Ardından sonsuz öğrencilik sarmalından kurtardı kendini. O konuda çok iyi olduğu halde antikacılıktan vazgeçti ve eğitimini aldığı cilt bakımı ve makyaj üzerinde uzmanlaştı. Bu konuda aranan, yetkin bir isim oldu. Hatta şu anda bir üniversitede bu konuda dersler veriyor. Bir yandan da astroloji ve yoga ile ilgilenmeye devam ediyor. Seansımızın ardından bir daha hiç lekeli görmedi ve hiç astım krizi geçirmedi. Sadece kendini çok yorduğu zamanlarda ender olarak astım ilacını kullanıyor ve ne olur ne olmaz diye astım ilaçlarını çantasında taşımayı sürdürüyor.

En güzeliyse artık bol bol seyahat ediyor. Bizim çalışmamıza kadar hiç yurtdışına çıkmamıştı. Şimdilerde en büyük hobisi seyahat etmek. Şu ana kadar toplam on bir ülke gezdi. Hedefi ise 2020 sonuna kadar tüm Avrupa'yı gezmek.

Eylül D.

"Titizim ben. Takıntılı titizliklerim var. Ne birinin bana değmesini ne de birine değmeyi seviyorum. Mesela otobüste biri bana değdiğinde ya da kolumu bir yere koyduğumda uyuşmuş hissediyorum. Hatta bazen kimse bana değmese bile, değmiş de kirlenmiş gibi hissediyorum."

Çocukken annemin arkadaşları bizde toplanırlardı ara sıra. Altın günü değil de, hamur işi, yeme içme seremonisine eşlik eden sohbet, muhabbet buluşmaları gibi olurdu bu toplantılar. Orada teyzeler birbirlerine nasıl olduklarını sorduktan sonra, yüzlerini ekşitip, derin bir nefes alıp "Hayat su gibi akıyor işte" derlerdi. Çok komik gelirdi bu söz bana, hatta anlamsız, uyduruk da biraz. "Hiç hayat su gibi akıp gider mi canım?" diye düşünürdüm. Hele ki başımıza güneş geçmesin diye evde durmaya mecbur bırakıldığımız yazın uzun öğleden sonralarında iyice anlamsızlaşırdı bu söz. Vakit bir türlü geçmek bilmezdi. Oysa şimdi, tam da o teyzelerin yaşındayken emin olduğum en temel gerçeklerden biri hayatın su gibi akıp gittiği. Büyümek böyle bir şey galiba. Yapacak çok şey var, yapmak için imkânın da var ama vakit yok. Vakit olsa da enerji yok. Her yeni gün birbirine çok benzer şekilde geçip giderken, omuzlarımıza sorumluluklar yığılıp dururken ve aynalarda kendimizi yabancılarken derin bir nefes alıp "Hayat su gibi akıyor" demek sığınılacak en kadim liman belki de…

Bu kitabı yazmaya başladığımda kışın tam ortasıydı. Yeni bir yılın heyecanı vardı sokaklarda. Zaman göz açıp kapayıncaya kadar geçmiş, hayat akmıştı işte. Kışın eli yine kulağındaydı. Kaç gündür bardaktan boşanırcasına yağan yağmurlara teslimdi İstanbul. Belli ki bu yıl erken gelecekti kış. Derin bir nefes aldım, arkama yaslandım ve cama vuran damlaları seyretmeye başladım. Damlaların ritmik sesi öyle iyi gelmişti ki bana, telefonum çalıp da asistanım danışanımın geldiğini haber verdiğinde, işe sanki yarım saat değil de bir hafta ara vermiş gibi dinlenikti kafam.

Az sonra kapıya belli belirsiz vurulduğunu fark ettim. Ne ilginç, aynen el sıkışı gibi herkesin kapıyı vuruş şekli bile başkaydı. Kimi tek bir kez vurup hiç beklemeden açıveriyordu kapıyı, kimi kapıya vurmuyor da dokunuyordu sadece, kimi de içeriden "gelin" sesini duyana kadar girmiyordu içeri. Bu kez belli belirsiz vurulmuştu kapıya. Yani asistanım beni önceden haberdar etmese ve ben kulak kesilmiş şekilde beklemesem duyamazdım, o kadar belirsiz... İçeri giren gencecik, ufacık tefecik bir kızdı. Gözlerini kaçırarak "Merhaba" deyip girdi içeriye, karşımdaki kanepeye usulca oturdu. Daha önceden doldurduğu formdan henüz 18 yaşına yeni girdiğini, adının Eylül olduğunu biliyordum. Onun adına başvuran annesiydi ve kızının takıntılı titizliğinden şikâyetçiydi.

Takıntılı titizlikte önemli olan titizliğin derecesi. Aslında bu konuda genel geçer bir tanım da yok. Yani "Elini günde elli kere yıkayan takıntılı titizdir, on beş kere yıkayan değildir" gibi bir genelleme yapmak mümkün değil, doğru da değil. Burada önemli olan öncelikle kişinin algısı, ikincil olarak da etrafın tepkisi.

Annesinin verdiği bilgiye göre Eylül kapı kolunu tutmak istemediği için kapıyı açamıyor, banyoyu köşe bucak temizlemeden duşa giremiyordu. Annesinin anlattıklarını cebe koyup öncelikle onu dinlemek istedim. O yüzden hakkında hiçbir şey bilmiyormuşum gibi soru sordum.

— Hoş geldiniz. Bana biraz kendinizden bahseder misiniz?

Gözlerini kırpıştırarak cevap verdi.

— Adım Eylül. Geçen ay 18 yaşıma girdim. Öğrenciyim. İstanbul Üniversitesi'nde işletme okuyorum.

Sesi o kadar alçaktı ki gayriihtiyari öne doğru eğildiğimi fark ettim.

— Ya aileniz, biraz onlardan bahsetseniz...

— Annem ve babam ayrı. Pazartesinden çarşambaya kadar annemdeyim. Perşembe bana ait, sadece bana ait. Perşembeden pazara kadar da babamdayım.

— Perşembe nasıl size ait?

— Nerede kalacağımı ben seçiyorum.

— Anne ve babanız bekâr mı?

— Yok, annem evlendi, babam bekâr. Annemin yeni evliliğinden ikiz çocukları oldu. İki erkek, Emir ile Demir.

Onlardan bahsederken kardeşim değil de annemin çocukları demesi dikkatimi çekti.

— Kaç yaşındalar?

Cevap verirken umurunda değilmiş gibi gözlerini devirdi, omuzlarını silkti.

— Beş herhalde.

— Peki nasıl hissettiriyor bu gidiş gelişler size?

Sustu, pencereden baktı biraz, yağmur hızını artırmıştı, belli ki bu akşam trafik yine felaket olacaktı İstanbul'da. Ona baktığımı fark edince gözlerini kırpıştırdı birkaç kez. Belki de bu göz göze gelmemek için bir kaçış yoluydu onun için.

— Yani zor oluyor tabii. Bir de çok baskı yapıyorlar bana. Akşam çıkmak çok büyük problem. 18 yaşındayım, üniversite öğrencisiyim ama hâlâ akşam saat 19.30'da evde olmamı istiyorlar. Annem de, babam da... Hangisinin evine gidersem gideyim saat 19.30'da evde olmalıyım. Ancak önceden haber verip bir yere gidersem yani sinemaya, arkadaşıma filan o zaman 22.30'a kadar iznim var. Ama o zaman da gelip bulunduğum yerden alıyorlar beni. Yalnız başıma dönemiyorum.

— Buraya gelme nedeninizden bahsedebilir misiniz biraz?

Üst üste birkaç kez omuzlarını silkti. Sonra gözlerini kırpıştırdı. Ardından sesini iyice alçaltarak cevap verdi.

— Titizim ben. Takıntılı titizliklerim var. Yani temas sevmiyorum. Mesela otobüste biri bana değdiğinde ya da kolumu bir yere koyduğumda uyuşmuş hissediyorum. Hatta bazen kimse bana değmese bile, değmiş de kirlenmiş gibi hissediyorum. Çok rahatsız hissediyorum.

— Ne yapıyorsunuz öyle hissedince?

— Yıkıyorum, sadece yıkamak ama soğuk suyla yıkamak iyi geliyor bana. Antiseptik jelleri denedim, hiç hoşlanmadım. Islak mendil de iyi temizlemiyor. Emin olamıyorum temizlendiğinden. Ama soğuk su iyi geliyor.

— Su değmeli, öyle mi?

— Evet, illa su değmeli. Soğuk su!

— Hep mi böyleydi bu durum?

— Çocukken de titizdim ama son bir, bir buçuk senedir çok arttı.

— Çok arttı derken, on üzerinden kaç verirsiniz titizliğinize?

Hiç düşünmeden cevap verdi.

— Yedi.

Yedi demesi ilginçti. Yani kendisini çok korkunç durumda görmüyor ama normal de bulmuyordu.

— Mutlu musunuz peki?

Şaşkınlıkla baktı bana. Sanki daha önce bu soru kendisine hiç sorulmamış, hatta kendisi de hiç düşünmemiş gibi baktı. Cevap vermedi. İçindeki "titizlik parçasının" neler göstereceğini merak ederek, ondan kendisini rahat hissettiği bir pozisyon almasını istedim. Tedirginlikle başını arkaya yasladı. Gözlerini kapatmasını istediğimde önce huzursuzlukla kıpırdandı yerinde, sonra kapadı gözlerini.

— Şimdi sorularıma cevap vermenizi istiyorum tamam mı? En son ne zaman kendinizi titizliğinizden dolayı rahatsız hissettiniz?

— Geçtiğimiz hafta taksideydim. Gideceğim adresi tam bilmiyordum. Arkadaşımı aradım. Adresi tarif etmesi için telefonumu taksi şoförüne verdim. O an iki ses duydum içimde. Hani filmlerde oluyor ya bir omuzdan bir ses geliyor, diğerinden başka bir ses. Aynen öyle oldu bende de. Birincisi, "Bir şey olmaz, boş ver!" dedi. Diğeri de, "Acaba adamın eli temiz mi?" dedi. Telefonu verdim ama daha sonra istemediğim bir şeyi yaptığım için her zamanki gibi huzursuz hissettim.

Son cümlesi çok önemliydi, adeta bir rehber niteliğindeydi. "İstemediğim bir şeyi yaptığım için her zamanki gibi huzursuz hissettim." Ben de bu cümlenin peşine düştüm.

— İstemediğiniz bir şeyi yaptığınız zamanki huzursuzluğu daha önce ne zaman hissettiniz?

Gözlerini açıp kırpıştırdı birkaç kez. Konsantre olmakta güçlük çeker gibiydi. İlk defa karşıma oturan birisinin, hemen güven duyup gözlerini kapatarak bana adeta teslim olması hiç kolay olmaz. Doğal olarak tekrarlar gerekebilir.

— Hadi o ana gidelim birlikte. Lütfen başınızı arkaya yaslayın. Kendinizi rahat hissettiğiniz bir pozisyon alın. Gözlerinizi kapatın. İstemediğiniz hiçbir şeyi paylaşmak zorunda değilsiniz. Anlatacaklarınızın içeriği ve miktarı hakkında söz sahibi sizsiniz. Ben sadece rehberlik yaparım. Nefes alıp verin, nefesinize odaklanın. Üçten geriye doğru sayacağım. Üç, iki, bir... Lütfen bana huzursuzluk hissettiğiniz o anı anlatın.

— Anneme gitmek zorunda kaldığımda. Babam, annemin kocasını sevmiyor, benim de o evde kalmamı istemiyor. Ben de arada kalıyorum. Annemde rahat da edemiyorum. Sürekli çocukların etrafında dönüyor her şey. İkizlerin çorbası, ikizlerin meyvesi, ikizlerin uykusu... Çok da gürültücüler, dağınıklar...

Sustu birden, önce derin derin nefes aldı, sonra gözlerinden iki damla yaş dökülüverdi.

— Babamın da hasta olduğunu öğrendik geçen ay. Beyninde tümör varmış. Belki de ondandır bilmiyorum, iyice saldırganlaştı son günlerde. Eskiden hiç bağırıp çağırmazdı. Şimdi sürekli sinirleniyor. Hatta anneme gitmek zorunda kaldığımda sinirlenip gözlüğümü kırdı.

— Peki temizlikten dolayı huzursuzluk hissini en son ne zaman hissettiniz?

— Babamdayken... Çamaşır yıkayacaktım. Makineyi açtım, içi babamın ıslak çamaşırlarıyla doluydu.

Islak derken kasılmış, çok pis bir şey görmüş gibi bir tiksinti ifadesi gelmişti yüzüne.

— O ıslak çamaşırlara dokunacak olmak iğrenç hissettirdi bana. Nefret ettim o an orada bulunmaktan. Dokunursam bana zarar vereceklermiş gibi hissettim.

Durdu, sonra birkaç kez üst üste tekrarladı.

— Dokunursam bana zarar vereceklerdi sanki. Dokunursam zarar vereceklerdi. Dokunursam...

Her tekrarda sesi biraz daha yükselip, yüzü biraz daha kızarınca, dokunma konusunu deşmeye karar verdim.

— Peki kim dokundu size? Dokunulan yaşa gidin hadi. Üçten geriye sayıyorum. Üç, iki, bir...

Ağır ağır cevap verdi. Konuşması öyle ağırdı ki her kelime arasında duruyor nefesleniyordu.

— Sekiz yaşındayım, dışarıdayım, hava güneşli... Üzerimde kapri bir kot var, tişörtüm sarı, sandaletlerim pembe. Aslında pembe rengi hiç sevmiyorum. Daha küçük kızlara göre olduğunu düşünüyorum. Yanıma birinin gelmesinden korkuyorum, yalnız kalmak istiyorum...

Durdu, bu kez nefes arası daha da uzun sürdü. Hiç araya girmeden, yönlendirme yapmadan bekledim. Sonra yavaş yavaş tekrar konuşmaya başladı.

— Eve gitmeye çalışıyorum. Eve geç kaldım, rahatsız hissediyorum. Koşuyorum, ev çiftlik gibi bir yerde. Eve giriyorum ama kimse yok. Geç kaldığımı anlayacaklar diye çekiniyorum. Korka korka giriyorum evin kapısından. Eve girmek de istiyorum bir yandan ama çekiniyorum da...

* * *

Bana en çok gelen sorulardan biridir, regresyon terapisi sırasında danışanların anlattıklarının gerçek olup olmadığı. Oysa trans altındayken danışanın anlattıklarının gerçekten yaşadığı bir olay ya da tamamen uydurma olmasının hiçbir önemi yoktur. Bilinçaltından kendi hayatıyla ilgili bir şey de anlatabilir, izlediği bir filmi de... Ya da o anda tamamen uydurabilir. Önemli olan ne anlattığıdır, önemli olan anlatmak için neyi seçtiği ve ona bağlı duygusudur.

— Peki, çiftlik evine girdiniz, zamanı biraz ilerletip bir sonraki önemli olaya gidin.

— Adam kendi kendine söyleniyor. Ben ağlıyorum. Sonra yaşlı bir kadın yanıma geliyor. O gelince ben daha çok ağlıyorum. Adam kadına vuruyor.

Sustu birden, uzun süre sessizliğe gömüldü.

— Sonra ne oldu?...

Sanki kelimeler ağzından zar zor çıkıyordu. Her heceyi yavaş yavaş söyleyerek cevap verebildi.

— Zorlanıyorum. 17 yaşındayım. Upuzun, siyah, dalgalı gür saçlarım var. Çok güzelim, dikkat çekiciyim. Otuzlu yaşlarında iki sakallı erkek beni çekiştiriyorlar. Sokakta köşeye çekiyorlar, koluma dokunuyorlar.

Eylül sarı saçlıydı. Saçları dümdüz ve cılızdı. Ufacık tefecik, gösterişsiz, baktıkça güzelleşen ama ilk anda göze çarpmayan bir genç kızdı. Ama bahsettiği kişi onun fiziksel özelliklerinin tam tersine sahipti.

Kimileri trans sırasında danışanın kendisini başka fiziksel özelliklerle anlatmasını geçmiş yaşama, kimileri de paralel yaşama dayandırıyor. Kimisi de bunu yanlış hafıza (false memory) sendromu olarak tanımlıyor. Yanlış hafıza sendromunu ise kişinin kişiliğinin ve bireylerarası ilişkilerinin açıkça gerçek dışı bir anı çevresinde odaklandığı ve yaşadığını iddia ettiği olayların yıkıcı bir etki yarattığına inandığı bir durum olarak açıklamak mümkün. Ben bir terapist olarak kişilerin neye inandığını asla sorgulamam. Neye inanıp, neye tutunup anlatıyorlarsa ona olur veririm. Çünkü ancak o zaman, danışan kendisini rahat ve kabullenilmiş hisseder. Kendisini rahat ve kabullenilmiş hissetmesi de terapinin sonuç verebilmesi için en temel şartlardandır.

— Tanıyor musunuz o erkekleri?

Gözlerini birkaç kez huzursuzca kırpıştırdı. Ağzını açtı, tam konuşacaktı ki karar değiştirip tekrar kapattı. Yüzü büyük bir tiksintiyle kasılmıştı. Sanki iğrenç bir şey görmüş de kusacakmış gibiydi. Sonra birden konuşmaya başladı.

— Annemin eşinin koluma dokunmasından da rahatsız oluyorum. Hatta en çok onun dokunmasından rahatsız oluyorum. Hele benim tuvaletimi kullanmasından...

— Peki şimdi üçten geriye doğru sayacağım. Bire geldiğimizde annenizin eşiyle ilgili aklınıza gelen her şeyi bana anlatacaksınız. Tamam mı? Üç, iki, bir...

— Bazen bana rahatsız edici şeyler söylüyor. "Sen ne kadar yavaşsın" diyor. "İnsanın içinde genç olduğunu belli eden bir şeyler olur, sende yok" diyor. Erken kalkmadığımda söyleniyor. Bazen bir yere dokunamadığımda filan "Bir kere ellesen ne olur" diyor. Çok saçma ellesem elleyeceğim zaten. Sanki benim elimde... Sanki ben bunu isteyerek yapıyorum. Sanki ben isteyerek böyle oldum.

Garip bir rahatlama gelmişti. Evet Eylül'ün annesinin kocasına dair anlattıkları hoş değildi, eminim ki ondaki etkisi de büyüktü. Ama "En çok onun dokunmasından rahatsız oluyorum" dediğinde aklıma gelen ihtimaller Eylül'ün anlattıklarından çok daha korkunçtu.

— Hadi o zaman. Ne zaman hazır hissederseniz gözlerinizi açabilirsiniz.

Hemen açtı gözlerini Eylül. Açar açmaz da yerinde doğruluverdi.

— Biraz annenizin eşinden bahsedelim mi?

Omuzlarını umrunda değilmiş gibi silkeledi. Sonra durağan bir tonla anlatmaya başladı.

— Annemle babam ben küçükken boşandılar. Sonra annem ben sekiz yaşındayken Feridun ile evlendi. Ben önce anneannemin yanında kaldım. Sonra biraz da babaannemin yanında kaldım.

— Biraz derken, ne kadar?

— Nerede, ne kadar kaldım tam hatırlamıyorum. Ama annemin yanına gittiğimde 12 yaşındaydım.

— Yani dört yıl annenizden ayrı kaldınız, öyle mi?

— Evet. Tabii sık sık görüşürdük ama ben annemin evinde tamamen kalmaya dört sene sonra başladım. O ikizlere hamileyken beni de yanlarına aldılar işte.

— Nasıldı?

— Garipti tabii. Babamın yerine Feridun var, bana güya babalık yapıyor filan.

— Nasıl babalık yapıyordu?

— Sürekli söylenecek olumsuz bir şeyler buluyordu. Yani buluyordu demek yanlış olur, çünkü hâlâ buluyor. Babalığı, eleştirmek sanıyor. Ne yapsam yetmiyor. Annem de öyle, yaptığım şeyleri değil de yapmadıklarımı görüyorlar. Her an kontrol ediyorlar. Çok sıkıldım. Bence annemin de takıntısı var.

— Annenizin de mi temizlik takıntısı var?

Bir anda kahkaha attı. Uzun uzun güldü. Gülerken daha da küçülmüştü yaşı.

— Annemin temizlik takıntısı yok. Onun takıntısı bana.

Sonra alaycı bir kahkaha daha atıp devam etti konuşmaya.

— Biliyor musunuz geçen ne yaptım bu takıntıdan kurtulmak için? Biri bana dedi ki, "Abdest alıp, namaz kılarsan iyi gelir, o zaman ibadet halinde olduğun için düşünmezsin." Ben de ne kaybederim diye yapayım dedim. Abdest almaya başladım, ama abdest alırken temizliği düşünmemeye çalışmaktan o kadar çok yoruldum ki ters tepti. Kendimi, temizliği daha çok düşünür halde buldum. Sonra da bıraktım.

— Babanızın evinde nasılsınız?

— Ya tabii orada Feridun ile olduğumdan daha rahatım ama onun da arkadaşları gidip geldiğinde huzursuz oluyorum.

— Nasıl arkadaşları?

— Mesela geçen yaz eve gittim, başka bir erkek açtı kapıyı. Kel, esmer, biraz topluca, büyük burunlu, korkunç suratlı bir adamdı. Evde o kadar rahattı ki, sanki kendi eviymiş gibi. Tipinden de evdeki varlığından da huzursuz oldum. Şimdi her babama gidişimde "İnşallah o adam evde değildir" diye dua ederek gidiyorum.

Derin bir nefes aldım. Eylül'ün durumuna bir anne olarak gerçekten üzülmüştüm. Küçük yaştan beri kendisine yuva diyebileceği bir evi olmamıştı. Kendisini rahat hissedeceği, sığınıp, huzur bulacağı hiçbir yer yoktu.

— Peki kendinizi rahat hissettiğiniz bir yer var mı?

Gözleri buğulanarak cevap verdi.

— Var. Mervelerin evi.

— Merve kim?

— Arkadaşım.

— Neden orada rahatsınız?

Yine omuzlarını silkti.

— Bilmem. Ev gibi ev orası. Küçükken, annemle babam henüz boşanmamışken, annem bana uyumadan önce kitap okurdu. O kitaplardaki evler gibi Mervelerin evi... Anne var... Baba var... Huzur var... Herkes sevgi dolu... Merve'nin kardeşleri de kardeş gibi... Benimkiler bana öyle gelmiyor...

Süremiz dolmuş, ilk seansımız bitmişti. Günlerce beynimin içinde yankılanıp durdu Eylül'ün son sözleri. Bir anne olarak çok dokunmuştu bana. Çok sevdiğim şair Edip Cansever'in beni çok etkileyen bir sözü geldi aklıma; "Gökyüzü gibi bir şey bu çocukluk, hiçbir yere gitmiyor." Ne kadar doğru demiş şair. Kaç yaşına gelirsek gelelim, nerede yaşarsak yaşayalım, kim olursak olalım anavatanımız hep çocukluğumuz.

Bir sonraki seansımız iki hafta sonraydı. Eylül içeri girdiğinde geçen haftaya göre daha güvenli, daha hafif görünüyordu. Kanepeye oturmasını bile beklemeden soruverdim.

— Nasılsınız? Görüşmeyeli nasıl geçti günler?

— Anlatmak bana çok iyi geldi. Sanki takıntılarım da hafifledi biraz.

— Peki on üzerinden kaç verirsiniz bu hafiflemeye?

— Beş, altı gibi... Daha önce her an aklımdaydı. Sizinle görüştükten sonra ara ara aklıma gelmediği de oldu. Ama sonra okulda, merdivenlerden çıkarken yerde ıslak bir peçete gördüm. İğrençti. Sanki biri oraya tükürmüş, salyası yerde duruyormuş gibi iğrenç!

Yüzü yine tiksintiyle kasılmıştı.

— Ne hissettiniz görünce?

— Çok tiksindim. Elim ayağım uyuştu.

— Her tiksindiğinizde eliniz ayağınız uyuşuyor mu?

— Yok, bazen uyuşuyor ama hep değil.

— O zaman gelin bilinçaltınıza gidelim tekrar. Hadi arkanıza yaslanın, gözlerinizi kapatın. Hazır mısınız?

Başını belli belirsiz sallayarak onayladı.

— Üçten geriye sayıyorum. Üç, iki, bir... Olabildiğince rahat bırakın kendinizi. Bir şey düşünmemeye çalışın.

Gözlerini kapadı. Arkasına yaslandı. Derin nefes alıp vermeye başladı. Bir süre sonra nefes alışverişleri düzene girince sordum.

— Eliniz, ayağınız uyuşacak kadar iğrendiğiniz bir olaya gidin... Neredesiniz?

— Kendimi banyo kapısında görüyorum. Bir erkek var... Orta yaşlı bir erkek... Lavaboya tükürmüş. Ama fark etmemiş tükürüğünü. Demek ki çok rahat! Sanki oraya akmış gibi...

— Kim bu adam?

— Siyah dalgalı saçları var. Kot pantolonlu, beyaz tişörtlü...

— Nerede?

— Banyoda duruyor, tıraş oluyor. Banyo beyaz, tezgâh boş... Tezgâhın üstünde havlu var. Yuvarlak bir ayna asılı. Yerler kirli...

— Gündüz mü gece mi?

Durdu, gözkapakları kıpırdadı birkaç kez.

— Gündüz. Pencereden ışık geliyor.

— Başka kimse var mı?

— Aynadan kendimi görüyorum. Evet o ben olmalıyım. Ama başka birisiyim. Evet, evet, kendimi bir başkası gibi görüyorum.

— Peki nasıl görüyorsunuz?

— On beş yaşlarında bir kızım. Saçlarım kısa, koyu renkli, düz arkaya doğru.

Saçlarını yine koyu renkli görmüştü. Regresyon sırasında her defasında kendisinden bahsederken belirleyici özellik olarak koyu renk saç kullanması dikkat çekiciydi.

— Siz ne yapıyorsunuz peki?

— Ben kapının önünden geçiyorum. Adamı da geçerken görüyorum.

— Kim bu adam?

— Amcam… Amcam o benim. O banyoda diye ben giremiyorum. Annem bir şeyler hazırlıyor.

Birden sustu, huzursuzca kıpırdandı yerinde. Yüzü yine iğrenç bir şey görmüş gibi kasılmıştı.

— Amcamdan sonra annem giriyor banyoya. Kıllardan, tüylerden rahatsız oluyorum. Annem benim için temizliyor. O temizledikçe ben rahatlıyorum.

— Peki, sizi en kötü hissettiren anınıza gider misiniz?

Biraz bekledikten sonra cevap verdi.

— Babamın evinde gördüğüm ıslak kirli çamaşırlar. İğrençtiler ve onları o şekilde bıraktığı için ona çok kızmıştım…

Biraz daha yoğun duyguya erişmek için maruz bırakma çalışması yapmaya karar verdim, tepkilerini bizzat görmem gerekiyordu. Masamdaki paketten bir kâğıt mendil aldım, bardağıma batırdım ve ıslak peçeteyi Eylül'ün eline verdim. Peçetenin eline değmesiyle Eylül'ün çığlık atması bir oldu.

— Iyyy! İğrenç…

— Neden iğrenç?

Titreyerek cevap verdi.

— Sanki sperm var! Bu bana zarar verecek!

Bu noktada derin bir nefes aldım, tahmin ettiğim gibi cinsellik ile ilgili bir travma vardı. Bilincinde olan veya bilinçaltının derinliklerinde saklı bir taciz/tecavüz olabileceğini düşündüm.

— Tamam, aklınıza ilk gelen anıya gider misiniz?

Çok ama çok kısık bir sesle devam etti anlatmaya. Ses tonu o kadar alçaktı ki duymak için eğilmek zorunda kaldım.

— Bana zarar vermesinden korkuyorum.

— Merak etmeyin ben yanınızdayken kimse size artık zarar veremez. Adım adım gidelim. Neredesiniz?

— Eşyaları ahşap olan bir evdeyim. Üzerimde çiçekli bir elbise var, karpuz kollu, ayaklarımda babet gibi bir ayakkabı var. Çok mutluyum. Tek başımayım. Yirmi beş yaşındayım.

Gözleri hâlâ kapalıydı, iki elini iki yanında yumruk yapmış, kaşlarını çatmıştı.

— Bir adam var, seyrek ama uzun saçlı, yabancı bir adam. Oysa benim beklediğim o değil. Ben başkasını bekliyorum. O yüzden kapı çalındığında açtım. Bu yabancı adam içeri girmek istiyor. Ben de "Hayır" diyorum. O zorluyor.

Birden ağlamaya başladı, sesi titriyor, yumruklarını bir açıp bir sıkıyordu.

— Beni zorluyor. Üstüme doğru geliyor. Beni öpmeye çalışıyor.

Sesi yükseldi, bağırmaya başladı.

— Üzerime yapışıyor. Onu itiyorum. İğrenç hissediyorum.

Titreyerek tekrar etti.

— İğrenç! İğrenç! Neyse ki onu itmeyi başarıyorum. Gidiyor. Ben çok kötü hissediyorum.

Yanakları gözyaşlarıyla ıslanmış, hıçkırmaya başlamıştı.

— Üstüm kirlenmiş gibi hissediyorum. Her yer kirli gibi... Ağlıyorum, yerde oturuyorum, kapının önünde... Ağlıyorum. Sonra duşa girmeye karar veriyorum. Üzerimdeki kıyafeti çıkarıp çöpe atıyorum.

Regresyon terapisinde benim en çok önem verdiğim konulardan biri, kişi geçmiş hayat deneyimi yaşadığına inanıyorsa ona ölümünü fark ettirmek. Son nefesini verdiğini görmesi o hayatın bittiğini idrak edebilmesi açısından çok önemli.

— Peki üçten geriye doğru sayacağım. Sizden o hayatınızın ölmeden önceki son anlarına gitmenizi istiyorum. Üç, iki, bir...

Derin bir nefes aldı, yanaklarındaki yaşları sildi.

— Yaşlıyım. Büyük bir koltuğun üzerindeyim. Saçlarım kısa. Tek başınayım. Olduğum yerden sıkılmışım, yalnızım ve mutlu değilim. Gideceğim yeri merak ediyorum.

— Şimdi son nefesinizi verdiğinizi hissedin.

Birkaç dakika sessiz kaldı. Sonra bir derin nefes daha alıp, gürültüyle boşalttı nefesini.

— Tamam, öldüm.

— Az önce sonlanan hayatınız nasıl bir hayattı?

— Bencilmişim. Çevremdeki insanları itiyormuşum. Kimse kalmamış etrafımda. Yalnız kalmışım. Koca bir hayat boyu kimse için hiçbir şey yapmamışım.

— Ne hissediyorsunuz o yaşlı kadına karşı?

Fısıldayarak cevap verdi.

— Acıyamıyorum bile.

Sustum, az önce gördüklerini sindirebilmesi için biraz süre tanıdım ona.

— Peki, az önce gördüklerinizin şimdiki hayatınıza yansıması nedir?

Hiç düşünmeden cevap verdi.

— Sanki ben değilmişim gibi, çok ters bana. Ben başkaları için çok fazla şey yapıyorum. Kendimden çok, etrafımdakilerin başına bir şey gelirse diye endişeleniyorum. Onları üzmek istemiyorum. Yalnız kalmaktan korkuyorum. Sevgilimle çok anlaşamıyorum ama ondan da ayrılamıyorum. Erkekler hep o bakış açısında gibi, kimseye söyleyemiyorum. Her an kadınların üzerine atlayacaklar gibi... Bir kız arkadaşım "Erkekler ellerini cinsel organlarına sürüp sonra otobüse dokunuyorlar" demişti, bu nedenle bir yerleri tutmaya çekiniyorum.

Şaşırdım. İkinci seansın neredeyse sonuna gelmiştik. Bu zamana kadar bana bir erkek arkadaşı olduğundan bahsetmemişti bile.

— Kendinizi hazır hissettiğiniz anda gözlerini açabilirsiniz.

Önce birkaç kez kırpıştırıp, sonra yavaş yavaş açtı gözlerini. Beni görünce önce gözlerini kaçırdı, sonra mahcup bir şekilde gülümsedi.

— Biraz erkek arkadaşınızdan bahsedelim mi?

Önce başını öne eğdi, bakışlarını halıda gezdirdi biraz. Ardından omuzlarını silkip anlatmaya başladı.

— Adı Oğulcan. İki senedir çıkıyoruz.

— Yani on altı yaşınızdan beri, değil mi?

Bir kez daha omuzlarını silkti.

— Evet ama beni değiştirmeye çalışıyor.

— Sizde neyi değiştirmeye çalışıyor?

— Benim kendimi sakladığımı düşünüyor.

Az önce geçmiş hayatında tacize uğradığını anlatmış, ardından erkek arkadaşının kendisini sakladığından şikâyet ettiğini söylemişti. Bu noktada sorulacak tek bir soru vardı. Onu rahatsız etmemeye çalışarak, kelimelerimi dikkatle seçerek sordum.

— Bu hayatınızda herhangi bir taciz yaşadınız mı? Cinsel olarak istemediğiniz bir duruma maruz kaldınız mı?

Hiç duraksamadan cevap verdi.

— Hayır!

Sonra sustu. O ana dek ondan hiç duymadığım kararlı bir tonla, "Kendimi saklıyorum" dedi.

İkinci seansımızın da sonuna gelmiştik. Kapıdan çıkarken daha hafiflemiş gibiydi. Aradan geçen iki hafta boyunca hep o kararlı ses tonuyla aklımın bir köşesinde kaldı Eylül. Neden öyle kendine ait olmayan bir tonla, adeta meydan okur gibi bir ifadeyle kestirip atmıştı ki... Acaba gizlemeye çalıştığı bir şey mi vardı?

İstanbul beni yine aldatmış, tam kış geliyor derken pastırma yazı başlayıvermişti. Televizyon haberlerinde yazdan kalma gün, İstanbulluların yüzünü güldürdü, diye sunum yapılıyordu. Nasıl da havayla bağlantılıydı insanın ruh hali... Kafeler, çay bahçeleri hep güneşi görüp kendini dışarı atanlarla doluydu.

Ben de her fırsatta çocuklarla kendimi dışarı atmanın, kış için D vitamini depolamanın yollarını arıyordum. Böyle havalarda nedense çalışmak zor geliyor, odaklanmak her zamankine göre daha fazla çaba gerektiriyordu.

İki haftanın ardından, pastırma yazı İstanbul'dan aniden bastırıveren yağmurlarla uğurlanırken, Eylül ile üçüncü kez bir araya geldik. Çalışma odamın kapısından girerken sıcacık gülümsedi. "Bilmesem 18 yaşında olduğuna kesinlikle inanmam" diye geçirdim içimden. Yaşından çok daha küçük gösteren, heyecanlandığında, üzüldüğünde, sevindiğinde yanakları kızarıveren bir kızdı.

Kanepeye otururken titizliğin ne durumda olduğunu sordum.

— On üzerinden altı.

— Geçtiğimiz seans on üzerinden beş-altı gibi demiştiniz. Şimdi de altı, artmamış ancak azalmamış da. Demek ki geçen seanstan bu yana bir farklılık olmamış.

— İki hafta ara verdik ya... İlk hafta daha iyiydim. Son günler daha zor geçti. Bir de bu sabah annemle kavga ettim.

— Neler oldu bu iki hafta içinde?

Gözleri parladı birden.

— Benim için çok önemli bir adım attım. Babamla konuştum.

— Ne konuştunuz?

— Babam durumumu bilmiyordu.

Merakla sordum.

— Neyi bilmiyordu?

— Titizliğimi...

Şaşırmıştım. Haftanın yarısını babasıyla geçirdiği halde, babası durumu fark etmemişti.

— Öyle mi?

— Babama anlattım. Ondan sonra banyoyu kullanamadığımı söyledim. Temiz bırakmasını istedim.

— Nasıl tepki verdi?

— Şaşırdı. Niye şimdiye kadar ona söylemediğimi sordu. Şimdi lavaboyu, musluğu her defasında siliyor. Hiç ıslak bırakmıyor.

Eylül'ün dedikleri beni düşündürdü. Bazen kendi kendimize engeller koyabiliyoruz. Nasıl olsa umursamaz, nasıl olsa bir şey değişmez düşüncesiyle iletişime geçmeyip, çözüm yolunda adım atmıyoruz. Eylül de babasına anlatmaya cesaret edemediği, belki de babasının yardım etmeyeceğini düşündüğü için durumundan bahsetmemiş, babasının evinde geçirdiği günlerini kendisine zehir etmişti. Oysa babasıyla konuştuktan sonra beklemediği bir destek görmüştü ondan. Derdini söylemeyen derman bulamazmış, demiş atalarımız. İç dünyamızdaki meselelerin ne kadar büyük olduğunu hayal edersek edelim, dışarı çıkardığımız zaman o kadar büyük olmadığını fark ederiz.

— Biliyor musunuz, bu hafta "Neden böyle titizim?" diye çok düşündüm. Sonra buldum. Sanki biri beni bunları yapmaya zorluyor, sanki biri var içimde o beni mecbur bırakıyor. Yapmadığımda da beni huzursuz ediyor sanki.

— Peki, hadi yine bir çalışma yapalım sizinle. Arkanıza yaslanıp kendinizi rahat hissettiğiniz bir pozisyon alın, gözlerinizi kapatın. Bakın bakalım içinizde kim, sizi bunları yapmaya zorluyor?

Talimatımı bekliyormuş gibi hemen arkasına yaslanmış, gözlerini kapatmıştı bile.

— Üçten geriye doğru sayıyorum. Üç, iki, bir... Bulabildiniz mi o kişiyi?

Önce cevap vermedi, sonra huzursuz şekilde kıpırdandı yerinde.

— Yanımda biri var, kıvırcık saçlı biri. Erkek. Yirmili yaşlarda.

— Adı ne?

— Bilmiyorum.

— Bir adı olsa ne olurdu?

— Ali... Adı Ali olurdu. Sakallı biri, tombul elleri, tombul parmakları var. Bej bir pantolon var üzerinde, mavi gömlek giymiş. Rahat görünüyor.

— Yanınızda olması size nasıl hissettiriyor?

— Garip... Tanıdık biri ama tanımıyorum.

Regresyon ölümden sonraki yaşamla da ilgilenir. Bu konuda araştırma ve çalışma yapan terapistler beden öldüğü halde ruhların yaşamaya devam ettiğini savunuyor. Ruhların beden öldükten sonra interlife ya da bardo denilen iki yaşam arası bir süreçten geçtiğini, değerlendirme yaptığını, rehberleriyle konuştuğunu ve yeni yaşama hazırlandığını iddia ediyorlar. Ama bazen "outbound soul" denilen durumlar da yaşanabiliyor. Aniden ölenler, bu dünyadaki işini bitirememiş olanlar arasında dünyaya takılıp kalanlar olabiliyor.

Ben bu konuda net değilim. Kesin doğrudur ya da kesin yanlıştır gibi bir hükmüm yok. Ancak her yaş ve sosyo ekonomik gruptan danışanlarımla yaşadığım tecrübeler sonunda buna inanmanın bazı kişilere iyi geldiğini biliyorum. Kendileri dışında birinin onlara bir şey yaptırıyor olması onları sorumluluk almaktan koruyor. İçinde olduğu kişiyle vedalaşması ise onları şikâyetçi oldukları durumdan kurtarabilmek için etkili oluyor. Eylül de genel olarak regresyon hakkında konuşurken inandığını söylemişti, spiritüel konulara çok meraklıydı.

— Peki o halde şöyle bir çalışma yapalım. Ben Ali'ye sorular soracağım. Siz benim sorularımı ona ileteceksiniz. Olur mu?

Başıyla onayladı.

— Ali, Eylül'ün enerji alanında mı yaşıyorsunuz?

— Alayla güldü sizin sorunuza.

Bu kez direkt ve net bir şekilde sormaya karar verdim.

— Ali siz bedeni ölmüş bir ruh musunuz?

— Evet.

— Ne kadar zamandır Eylül'ün enerji alanındasınız?

— Beş aydır?

— Ne oldu beş ay önce?

— Eylül kötü ve zayıf hissediyordu.

— Hangi konuda?

— İnsanlardan iğreniyordu.

— Peki Ali, siz iğreniyor musunuz?

— Hayır, ben Eylül'e yardım etmek için onun yanına geldim.

— Nasıl yardım ediyorsunuz?

— Onun temizlenmesini sağlayarak...

— Eylül, size soruyorum şimdi. Beş ay önce ne oldu? Hadi gidelim beş ay öncesine... Üç, iki, bir...

— Babamın evindeyim. Mutfakta ellerimi yıkıyorum. Tuvalette yıkamaktan vazgeçtim. Babamın arkadaşı geldi. Eşi ve çocuğuyla beraber geldi. İçki içti. Tuvalete girdi, ondan sonra benim girmem gerekti, her yeri ıslak bırakmış. Lavabo ıslak, kenarları ıslak... Bir de... Bir de yemekte salatanın suyunu kâseden içti.

Yüzü tiksintiyle kasılmıştı yine.

— Adı ne bu adamın?

— Faruk...

— Ne hissediyorsunuz ona karşı?

— Kötü... Yanında olmak hiç hoşuma gitmiyor. Ondan nedense hoşlanmıyorum. Çocukluk arkadaşıymış babamın. Yıllar sonra yeniden görüşmeye başladılar. Yedi, sekiz aydır bayağı samimiler. Onun yanında çok kötü hissediyorum.

— Ne açıdan kötü?

— Kızgınım. Babama zarar verecekmiş gibi hissediyorum.

Babasına karşı bir koruma güdüsü geliştirmişti Eylül. Hastalığından dolayı onu üzmek istemediği için kendi sıkıntısını bile anlatmaktan kaçınıyor, bir de başka biri babasını üzecek diye endişeleniyordu.

— Peki bu sabahki olaya gidin hadi. Sizi kızdıran ne oldu?

Derin derin içini çekti.

— Benim annem dırdırcıdır. Ben genelde bir şey söylemem. O bağırır, konuşur. Bugün de öyle oldu.

— Ne dedi?

— "Hiçbir şey yapmıyorsun. Nasıl hazırlanacağını bilmiyorsun. Emir ile Demir bile kendi başına hazırlanıyor, sen hazırlanamıyorsun" diye söylendi durdu. Bir sürü kırıcı söz işte.

Bir anda ağlamaya başladı. Uzandığı yerde dakikalarca sarsıla sarsıla ağladı.

— Siz ne dediniz?

— Ne diyeyim, hiçbir şey diyemedim.

— Neden?

— Çünkü o da kalbinden rahatsız. Bir de bunu hep başıma kakar. Genç kızlığından beri kalbi sıkıntılıymış. Doktorlar yapma demiş, ama o beni her riski alarak doğurmuş. Çok zor bir hamilelik geçirmiş. O yüzden her kavgada ben hep susarım. O bağırır, çağırır, ben susarım.

Bir yanda beyin tümörü olan babası, bir yanda kalbinden rahatsız olan annesi...

Eylül için hayat gerçekten zordu. Sağlıklarına bir şey olur endişesiyle ikisini de üzmemek için seçtiği yol susmak, içine atmaktı.

— Peki siz anneniz bağırıp, çağırırken ne hissettiniz?

İsyanla cevap verdi.

— Çok ağladım. Öfke, huzursuzluk, sinir hepsi var içimde. Ama söylemedim anneme, sadece ağladım.

— Hadi bunu ilk kez hissettiğiniz ana gidin. Ne zamandı?

Hıçkırıkları yavaşlamış, nefes alışverişleri düzene girmişti.

— On bir, on iki yaşındayım. Annemle oturduğumuz evlerden birindeyim. Annemle babam ayrılmış, ayrılalı üç dört sene olmuş. Babam işsiz. Annem çalışıyor. Babam nedense pek çalışmadı. Annem başkasıyla evli. Ama babam hasta olduğu için babama da bakıyor. Babamla evli değil ama ona bakıyor. Annem ödevimi yanlış yaptığım için bana bağırıyor. Çok bağırıyor. Bana babam gibi olduğumu söylüyor.

— Siz ne hissediyorsunuz?

— Aslında ödevimde çok da fazla eksik yok. Fark etmemişim işte. Annemin anlayışsız olduğunu düşünüyorum. Hiçbir zaman hiçbir şeyden memnun olmuyor. O yüzden çok öfkeli hissediyorum.

— İçinizdeki öfkeyi bana tarif eder misiniz?

— Sanki bütün böcekler beni takip ediyormuş gibi... Babam varken gidiyorlar sadece. Babam yokken hep varlar.

Yüz hatları gevşemiş, yaşından zaten genç gösteren yüzü iyice çocuksulaşmıştı.

— Anneniz varken de var mı böcekler?

— En çok onun yanında geliyorlar. Çünkü annem beni sinir ediyor. Her şeye karışıyor, ben bir şey yapınca hep yardım etmeye kalkıyor. Ben yardımcı olmasını istemiyorum ki. Bir de sürekli "Onu yapma, bunu yapma" diye başımda. O "Yapma" dedikçe ben daha çok yanlış yapıyorum. Yasaklar koymasını istemiyorum ama o hep koyuyor. Bana her sinirlendiğinde "Babana söyleyeceğim, git onda kal" diyor. Beni sıkıyor, boğulmuş hissediyorum. Evsiz, yersiz...

Yine ağlamaya başladı. Hiç soru sormadım. Ağlaması, içindeki yükü boşaltması için zaman tanıdım ona. Anlattıkları gerçekten ağırdı. Hele ki bunları yaşarken on bir yaşında olduğunu düşününce...

Hıçkırıkları dinince konuşmaya başladım.

— Kendinizi hazır hissettiğinizde yavaş yavaş gözlerinizi açabilirsiniz.

Dediklerimi duyduğunu başını sallamasından anladım ama hemen ayrılmadı çocukluğundan. Birkaç dakika sonra ağır ağır açtı gözlerini. Sanki dönmek istemiyor gibiydi.

— Nasıl hissediyorsunuz?

— Ağır hissediyorum. Hissettiklerimi tam tarif eden kelime bu. Ağır!

— Size bir ödev vereceğim. Olur mu?

Yüzünü buruşturarak cevap verdi.

— Ne ödevi?

— Annenize bütün duygularınızı anlatan bir mektup yazmanızı istiyorum. Mektubu ona vermek, okutmak zorunda değilsiniz. İçinizdekileri mümkün olan en detaylı şekilde, sansür yapmadan yazarsanız sevinirim.

— Peki.

— Oğulcan ile nasılsınız?

Omuzlarını silkerek cevap verdi. Nedense onunla ilgili her konuşmada sık sık omuz silkiyordu.

— On üzerinden beş. Pazar günü bir aradaydık. İyi davrandı bana. Bir daha kötü davranırsa ayrılacağım ondan.

— Nasıl kötü davranıyor size?

— Surat asıyor, trip atıyor filan.

— Neden yapıyor bunları?

Yine omuzlarını silkti.

— Benimle daha çok görüşmek istiyor. Ama annem dışarı çıkmama çok izin vermiyor. O da bana surat asıyor. Sanki benim suçummuş gibi.

Anne ile babasının arasında kaldığı yetmezmiş gibi bir de anne ile erkek arkadaşının arasında kalıyordu demek ki. Tüm bunlar yetişkin yaşta biri için bile sıkıntı yaratabilecekken, Eylül gibi yetişkinliğe yeni adım atmış bir genç için elbette ağır şeylerdi bunlar, altından kalkamıyordu.

Daha sonra onunla bir çalışma daha yaptım. Etrafındaki insanlar ve yakınları hakkında üç olumlu, üç olumsuz sıfat söylemesini istedim. Çok ilginç, olumsuz özelliklerde en çok bencil çıktı. Olumlularda ise eğlenceli. Bir de ona çok beğendiği, hayran olduğu bir karakteri sordum. Ayşe Kulin'in *Adı Aylin* kitabında hayatı anlatılan Aylin Radomisli Cates'i söyledi. En nefret ettiği figürü sorunca da hiç düşünmeden Ali Taran cevabını verdi. "Neden?" diye sorduğumda da cevabı netti; "Bencil!"

Eylül ile seanslarımız Ali Taran'ın magazin manşetlerinden düşmediği zamanlardaydı. Taran'ın kanser hastası eşinden boşanıp genç eşi ile yaptığı düğün tüm televizyon kanallarında yayınlanmış, o dönem pek çok kişinin tepkisini çekmişti. "Bilinçdışından gelen "titizliği" temsil edenin de adının Ali olduğunu not ettim.

— Arkadaşlarınızın size bencil dediği oluyor mu hiç?

— Neden?

— Hem çevrenizdekilerin hem de nefret ettiğiniz toplum figürünün ortak özelliği bencil olmaları. Bu bencil aslında sizin içinizdeki bencil olabilir mi?

Durakladı, ifadesi donuklaştı. Onu öyle görünce kırmamaya özen göstererek anlatmaya devam ettim.

— İnsanlarda en çok eleştirdiğimiz yön aslında bizde olmasından en çok endişe ettiğimiz özelliktir. Siz başkalarındaki olumsuz yanları anlatırken hep bencilliği ön plana çıkarınca ben de "Acaba sizin de bencil olduğunuzu düşünenler var mı?" diye düşünmeden edemedim.

Bakışlarını kaçırarak cevap verdi.

— Bazen kendi kabuğuma çekiliyorum, o zaman arkadaşlarımın bencil dediği oluyor bana. Ama birine zarar vereceğimi bilerek ve isteyerek bir bencillik yapmam.

— Bir ödev daha vereceğim size.

Cevap kocaman bir gülümsemeyle geldi bu kez.

— E bir de vize yapın madem.

— Yok, yok. Çok keyifli bir ödev bu. Etrafın sizin hakkınızdaki yorumlarını öğreneceğiz bu sefer. Yakınlarınıza, arkadaşlarınıza "Ben kişisel gelişimim için bir çalışma yapıyorum, benim hakkımda üç olumlu, üç olumsuz özellik söyler misiniz?" diyeceksiniz.

— E kimse söylemez ki. Herkes darılırım diye susar.

— Karşınızdakine bunun güvenini verirseniz öyle olmaz. Deyin ki, "Darılmaca, gücenmece yok. Lütfen samimi olarak ilk aklınıza gelenleri benimle paylaşın." Karşılığında ne söylerse söylesinler teşekkür edip kapatın. Neden öyle düşündüğünü sormayın. Yalnız unutmayın, birisi sizin hakkınızda bir özellik söylerken bu aslında kendisini de yansıtacak.

Deyim yerindeyse koşa koşa çıktı odadan. Sokağa çıkar çıkmaz hemen herkesi aramaya başlayacağına emindim. Her açıdan çalışkan, sorumluluk sahibi bir gençti. Onun ardından notlarımı toparlarken anne, baba olmanın ne zor olduğunu düşündüm. Söylediğimiz her söz, attığımız her bakış çocukların hafızasında yer ediyordu. Bazen sinirle ağzımızdan çıkıveren, aslında söylediğimiz anda bile pişman olduğumuz sözler, onarılmaz yaralara yol açabiliyordu. Ama anne ya da baba olunca kendi insan yanını da kaybetmiyordun ki... Her anne, baba da çocuğunu layıkıyla yetiştirmeye çalışırken, ebeveynlik dışındaki yolculuğunda kimbilir ne engeller, ne pürüzlerle karşılaşıyordu. Hem kendi yolculuğuna devam etmek, hem evladının kendi yolculuğuna eşlik etmek her zaman kolay olmuyordu elbet, anne babalar istemese de yanlışlar yapıp, evlatlarını kırabiliyorlardı.

Kendi yanlışlarımı düşündüm. Ben ki mesleğim nedeniyle birçok anne, babadan avantajlıydım, kimbilir ben istemeden nasıl hatalar yapmışımdır diye geçirdim içimden. Ebeveyn olmanın tek bir doğrusu da yok ki. Her çocuğa, her hayata, her ana göre değişebiliyordu bazı doğrular. Bir çocuğun hiç de rahatsız olmadığı bir davranıştan başka bir çocuk kötü etkilenebiliyordu. Bir de hiç bitmiyordu ki anne babalığın mesaisi. Aradan yıllar geçse, anne ölse bile çocuk yaşadığı sürece kendisine yapıldığını düşündüğü bir yanlışın acısını içinde taşıyabiliyordu. Nitekim zor şeydi anne, baba olmak, bir bebeğin hamurunu yoğurup ondan insan yapmak!

İki hafta boyunca merakla bekledim Eylül'ün seansını. Bakalım çevresindekiler neler diyecekti Eylül hakkında? Bakalım o bunlarla nasıl yüzleşecekti? Seans saatimiz gelip, içeri girdiğinde hemen sordum. Gülümseyerek cevap verdi.

— Vallahi çok değişik, ilginç şeyler söyleyenler oldu. Çok hoşuma gitti bu ödev hocam.

— Neler dediler?

— Annem olumlu ve olumsuz özelliklerimi şöyle sıraladı: dağınık, tembel, inatçı, duygusal, sadık, cömert. Bir arkadaşım, "Bazen soğuksun" dedi. Erkek arkadaşım, "Boyun kısa" dedi. "Fazla iyisin" diyen oldu. "Hırslı değilsin" diyen oldu. "Sevdiğin insanlara karşı aşırı korumacısın" dedi bir arkadaşım. Teyzem "Bazen fazla sessizsin" dedi. Kuzenim ise "Anne-babanı manipüle ediyorsun" dedi. En komiğini de anneannem söyledi.

— Ne dedi?

— "Saçlarına fazla özeniyorsun" dedi.

— Nasıl geldi bu ödev size?

Derin bir nefes aldı, yüzünden kelimeleri ölçüp tarttığı anlaşılıyordu. Sonra nefesini gürültüyle geri verip konuşmaya başladı.

— Söylenenler hem çok şaşırttı hem de iyi geldi. Beni eleştirenlerin olumlu ya da olumsuz özelliklerimin onlarda da olduğunu fark ettim. Bende hep birilerine bencil diyorum ya, kendimde de bir bencillik olduğunu gördüm. Bunu uzun uzun düşündüm ve kabullendim. Ama bunu kabullenmek benim için zor oldu.

— Takıntılar nasıl?

Yine derin bir nefes aldı.

— Yaa yeni bir şey daha çıktı.

— Temizlikle mi ilgili?

— Yok, annem ve babamla ilgili. Ya onlara bir şey olursa. Onları ölü bulmaktan çok korkuyorum.

— Ne zamandır var bu korku?

— Eskiden de vardı ama son zamanlarda arttı. Özellikle yatağa girdiğimde, uykuya dalmadan önce, hep bunu düşünüyorum.

— Titizlik nasıl?

— İyi gidiyordu ama bir gece babamda kaldım, lavaboyu ıslak unutmuştu, çok kötü oldum.

Sustu birden. Yüz ifadesi değişmiş, tiksintiyle kasılmıştı yine. Sonra tiksintiden acıya döndü ve birden ağlamaya başladı. Uzun uzun içini çeke çeke ağladı.

— Eskiden bu kadar titiz değildim. Yani temiz, titizdim ama bu kadar takıntılı değildim. Bunlar hep... Bunlar hep...

Hiç araya girmedim, soru da sormadım, çünkü anlatacağı olayın aslında ilk seansta bu odaya girer girmez anlatmak istediği ama bir türlü anlatamayıp etrafında dolandığı şey olduğunun farkındaydım. İlk andan büyük bir şeyi gizlediğini fark etsem de onun bunu kendiliğinden anlatmak istemesini beklemiş, onu yönlendirmemiş, zorlamamıştım.

Sonra yavaş yavaş hıçkırıkları azaldı, derin iç çekişlere dönüştü. Kendiliğinden anlatmaya başladı.

— İki yıl önceydi. Oğulcan ile yeni yeni çıkmaya başlamıştık. Seviyordum onu, ilgiliydi bana karşı. Kendimi yanında iyi hissediyordum. Hatta bazen onun yanında Mervelere gittiğimdeki gibi huzurlu hissediyordum. Her şey yolundaydı. Bir gün beraber olduk. Yani planlı filan bir şey değildi, oluverdi. Pek bir şey de anlamadım. Oluverdi işte...

Tekrar hıçkırmaya başladı. Yanakları boynuna kadar gözyaşlarıyla ıslanmış, yüzü pespembe olmuştu.

— Sonra fark ettim ki hamile kalmışım. Eski Türk filmlerinde olur ya, dalga geçerdim hep, oluyormuş demek ki. Tek bir kez beraber olduk ve hamile kaldım.

İsyanla yükselmişti sesi.

— On altı yaşındaydım daha... On altı...Anneme anlattım. Başka kime anlatabilirdim ki bu durumu? Çok korkmuştum, çok çaresiz hissediyordum. Korkunçtu.

— Oğulcan'a söylediniz mi?

— Yok söyleyemedim. Bir tek anneme söyledim. O da beni aldı, tanıdık bir yerde kürtaja götürdü. Öyle kötüydü ki... Tabii ki kurtulmak istiyordum, tabii ki doğurmaya, anne olmaya hazır değildim. Nasıl olabilirim ki? Ama aldırmak da çok ağır geldi. Çok ağır, çok kötü... Sonra söyledim Oğulcan'a. Kürtajdan sonra...

— O kaç yaşındaydı?

— Benden iki yaş büyük Oğulcan. Yani o zaman on sekiz yaşındaydı.

— Nasıl karşıladı?

Omuzlarını silkti.

— Bilmem. Pek tepki vermedi, kızmadı. Sahip çıkmadı sanki bana. Gerçi ne yapmalıydı, ne yapsa bana iyi gelirdi bilmiyorum. Ama sanki daha şefkatli olabilirdi, empati yapabilirdi.

— Şimdi bu konuyla ilgili nasıl hissediyorsunuz?

— Çok büyük aptallık yapmışım, çok büyük cahillik. Ama hep bana bir şey olmaz duygusu vardır ya insanda. Bana araba çarpmaz, benim saçım dökülmez, ben hamile kalmam. Öyle değilmiş işte. Herkesin başına her şey gelebiliyormuş. Bir kere beraber olup hamile kalabilmek diye bir gerçek varmış yani. Bu ben de büyük hasarlara neden oldu!

— Ne gibi?

— E işte, titizlik takıntısı böyle başladı. O yüzden hiçbir yere dokunamıyorum, kimseye dokunamıyorum, sanki her an hamile kalacakmışım gibi hissediyorum. Böcekler üzerimde yürüyormuş gibi hissediyorum.

Bu kez derin bir nefes alma sırası bendeydi. Yaşadıkları gerçekten çok ağırdı Eylül'ün. Benim bile onu dinlerken başıma ağrı girmiş, çok etkilenmiştim anlattıklarından.

— Hadi gelin bir çalışma daha yapalım sizinle. Arkanıza yaslanın. Kapayın gözlerinizi. Böceklere odaklanın. Üç, iki, bir... Nerede böcekler şimdi?

— Üstümdeler. Böcekler üstümdeler.

— Siz neredesiniz?

— Bir sürü plastik zemini olan yatakların üstündeyim. Çok rahatsız. Böcekler her adım attığında ürperiyorum. Beyaz bir odadayım. Metal eşyalar var. Üzerimde beyaz bir kıyafet var, gitmek istiyorum.

Anlattığı yer bir jinekoloğun işlem odası gibiydi, plastik zemin, metal eşyalar, beyaz duvarlar, beyaz önlük...

— Orada olmak istemiyorum, gitmek istiyorum. Yirmi-yirmi beş yaşlarındayım. Gitmek istiyorum ama gidemiyorum. Sonra uyuyakalıyorum. Böcekler etrafa saçılıyor. Sonra biri beni o odadan çıkarıyor. Yeşil çimenlerin olduğu bir yere gidiyoruz. Kendimi mutlu ve iyi hissediyorum.

— Peki, öncesine gidin bu olayın. Üç, iki, bir...

— Sarı gözlüklü biri var, kafasını sol omzuma koymuş, arabadayız. Eski bir eve varıyoruz. Evin yanmış gibi bir rengi var. Beni o evin içine sokuyorlar. Bir sürü adam bana bakıyor. Garip garip bakıyorlar. Beni bir odaya kilitliyorlar. Odada baygın bir kadın var, kadına tecavüz edilmiş, etraf kan içinde. Sonra biri gelip kadını götürüyor, beni de götürecekler diye korkuyorum ama beni almıyorlar. Orada yalnız uyuyakalıyorum. Uyandığımda başka bir yerdeyim. Bir kadın ve saman var. Bana bir şey yaptılar mı diye korkuyorum. Kontrol ediyorum kendimi. Kadın çok korkunç bir tip. Ya bana bir şey yaptılarsa?

Tekrar ağlamaya başladı. Hiç soru sormadım, istedim ki yükünü boşaltsın. Uzun uzun ağladı. Acıdan kasılmış yüzü yavaş yavaş gevşedi. O zaman hafifçe seslendim.

— Kendinizi hazır hissettiğinizde gözlerinizi açabilirsiniz.

Sanki talimatımı bekliyormuş gibi birden açıverdi gözlerini. Yerinden kalktı, üstünü başını yokladı. Belli ki az önce yaşadığı ya tecavüze uğradıysam korkusu devam ediyordu hâlâ. Kıyafetlerinin üzerinde, kendisinin güvende olduğunu anladıktan sonra kanepeye oturdu. Bakışlarını benden kaçırıp konuşmaya başladı.

— Elimde değil. Hep bana zarar verecekler korkusu var içimde. Birinin bana dokunmasını da bu yüzden istemiyorum. Tekrar hamile kalacağım diye korkuyorum.

— Özellikle bir kişinin dokunması mı?

— Hayır, kimse dokunmasın bana. Suçluluk hissediyorum. Çok suçlu hissediyorum. Annemi üzdüm diye çok kötü hissediyorum. Çok pişmanım, çok...

Elleri sımsıkı yumruk olmuştu, gözlerinden yaşlar sicim gibi akıyor, oturduğu yerde bir öne bir arkaya sallanıyordu.

— En çok da sıkışmışlık hissediyorum. Sanki hiçbir şey yapamıyorum. Bir şey sanki hep beni takip ediyor. Beni sıkıyor, çok sıkıştım, çok sıkıştım...

Yine ağladı... Sonra, yaklaşık on dakika kadar sonra birden sustu ve gitmek istediğini söyledi. "Biraz yürümek, temiz hava almak iyi gelecek bana" dedi.

Onun arkasından uzun uzun düşündüm. Yaşadıkları gerçekten çok ağırdı, on sekiz yıla ne çok yalnızlık, korku sığdırmıştı. Bu titizlik takıntısı onun yardım çığlığıydı aslında. "Beni görün, beni duyun, beni fark edin!" diye bağırıyordu yakınlarına.

Bu kez bir ay sonraydı seansımız. Odanın kapısından içeri girdiğinde öncekine oranla daha hafif, daha rahat görünüyordu. Ben sormadan anlatmaya başladı.

— Takıntılarım son haftalarda bayağı azaldı. Hamile kalırım korkum iyice azaldı. Giderek daha fazla rahatlıyorum. Bazen de çok kötü oluyorum. Ama buraya gelmeden önceki hallerime göre gözle görünür şekilde rahatladım.

— Gözle görünür dediniz. Arkadaşlarınızdan bu yönde geri bildirim mi alıyorsunuz?

Gülümseyerek cevap verdi.

— Evet, hatta bana daha enerjik olduğumu söylüyorlar. Onlarla daha rahat görüşebiliyorum.

— Erkek arkadaşınızla?

Omuzlarını dikleştirdi, gözlerini gözlerime sabitleyip, kararlı bir sesle cevap verdi.

— Ondan ayrıldım. Kötü olurum, çok üzülürüm sanıyordum. Öyle olmadı. Hatta arkadaşlarım da bana, "Sanki iki hafta önce sevgilinden ayrılmış gibi değilsin" diyorlar.

— Peki, neden böyle hissettiniz?

Derin bir nefes aldı, gözleri bulutlandı.

— Ben aslında kalben ondan çok önce ayrılmışım. Ta kürtajı anlattığım zaman ayrılmışım ondan. Yani fiziken yanımdaymış ama kalben değilmiş, yeni fark ettim.

— Neden o zaman ayrılmış hissediyorsunuz?

— Değer görmediğimi düşünüyorum. Aslına bakarsanız sadece Oğulcan'dan değil kimseden hak ettiğim değeri görmediğimi düşünüyorum.

— Değersizliği nasıl hissediyorsunuz?

— Ezilmiş, mutsuz hissettiriyor. Kalbimde hissediyorum, acıyor kalbim. Zaman zaman başım dönüyor, midem de bulanıyor.

Değer görmediğini düşünmesi çok önemli bir saptamaydı. Ona bunu düşündürten nedenleri bulmadan bununla baş etmesi mümkün olamazdı.

— O halde gelin beraber değer görmediğiniz bir ana gidelim. Hadi yaslanın arkaya, gözlerinizi kapatın. Size değer görmediğinizi en derinden düşündüren o ana gidin.

Yaslandı, gözlerini kapatır kapatmaz iki damla yaş dökülüverdi gözlerinden.

— Annem ve ikizlerle beraber bir alışveriş merkezindeyiz. Ben orada Oğulcan ile buluşacaktım. Ama annem hep kötü konuşuyor benimle. Hem de ikizlerin önünde...

— Ne diyor?

— "Yoksa başka biri mi var?" diye soruyor. "Aptal gibisin" diyor.

— O halde gelin aptal olduğunuzu hissettiğiniz bir ana gidelim.

Ellerini yumruk yaptı, ince dudakları yine acıyla aşağı doğru bükülmüştü.

— O olayın ardından...

Sesini iyice alçaltarak devam etti sözlerine...

— Kürtajdan sonra, kuzenlerimle tatildeyim. Oğulcan da geldi beni ziyarete. Ben çağırmadım, o geldi. Bir anda yine beraber oluverdik. Ben aslında hiç istemedim ama oldu işte. Annem fark etti. Bana bağırdı. Çok bağırdı... "Sen nasıl bir kız oldun?" diye bağırdı. "Orospu mu olacaksın başımıza?" dedi.

— Siz ne hissettiniz bu sözlerden sonra?

— Anneme kızdım. Ama annemden çok kendime kızdım. Pişmanlık hissettim, ağır bir pişmanlık. O zaman ayrılmam gerekiyordu Oğulcan'dan. Ama yapamadım.

İçimden gelen koltuğumdan kalkıp Eylül'e sımsıkı sarılmaktı. Oradan oraya sürüklenen çocukluğu, yalnızlığı, kendini bir yere ait hissedememesi, ilk cinsel tecrübesinde başına gelenler, kendini değersiz hissetmesi... Tüm bunlar bir yetişkine bile çok ağır gelecekken o bunları çocuk yaşında göğüslemişti. İçimdeki anne yanım ona sımsıkı sarılmak, saçlarını okşamak istiyordu. Ama bu yanlış olurdu. Çünkü üstüme düşen ona kendine sarılmayı, kendine yetmeyi, aradığı sevgi ve şefkatin kendi içinde olduğunu göstermekti.

— Hadi o halde. Geçmişe gidelim sizinle.

"Geçmiş" der demez yüzünde bir gevşeme hissettim. Yumruk yaptığı ellerini açtı, gözlerinden akan yaşları sildi.

Danışanlarıma geçmiş yaşamın varlığı konusunda yönlendirme yapmamaya dikkat ediyorum. Kimi danışan önceki hayatlara inanıyor, kimi inanmıyor. Ben özellikle "geçmişe gidelim" diyorum. "Geçmiş hayat" vurgusu yapmamaya dikkat ediyorum. Hepsine aynı şekilde talimat vermeme rağmen kimi aynı hayatta geçmiş günlere giderken kimi öteki hayatına gidiyor.

Eylül de geçmiş hayatlara inanan danışanlarımdandı. Hatta geçmiş yaşamlarını araştırmak konusunda ilgisi, hevesi vardı.

— Üç, iki, bir... Yükseldiğinizi hissedin. Nerede görüyorsunuz kendinizi? Nereye gittiniz?

— Deniz kenarındayım. Tek başıma oturuyorum. Otuz-otuz beş yaşlarındayım. Uzun bir mont var üzerimde, ayağımda uzun çizmeler... Ağlıyorum. Moralim bozuk...

— Neden ağlıyorsunuz?

— Bir şeyler olmuş. Yalnız kalmış gibiyim. Kimse yok etrafımda. Etrafımdaki insanları kaybetmişim.

Birden sessizleşti. Gözleri hâlâ kapalıydı ama içinde bir hesaplaşma yaptığı belliydi ifadesinden.

— Hava kararıyor. Oturduğum yerden kalkıyorum. Yürümeye başlıyorum. Yolun sonunda bir ev var. Evin ışıkları açık. Pencere camından evin içine bakıyorum. Herkes mutlu, aralarında konuşuyorlar, gülüşüyorlar. Ben de içeri giriyorum. Ben içeri girince herkes susuyor, kötü kötü bakıyorlar bana. Bir odaya girip yine tek başıma o odada oturuyorum.

Sustu. Derin derin nefes aldı üst üste. Sonra boğazına bir gıcık gelmiş de o gıcığı atmak istiyormuş gibi öksürdü birkaç kez.

— Peki o olaydan bir önceki olaya gidin lütfen.

— Aynı evdeyim. Beyaz saçlı, beyaz bıyıklı bir adam var yanımda. Babammış. Bana bağırıyor.

— Neden bağırıyor size?

— Yalan söylemişim ona. Öyle diyor. İki kadın daha var. Uzaktan bana kötü kötü bakıyorlar.

— Kim onlar?

— Üvey annem ve kız kardeşimmiş. Ama içlerine almıyorlar beni. Onlar bir arada, ben tekim. Babam bağırıp duruyor, ben cevap vermeyip çıkıyorum.

— Bir önceki olaya gidelim şimdi de. Üç, iki, bir...

— Evin içinde uzun bir masadayım. Üvey annemle tartışıyorum. Ama ben haklıyım. Bana kızıyor sürekli kızıyor.

— Neden kızıyor size?

— Öz annemi arayıp bulduğum için. Gizlice öz annemi bulmuşum.

— Siz nasıl hissediyorsunuz?

— Gizli bir şey yapmanın huzursuzluğu var üzerimde ama haklıyım.

Yine öksürmeye başladı. Ama bu kez öyle böyle değildi öksürükleri. Ciğerleri ağzından çıkacak gibiydi. O kadar ki endişelenip onu kaldırmayı bile düşündüm. Neyse ki yavaş yavaş hafifledi. Hafifleyince bu kez ondan daha da geriye gitmesini istedim.

— Dışarıdayız. Yemek yiyoruz. Kendimi çok yalnız hissediyorum. Oysa yanımda üç kadın var. Üçü de birbirine çok benziyor, ama ben farklıyım onlardan. Aralarında konuşuyorlar, kimse bana bakmıyor.

Her defasında tema hep yalnızlık, tek başınalıktı.

— Peki, şimdi lütfen o hayatta ölmeden önceki son anlarınıza gidin.

Huzursuzluk içinde dudaklarını dişledi birkaç kez. Sonra fısıldar gibi bir sesle ağır ağır konuşmaya başladı.

— Kırk yaşına gelmişim. Denize atlayıp yüzmeyi planlıyorum. Sanki denize atlarsam rahata erecekmiş, huzur bulacakmış gibi hissediyorum. Akşamüstü gibi bir saat. Atlamaktan vazgeçiyorum. Ağır ağır, tadını çıkara çıkara denize giriyorum. Su ılık... "Bütün gün ısınmış tabii" diye içimden geçiriyorum. İyi geliyor suyun ılıklığı bana. Yüzüyorum, yüzüyorum. Ben yüzdükçe yalnızlık hissim gidiyor. Sonra kendimi bırakıyorum, yüzmekten vazgeçiyorum, akıntıya kapılıyorum. Su yutmaya başlıyorum, biraz korkuyorum ama rahatlıyorum da bir yandan.

Önceki hayatında intihardan bahsetmesi bu hayatında da intiharı düşünmüş olduğuna işaret edebilirdi. İleride gerekirse konuşalım diye not aldım. Daha önce bu konuyla ilgili tek kelime etmemişti, durup dururken aklına düşürmeye de gerek yoktu şimdilik. Ancak kırmızı kalemle not aldım.

— Şimdi yükselin, yükselin. Yukarıdan kendinize bakın. Son nefesinizi verdiğinizi görün lütfen.

Bir süre sustu. Gözleri hâlâ kapalıydı ama yüzü şekilden şekle giriyordu. Acı, korku, umut, huzur...

— Tamam. Verdim son nefesimi.

— Ne görüyorsunuz şimdi?

— Denizin üstünde bir kadın var, kıvırcık saçlı, uzun boylu... Üzerinde çiçekli bir elbise var, suyun üzerinde duruyor, akıntıyla sürükleniyor.

— Peki o kadına karşı, az önce kendini öldüren o kadına karşı ne hissediyorsunuz?

Hiç düşünmeden cevap verdi.

— Acıyorum, yalnızlığına acıyorum.

— O hayatın ana fikri neydi sizce?

— Susmuş ve kabullenmiş, bu da çok kötü olmuş, yük olmuş ona...

— O kadına karşı başka neler hissediyor olabilirsiniz?

— Öfke! Çok kızıyorum ona!

Son nefesini verdikten sonra bile öfke bitmediyse hesaplaşma da bitmedi demektir. O nedenle o hayata tekrar geri götürdüm onu. Böylelikle o hayatla ilgili her yükten kurtulmasıydı amacım.

— O halde hadi gelin, o hayatta öz annenizle ilk kez karşılaştığınız ana gidelim.

— Yirmi yaşındayım. Bir eve giriyorum. Annemin eviymiş orası. Kapıyı bir kadın açıyor, sevecen birine benziyor, yaşı babamdan büyük. Mutlu görünüyor, kızını unutmuş, kızının yokluğu pek de umurunda değilmiş gibi... Yalnız yaşıyor. Etrafta çerçeve var mı diye bakıyorum, belki benim resmim vardır diye, yok! Sadece kendini düşünen bir kadın gibi... Kendimi değersiz hissediyorum. Bir söz bekliyorum, üzgün olduğunu belli eden bir hareket! Ama yok! Annem olduğunu söylemiyorum ona. O fark etsin istiyorum ama o da anlamıyor.

Sesi titremeye başlamıştı. Ellerini iki yanında yine yumruk yapmıştı, sıkıp sıkıp bırakıyordu.

— Peki annenizin sizi bıraktığı güne gidin şimdi? Kaç yaşındasınız?

— Dört yaşındayım. Babam evde yok. Annem hazırlanıyor, ben onun peşinde dolaşıyorum, o bana bakmıyor ama. Çantasını alıyor, tam çıkarken geri dönüp beni öpüyor ve gidiyor.

— Siz ne hissediyorsunuz?

— Korkuyorum, çok korkuyorum, çünkü yalnızım.

— Babanız ne zaman geliyor?

— Gece geliyor. O da benimle ilgilenmiyor. Annem gittiği için rahatlamış görünüyor, sanki kurtulmuş gibi. Ama "Bunu başıma bıraktın" diye söyleniyor. Kendimi fazlalıkmış gibi hissediyorum.

Şairin dediğini bir kez daha hatırladım. Gerçekten gökyüzü gibi bir şeydi çocukluk, hiçbir yere gitmiyordu, çocuklukta yaşanan her şey illaki bir iz bırakıyordu.

— Peki o hayatta yarım kalan ne var sizce?

— Söyleyemediklerim içimde kaldı.

— O hayatın şimdiki hayata yansıması nasıl?

— Suskun biriyim. Fazla konuşup içimi dökmüyorum.

Çok doğruydu tespiti. Annesinin tüm o söylenmelerine rağmen susuyor, babasının evinde lavabo ıslak diye çok huzursuz olmasına rağmen aylarca babasıyla bu konu hakkında konuşmamayı tercih ediyordu.

Bu noktada yeniden çerçevelendirme tekniğine başvurmayı uygun buldum. Yeniden çerçevelendirme öyküsel terapide çok sık kullanılan bir yöntem. Micheal White ve Deavid Epston tarafından geliştirilen öyküsel terapide, temelde kişiyi problemden ayırarak kişinin bir problem olmadığı, problemin kendisinin bir problem olduğu vurgulanır.

Basitçe anlatmak gerekirse, anıyı, bilince gelen hikâyeyi yeniden yazıyoruz. Daha güçlendirici, yüreklendirici, çözümleyici bir şekilde. Danışan hayalinde sorumluluk alıp olayların akışını değiştirdiğinde ve bu değişimin duygusunu da yaşadığında, gerçek hayatında da değişim yapma cesaretine kavuşabiliyor. İçindeki kısır döngünün dışına çıkabiliyor.

— Şimdi sizden yeniden annenizle yüz yüze geldiğiniz ana gitmenizi istiyorum. Ne söylemek istersiniz annenize? Hadi yüzleşin annenizle…

Hiç duraksamadan konuşmaya başladı. Belli ki bunun provasını defalarca yapmıştı kendi kendine.

— Kapıyı çaldım, annem kapıyı açar açmaz "Siz benim annemsiniz" dedim.

— O ne cevap verdi?

— Hiç cevap vermedi.

— Nasıl hissediyorsunuz peki?

— Gözlerim doldu ama ağlamıyorum. Bir garip hissediyorum, hem rahatladım hem de şaşırdım. Sonra "Emin misin?" diye sordu annem. Sanki inkâr etmek ister gibi, sanki ben orada yokmuşum gibi.

Regresyon çalışmasında amaç, kişinin şimdiki hayatında yaşadığı sorunların geçmişteki kaynağına gitmek, bu şekilde bilinçaltının olumsuz duyguyu hatırlamasını sağlamak, böylelikle yüzleşme ve farkındalık kazanarak arınmaktır.

Daha önce de belirttiğim gibi, regresyon geçmiş hayatlarda olabildiği gibi şimdiki hayatlarda da olabilir. Anne karnından itibaren yaşadığımız her şey, bizim şimdiki yaşamımızı etkileyen duygulara neden oluyor. Çocuk henüz anne karnındayken bile, annenin duygularını aynı kendi duygularıymış gibi hissedip etkileniyor. Aynı zamanda bebek, annenin yaşadığı tüm problemleri algılıyor ve bunlar travma olarak bilinçaltına kaydoluyor.

Bebeklik ve çocukluk döneminde ise aile içinde veya arkadaş çevresinde yaşanılan birçok şey, yetişkinlik hayatının temellerini atıyor. Çocukken yaşanılan ebeveyn boşanması, taciz, tecavüz, kötü cinsel deneyimler gibi olaylar da enerji olarak çözülmesi gereken önemli durumlardır. Özellikle cinsellikle ilgili olanlar aile bireylerine bile anlatılmıyor ya da anlatılsa bile örtbas ediliyor, bu da kişide bir yara olarak kalıyor ve hayatı boyunca karşı cinsle olan tüm ilişkilerine yansıyor.

Şimdiki yaşam regresyonunda, danışan bundan sonraki hayatında nasıl daha etkin, verimli yola devam edeceğinin farkındalığını kazanıyor. Aynen geçmiş yaşam regresyonunda olduğu gibi şimdiki yaşam regresyonunda da olumsuz enerji yerini olumlu enerjiye ve güvene bırakıyor.

Yüzleşme ise tüm önemli terapi ekollerinde de kullanılır, gestalt (boş sandalye tekniği, duygu odaklı terapi, içsel aile sistemi terapisi, Satir ekolü gibi). Danışanı başta korkutabilen ancak sonrasında güçlendiren bir çalışmadır.

Eylül'ün de bu hayatta yüzleşmesi gerektiği duygular, hesaplaşması gereken kişiler vardı. Eğer bunu yapamazsa hayatına istediği gibi etkin, verimli devam edemeyecekti.

— Eylül şimdi geçmiş hayatınızdan çıkmanızı ve bu yaşamınıza gelmenizi istiyorum. Tamam mı?

Sessizce başını sallayarak onayladı.

— Şimdi karşınızda Oğulcan'ın olduğunu hayal edin. Sizi dinlemek için burada. Ona neler söyleyeceksiniz?

— Ben kafeste yaşamak istemiyorum. Beni engelliyor. Ben dışarı çıkmak, kafelere gitmek, sinemaya, tiyatroya gitmek istiyorum. Hep evde buluşmaktan sıkılıyorum.

— Oğulcan yanınızda şimdi. Onunla konuşabilirsiniz.

Başını sağ yanına çevirdi. Gözleri sımsıkı kapalıydı hâlâ. Ama belli ki Oğulcan'ı görüyor, yanında hissediyordu. İsyanla konuşmaya başladı.

— Hep evde oturmak istiyorsun. Dışarıda gezmek istemiyorsun. Bana baskı kuruyorsun. Ailemin baskısı yetmiyormuş gibi bir de sen baskı kuruyorsun. "Neredesin?" "Kiminlesin?"

Sustu. Kafasını öfkeyle bana doğru çevirdi. Bu kez bana doğru anlatmaya başladı.

— Bir de evlilik lafı var. Hemen evleniriz. Niye hemen evlenecek mişim? Hep evlenme, hep evde oturma... Ben bir şey başaramayacak biri miyim?

— Oğulcan yanınızda, ne söylemek istiyorsanız ona söyleyebilirsiniz.

Kaşlarını çattı, çok yavaş yavaş başını sağına doğru çevirdi. Bu kez bağırmadan tane tane, ama hissedilir bir öfkeyle konuşmaya başladı.

— Oğulcan beni engellemen, beni kısıtlaman bana çok saçma geliyor. Sen yasakladıkça daha çok yapmak istiyorum. Hem sen kimsin ki yasaklıyorsun? Ne sanıyorsun kendini? Bir de şu sevişme meselesi var. Neden her buluştuğumuzda sevişmek istiyorsun, neden hep evde buluşuyoruz? Ben sevgilimle gezmek, tozmak istiyorum.

Sustu. Derin derin soluklandı. Bu kez fısıldar gibi konuşmaya başladı.

— Yalnız kalmamak için senden ayrılmak istemedim. Aslında daha önce ayrılmalıydım ama yalnız kalmaktan korktum. Sanki bir daha başaramam, başkasıyla beraber olamam gibi geldi.

Ağlamaya başladı. Bir yandan ağlıyor bir yandan Oğulcan ile konuşuyordu.

— Sana iki yılımı verdim. İki yıl... İlk sevgilimsin sen benim. Şimdi beni aslında sevmemiş olduğunu fark ediyorum ve bu beni çok üzüyor. Seni bırakmak için bir nedene ihtiyacım vardı. Kafamda seni net olarak bitirebilmek için. Şimdi anlıyorum ki o neden, senin beni o olaydan sonra yalnız bırakmanmış, şefkat göstermemenmiş.

Sonra sustu, birkaç dakikalık sessizlikten sonra sağına dönüp "Hadi git" der gibi bir hareket yaptı eliyle, gözyaşlarını elinin tersiyle sildi ve omuzlarını dikleştirdi. Dönmeye hazır olduğunu anladım.

— Artık dönebilirsiniz Eylül.

Birden açtı gözlerini. Benimle göz göze gelmemeye gayret ederek odaya bakındı. Sonra gözlerini gözlerime sabitleyip güldü.

— Daha iyiyim.

— Nasıl daha iyisiniz?

— Yani daha hafiflemiş hissediyorum. Bilmiyorum, sanki içimdekileri söylemek daha iyi hissettirdi.

O günkü seansımızın sonuna gelmiştik. Odamdan çıkışını seyrettim. İlk geldiğinde sonbahardı, artık kışın ortasındaydık. Mevsimlerle birlikte Eylül de değişmiş, o eski kırılganlığı, eğretiliği gitmiş yere daha sağlam basar hale gelmişti sanki.

Gece Eylül'den bir e-posta aldım. Aynen şöyle yazıyordu.

Merhaba Şeniz Hocam,

Bugünkü seansımızdan çıktıktan sonra kendimi uzun zamandır hissetmediğim kadar iyi hissettim. Özellikle Oğulcan ile ilgili konuşmamız bayağı rahatlattı beni. Ona epey takılmıştım. Son bir, iki haftadır konuşmalarımız, kendi hissettiklerimi hatırlamamı sağladı.

Onun dışında önceki yaşamla ilgili olanlarsa, sanki bugündenmiş gibi tanıdık hissettirdi. Özellikle yalnızlık ve her şeyi içine atma konusuna ne kadar takıldığımı anladım.

Bugünkü seanstan çıktığımda daha bir özgüvenliydim ve konuşmalardan sonra içim boşalmış gibi hissettim. Deniz konusuna takıldım. Yüzmek bana hep değişik, iyi hissettirirdi. Biraz da kurtuluş gibi. Bunu hatırlamak da ilginç oldu.

Bugün için tekrar teşekkür ederim.

Gece ben de huzurla uyudum. Her danışan ayrı bir öykü, her danışan çok değerli ama Eylül'ün yaşadıkları bana ayrı bir dokunmuştu.

Birkaç hafta sonra asistanım Eylül'ün annesinin telefonda olduğunu söyledi. Ne yalan söyleyeyim, endişeyle açtım telefonu. Acaba ters bir şey mi olmuştu? Acaba yolunda gitmeyen bir şeyler mi vardı? Karşımdaki neşeli sesi duyunca derin bir oh çektim. Eylül'ün annesi teşekkür için arıyordu. Birkaç ay önce onunla hiç konuşmayan kızı, artık onunla konuşmaya, dertleşmeye başlamıştı. Hatta her akşam yemekten sonra mutfakta beraber kahve içip sohbet bile ediyorlardı. Annenin anlattıklarına göre onun da yaşamı hiç kolay değildi. Bir yandan MS hastası olan babasına bakıyor, bir yandan ikizleri büyütmeye çalışıyor, son derece yoğun çalışıyor ve Eylül'le ilgileniyordu. Kocasıyla da arası iyi değildi. Bir dargın bir barışık evlilikleri vardı. Ona artık kızına güvenmesi gerektiğini, Eylül'ün yaşından çok daha olgun ve akıllı bir genç olduğunu söyledim. Telefonu kapattıktan sonra bir kahve de ben kendime söyledim. Öyle iyi gelmişti ki annenin sözleri bana. Birine yardım edebildiğimi bilmek, birinin şifalanmasına destek olmak, bu odada geçen tüm o zamanları, kendimi geliştirmek için geçirdiğim tüm o uykusuz geceleri değerli kılıyordu.

Bir ay sonra son kez geldi Eylül. Değişmişti, o kendini gizlemeye çalışan kız gitmiş yerine bambaşka biri gelmişti sanki. Saçlarını dalgalandırmış, üzerine yeşil bir tişört giymiş, renkli bir fular takmıştı.

Nasılsınız görmeyeli? diye söze girdim. Laf olsun ya da sohbeti başlatayım diye değil, gerçekten merak ediyordum nasıl olduğunu. Acaba göründüğü kadar da iyi hissediyor muydu?

— Bir sürü şey yaptım bu ay. Zaman çok hızlı geçti benim için.

— Neler yaptınız?

— Düşler Akademisi'nde çalışmaya başladım. Orada engelliler için gönüllü çalışmak bana kendimi faydalı hissettirdi. Bir işe yaradığımı hissettim. İşitme engellilerle anlaşabilmek için Türk işaret dilini öğrenmeye başladım. Okulda gençlerin bir araya gelip toplum için faydalı işler yapmaya çalıştığı bir kulüp var, oraya katıldım. Köy okullarındaki çocuklar için kitap, oyuncak vs. topluyoruz. Artık okuldaki konuşmalara, panellere gidiyorum. Geçen hafta bir gazeteci geldi, onu dinledim.

Neler yaptığını anlatırken gözleri parlamış, yanakları pembeleşmişti.

— Peki takıntılar ne durumda?

— Çok iyi. Yani gerçekten çok iyi. Bir tek tuvalete otururken sıkıntı yaşıyorum. Babamın evinde pek kullanmamaya çalışıyorum tuvaleti.

— Oğulcan ile herhangi bir gelişme var mı?

— Geçen gün bana mesaj attı. Sadece "Eylül" yazmış mesaja.

— Siz ne cevap verdiniz?

— Kısa kısa bir şeyler yazdım. O sonra başka şeyler yazdı ama ben cevap vermedim.

— Öyle mi? Neden?

— Neden vereyim ki? Ona cevap yazmayınca da zafer kazanmış gibi hissettim kendimi. Güçlü hissettim.

Eylül için atmamız gereken son bir adım vardı. Bebeğiyle vedalaşması gerekiyordu.

Her hamilelik, sonu nasıl biterse bitsin, anneliğe bir adımdır. Kadının içinde bir canlı oluşur, boyutu ne olursa olsun, onun çocuğudur o fetüs. (Çok farklı bilimsel, ruhsal görüşler vardır bu konuda illaki, ancak hamile kalan her kadının bilinçli veya bilinçsizce bu hissi taşıdığını deneyimledim.) Aradan ne kadar za-

man geçerse geçsin, bir şekilde bebeğini kaybeden her kadının kısa bir "veda ritüeli" yapması ona çok iyi gelir, yarım kalanlar tamamlanır kalbinin derinliklerinde. Hangi sorunla gelirse gelsin, bir şekilde bebek kaybı deneyimlemiş her danışanıma bir ritüel yaptırırım, tabi yalnızca annelere değil babalara da.

— Şimdi bir kez daha arkanıza yaslanmanızı istiyorum. Gözlerinizi kapayın. Üçten geriye doğru sayınca bebeğinizi görmenizi istiyorum. Bir anne olarak onu görün. Çünkü artık siz bir annesiniz. O bebeği dünyaya getirseniz de getirmeseniz de...

Derin bir nefes aldı, başını arkaya yasladı. Bebek der demez yüzü acıyla kasılmıştı.

— Şimdi geriye doğru sayıyorum. Üç, iki, bir... Bebeğiniz karşınızda. Onu görüyorsunuz. Bana onu anlatabilir misiniz?

Heyecanlandı birden, soluk alıp vermeleri sıklaşmıştı, alnında bir damar sanki dışarı fırlayacakmış gibi atıp duruyordu.

— Erkekmiş, bir erkek bebek görüyorum. Saçları kıvırcık, havaya doğru uzamış. Çok tatlı duruyor, altında bez var... Tombik bir bebek... Bana gülümsüyor.

— Siz ne hissediyorsunuz?

— Suçluluk. Çok suçlu hissediyorum.

Ağlamaya başladı. Ama sesi çıkmıyor, hıçkırmıyor, içini bile çekmiyordu. Derin derin, içine içine akıyordu gözyaşları sanki.

— Bebeğim diye seslenmek istiyorum ama sesim çıkmıyor.

— Seslenmeyi deneyin, konuşun onunla.

Bir süre sustu. Sanki doğru kelimeleri arıyor, ne diyeceğini bilemiyor gibiydi. Ona neler söyleyebileceğiyle ilgili biraz fikir verdim. Sonra cesaretini topladı ve yumuşacık bir tonla konuşmaya başladı

— Seni aldırmak zorundaydım. Mecburdum buna. Ama pişman değilim. Mecbur olmasam yapmazdım inan. Ama mecburdum.

— O size ne dedi?

— Bebek mi?

— Evet, onun cevabını dinleyin.

Durdu, biraz sonra gülümseyerek cevap verdi.

— İyiymiş. Bana "İyiyim" dedi.

— Hadi şimdi babayı da çağırın oraya.

Kaşları çatıldı birden.

— Oğulcan'ı mı?

— Evet. Onunla da konuşun.

Başını yine sağa çevirip, konuşmaya başladı.

— Sana çok kızgınım Oğulcan. Bu konuyu yeteri kadar ciddiye almadığın için çok kızgınım.

— O ne diyor?

— Üzgün görünüyor. Cevap vermiyor. Ama ben onu affedemiyorum. Çünkü çok bencil davrandı. Değersiz hissettirdi.

Ayrıldıkları halde mesajlaşmaya devam ediyorlardı. Anlaşılan aralarındaki bağ henüz tam olarak kopmamıştı.

— Şimdi aranızdaki bağı görmenizi istiyorum. Nasıl bir bağ var aranızda? Hayal edin.

— Koltuk altlarımdan iple bağlıyım. O ipleri çözmem gerekiyor ama istemiyorum. Ona alışmışım. O da bana borçlu, beni bırakmamalı. Bu ilişkinin her zorluğunu ben yaşadım, her ceremesini ben çektim. Benden kopamaz.

Belli ki aralarındaki bağı koparmaya tek başına gücü yetmeyecekti. Bir desteğe ihtiyacı vardı.

Bazen hayalimizde bize güç veren, ilham aldığımız kişileri canlandırmak iyi gelir, kendimizi şifalandırma sürecine yardımcı olur. Bu kişiler tanıdığımız bildiğimiz bir aile büyüğü, tanıdık olabileceği gibi, tarihten ilham aldığımız, gücüne, cesaretine, duruşuna hayranlık duyduğumuz kişiler de olabilir, bir kahraman komutan, devrimci, sabır abidesi veya cesur yürek. Bazen de dinsel temalı kişiler olabilir. Bu kişilerin hayranlık duyduğumuz özelliklerini düşünmek bize o duyguyu hissettirir. Bazen de belirli bir kişi olmaz, ihtiyaç duyulan sıfat üzerinden ilerleriz.

Bu imgesel kişilere rehber de diyebiliriz. Bize kendi iç sesimizi duyurma konusunda rehberlik ederler... Onların ağzından duyduğumuzu hayal ettiğimiz cevaplar aslında kendi iç sesimize aittir. Öyleyse neden direk iç sesimizi duymaya çalışmıyoruz? Çünkü bazen sembolizm daha kolay gelir.

— Eylül, şimdiki hayatının rehberi kim? Onu çağırır mısın yanına?

Hiç tereddütsüz cevap verdi. Eylül'ün imgeleme kabiliyeti çok açıktı ve kendi bilincinin farklı seviyelerinde kolaylıkla ilk günden beri gezinebiliyordu.

— Geldi, hemen geldi.

— Nasıl biri?

— Beyaz saçlı, üçgen sakalı var.

— Ona sorar mısınız? "Ben bunları neden yaşadım, bunları yaşamamın amacı neydi?" diye. Verdiği cevapları bana aktarın lütfen.

Durdu bir an. Sonra art arda sıraladı sözcükleri. Sanki her zamanki Eylül değil de yaşlı bir erkek konuşuyor gibiydi. Sesi, tonlaması, mimikleri bile değişmişti.

— Böyle olması gerekiyordu, daha iyi oldu. Büyümen, olgunlaşman ve Oğulcan'dan kopman için bu gerekiyordu. Sen tek başına düğümleri çözemiyorsun, korkuyorsun ve istemiyorsun. Kendine güvenmeye ihtiyacın var. Birisinin varlığından güç alıyorsun, bu olmamalı.

Kendi içinden çıkan bir sesin tam da benim tespitlerimi söylemesi beni çok etkilemişti. O an yapılacak tek bir şey vardı. Ben de yaptım! Kucağına bir yastık verdim.

— Bebeğinize sarılmak ister misiniz?

Ağlayarak sımsıkı sarıldı yastığa. Bir bebeği tutarmışçasına iki yana salladı uzun uzun yastığı. Sonra bebekten özür diledi. Sağına dönüp Oğulcan'dan da ondan habersiz kürtaj olduğu için özür diledi.

Hiçbir şey söylemeden onun bebeğiyle vedalaşmasını bekledim. Birkaç dakika kadar göğsüne sımsıkı bastırdı yastığı. Sonra sağ elini uzatıp koltuğa dokundu, uzun uzun okşadı koltuğu. Ardından birden çekti elini koltuktan ve yastığı bana uzattı.

— Düğümler çözüldü.

Eylül artık hazırdı, dönmek, hayatını yaşamak için hazırdı.

— Kendinizi hazır hissettiğinizde açabilirsiniz gözlerinizi.

Hemen açıverdi gözlerini. Sanki hemen hayata dönmek, hemen yeniden başlamak ister gibiydi. Elinin tersiyle gözyaşlarını sildi ve hemen benim ellerimi tutmak istedi.

— Nasıl hissediyorsunuz?

— Şeniz Hocam, çok daha iyiyim. Biliyorum, belki böyle iyi hissetmem zalimlik oluyor ama ben, bir bebeğe bakamazdım. İkimiz de mahvolurduk. Bir de onu öyle iyi gördüm ya, onu öyle görmek de bana iyi geldi.

Son seansımızın sonuna gelmiştik. Kapıdan çıkarken uzun uzun baktım arkasından. Hepi topu yedi seans yapmıştık ama dramatik bir değişim, dönüşüm geçirmişti Eylül. Henüz birkaç ay önce bu kapıdan içeri giren silik, renksiz kızla şimdi çıkan kız arasında dağlar kadar fark vardı. Bu dönüşümün bu kadar çabuk olmasının temel nedeni ise Eylül'ün değişmeyi çok istemesiydi. Henüz 18 yaşındaydı ama bardak çoktan taşmıştı onun için. Kararlı ve emin adımlarla gelmişti bana. Yaşamını engelleyen takıntılarından kurtulmak istediğinden emin, gereken her şeyi yapmaya kararlı...

O günden sonra bir daha hiç buluşmadık ama hep yazıştık, sosyal medyadan takipleştik. Takıntıları ara ara tetiklense de artık onu yaşamdan alıkoyacak düzeyde değil. Üniversiteyi bitirdi, hatta yurtdışında mastır yaptı, ardından çok uluslu bir şirketin genel müdürlüğünde iyi bir pozisyonda işe başladı. Fotoğraflarından anladığım kadarıyla uzun süredir yeni bir kişi var hayatında.

Rüya T.

"Ben hep üzgündüm zaten. Kendimi bildim bileli üzgündüm. İnsanın kardeşi engelli olunca ne çocukluğu çocukluk oluyor, ne de gençliği gençlik. En mutlu anında bile boğazında bir yumruk oluyor."

İstanbul kar altındaydı. Şehrin bütün kiri, pası bembeyaz bir huzurun altına saklanmıştı. Herkes karın keyfini başka çıkarıyordu. Kimi en gösterişli kardan adamı yapabilmenin peşine düşerken, kimi üzerinde yürümek için hiç basılmadık yerler arıyor, kimi de benim gibi karın tadını pencere önünden çıkarmayı tercih ediyordu. Öyle güzeldi ki manzaram…

Ofisimin bulunduğu binanın küçük bahçesi olduğu gibi karla kaplıydı. Yolun karşı tarafındaki binalara bakmaz, yoldan geçen arabaları umursamazsanız, çocukluğumuzdaki yılbaşı kartpostallarındaki gibiydi her şey. Tam sıcak çayımı yudumlayıp, manzaramın huzurunu iliklerime depolarken telefonum çaldı. Asistanım yeni danışanımın geldiğini haber vermek için arıyordu. Formuna hızlıca bir göz attım. İsmi Rüya T., iki çocuğu vardı ve kırk yaşındaydı. Az sonra kapı çalındı. Rüya Hanım kendinden emin adımlarla içeri girdi, sanki psikoloğa değil de iş toplantısına gelmiş gibiydi hali tavrı. Elimi sıkmadan kanepeye oturdu ve gülümsedi.

— Hoş geldiniz Rüya Hanım. Formunuzu okudum ama asıl sizin anlatmanız önemli. Biraz kendinizden bahseder misiniz?

— Adımı biliyorsunuz zaten. Kırk yaşındayım. Finansçıyım. Danışmanlık yapıyorum. Bilkent'te işletme okudum, sonra üzerine Londra'da mastır yaptım. Seviyorum işimi. İyiyim de galiba. Evliyim, eşim Göksel. İki kızımız var: Alara 14 yaşında, Arya, 8 yaşında.

Lacivert bir pantolon ceket vardı üzerinde, içinde lila rengi bir ipek gömlek… Sanki dışarıda kar yokmuş gibi ince tabanlı gümüş rengi ayakkabıları, fönlü saçlarıyla reklam filmlerindeki şık iş kadınları gibiydi. Ne kadar havalı ve hoş olduğunu düşünürken bir anda elleri çarptı gözüme. Parmaklarının eklem yerleri göze çarpacak kadar şiş, elleri dışa doğru yamuktu. Gayriihtiyari gözümün takıldığını fark edince önemsemez bir ses tonuyla durumunu anlattı.

— Romatoid artritim var. 17-18 yaşındayken başladı. Sinyal filan da vermeden birden başlayıverdi. Kayak gezisine gitmiştim okul arkadaşlarımla, sağ bileğimde çok kuvvetli bir ağrı hissettim.

— Sonra…

— Sonrası böyle işte. Ellerim o kadar değil de ayaklarımda zaman zaman ataklar oluyor, o zaman ağrı dayanılmaz hale geliyor.

— Doktor kontrolündesiniz değil mi?

— Tabii, bu benim çok genç yaştan beri başıma dert olduğu için her adımımı düşünerek atarım. Her şeyim, her yediğim içtiğim hesaplı kitaplıdır. Sürekli danıştığım doktorlarım vardır. Kiloma özellikle dikkat ederim. Etmek zorundayım aslında. Mesela şimdi 40 günlük detoks programındayım. Glüten yok, süt ve süt ürünleri yok, hayvansal gıda yok.

— Bu diyetin özel bir nedeni var mı?

— Vücudumu temizlemek, bağışıklık sistemimi güçlendirmek istedim.

Romatoid artrid, genellikle el ve ayak eklemleri gibi daha küçük eklemlere simetrik olarak yerleşen, müzmin seyirli iltihap-

lı bir romatizma türü. Dünyada en sık görülen iltihaplı romatizmaların başında gelir ve eklemlerde en fazla tahribata ve şekil bozukluğuna yol açan romatizmalardandır.

Nedeni ise net olarak bilinmemektedir. Genetik yatkınlık önemli olmakla birlikte bu her hastada geçerli değildir. Yani bazen aile geçmişinde romatoid artrit olmasa da kişiler bu hastalığa yakalanabilmekte. Bazen hastalığı tetikleyen faktör büyük bir üzüntü, stres, mikrobik faktörler olabilmekte, bazen de hiçbir tetikleyici unsur bulunmamakta. Sıklıkla 20-50 yaş arasında başlayan romatoid artritin kadınlarda görülme olasılığı erkeklerden daha fazla.

— Hastalığınız hakkında bayağı bilgi sahibi olduğunuz belli. Sizce neden hastasınız?

— Benim babaannemde de vardı ama onda daha azdı. Bir de bu kadar erken başlamamıştı. İlk başladığında ne olacağını, nasıl olacağını idrak edene kadar beni çok yordu. Bir de daha gençken kabullenmek daha da zor oluyor.

Sessizleşti birden, bakışlarını tüm odada gezdirdi usul usul. Sonra kendinden emin bir tonla devam etti konuşmaya.

— Ama hiç isyan etmedim biliyor musunuz? Neden bende var da arkadaşlarımda yok diye sorgulamadım.

— O yaşta bunu nasıl başardınız?

— Birine gittim, spiritüel konulara ezelden beri meraklıyım. Sordum soruşturdum birini buldum. Bana rehberlik etti.

— Ne dedi?

— "Bu senin sınavın" dedi. "Ondan sonra gelecek hayatında şifasını bulacaksın" dedi.

— Yeniden doğuşu, reenkarnasyonu mu kastediyorsunuz?

Hiç düşünmeden net bir şekilde cevap verdi.

— Evet, evet. Ben çok inanıyorum önceki yaşamlara.

— Şimdi ne hissediyorsunuz hastalıkla ilgili?

Derin bir nefes aldı, yine kendinden emin bir ses tonuyla cevap verdi.

— Hastalık beni üzmüyor. Sadece ağrıyı kontrol etmek istiyorum.

Ismarlama veya üzerinde çalışılmış bir eminlik değildi ses tonundaki tını. Gerçekten öyle hissettiği, hastalığı kabullendiği belliydi. Henüz 17 yaşında bu hastalığa yakalandığını duyunca benim aklıma ilk gelen "Acaba o yaşta büyük bir acı mı yaşadı?" sorusuydu.

— Ben hep üzgündüm zaten. Kendimi bildim bileli üzgündüm. İnsanın kardeşi engelli olunca ne çocukluğu çocukluk oluyor, ne gençliği gençlik. En mutlu anında bile boğazında bir yumruk oluyor. Saklambaç oynarken, arkadaşlarınla mutluyken, tam kendini diğer çocuklar gibi gamsız hissederken bir anda gelir, boğazıma oturuverirdi o yumruk. "Bora evde ne yapıyor acaba?" diye geliverirdi aklıma. Gençken tatildeyken, denizde arkadaşlarımla şakalaşırken ya da ne bileyim mezuniyet balosundayken... "O hiç böyle hissedemeyecek, o hiçbir yerden mezun olamayacak, o hep mi böyle kalacak" diye sevincim, mutluluğum kursağımda kalıverirdi.

— Bana kardeşinizden bahseder misiniz biraz?

— Adı Bora. Bir yaş küçük benden. Doğumdaki bir hata yüzünden konuşamıyor, destek olmadan yürüyemiyor, ellerini kullanamıyor. Hep birine ihtiyacı var. Şimdi böyle durumlarla ilgili çocukluktan itibaren fizik tedaviler, konuşma terapileri filan yapıyorlar. Ama eskiden yoktu. Ne yapacağını bilemedi annemler... Okul yok, rehber hizmeti yok, özel eğitim yok... Öyle kaldı... Terapilerle filan belki yaşam kalitesi biraz artabilirdi. Ama öyle kaldı...

Sustu birden, ağlamamak için bakışlarını tavana sabitledi.

— Oysa öyle iyi bir ruh ki... Konuşamasa da ben anlıyorum onu, ne demek istediğini anlıyorum. Yalnızlığını anlıyorum. Büyüdükçe daha zor oldu her şey. Çocukken kolaydı da. Büyüyüp serpilince... Bir de iri yarı...

— Şimdi nerede?

İçini çekerek cevap verdi.

— Ankara'da bir bakım evinde. Artık anne ve babam maalesef

bakamıyorlar. Onlar kendilerine zor bakıyor. Ben İstanbul'dayım. Ama yıllardır yurtdışındaydık eşimle... Mısır... İngiltere...İsviçre... Profesyonel destek olmadan bakılması mümkün değil.

Sessizleşti, sonra fısıldar gibi konuşmaya devam etti.

— Biliyor musunuz dün benim doğum günümdü. Sağ olsun kocam bana sürpriz parti yapmış. Boğaz'da bir yere gittik, içeri bir girdim ki arkadaşlarım da orada. Çıkışta bir köpek geldi yanımıza, sokak köpeği. Köpeğin yüzü Bora'ya benziyordu.

Yine gözlerini tavana sabitledi ağlamamak için ama inatçı iki damla gözyaşı usul usul süzüldü yanaklarından. Bu konuya ilk fırsatta daha detaylı bakmak için not ettim.

— Eşiniz nasıl biri, biraz bahseder misiniz?

Yaşları elinin tersiyle silerek cevap verdi.

— Göksel... Göksel güçlü bir karakter. Ayakları yere sağlam basan, sakin ama sağlam biri. Kararlı, görev adamı!

— İlişkiniz nasıl?

Gülümsedi.

— Ben Göksel'i çok severek evlendim. Hâlâ da çok seviyorum onu. Ama son on yıldır zarar veriyorum evliliğimize. Farkındayım, ben zarar veriyorum. Hata bende!

— Ne yapıyorsunuz da zarar verdiğinizi düşünüyorsunuz?

— Mesela bir şey oluyor, ben onu içimde büyütüyorum, kuruyorum, kuruyorum, sonra kocamı geriyorum, birden patlıyorum, normalde söyleyemeyeceğim kadar ağır şeyler söylüyorum o anda. Sonra geri adım atıyorum. Ben unutuyorum ama o unutmuyor, farkındayım onu kırmış oluyorum.

— Ne sıklıkta oluyor bu durum?

— Altı ayda bir...

— Buna bir isim vermek istesek ne dersiniz?

Hiç düşünmeden cevap verdi.

— *Big bang* derim.

Yaşadığı duygu patlamalarına "büyük patlama" anlamına gelen *big bang*'ın adını vermesi ilginçti. Big bang dünyanın nasıl oluştuğu ile ilgili bir teoridir. Maalesef içindeki patlama kelimesi yanlış anlaşılmalara neden olabiliyor. Çünkü buradaki patlama sözcüğü patlamayı değil de uzayın genişlediğini anlatmak için kullanılıyor. Söz konusu olan genişleme, herhangi bir maddenin sıkışıp patlaması değil. Büyük Patlama bildiğimiz patlamaların aksine bazı maddelerin kimyasal tepkimeleri sonucu basınç ve ısı oluşturması değil, uzayın genişlemesidir. Kimbilir Rüya Hanım da belki farkında olmadan bu patlama anlarında ferahlıyor, kendi uzayını genişletiyordu.

— Peki, sizi bana getiren neydi? Şikâyetleriniz neler?

— Kendimde memnun olmadığım yönler var. Mesela sabırsız olduğumu düşünüyorum. Bir anne olarak çocuklarıma karşı daha sabırlı olmalıyım. Bazen sinirli bir şekilde çocuklarıma bağırıyorum. Acayip kontrolcüyüm. Rahat bırakamıyorum ne kendimi, ne çocuklarımı. Hani böyle "*Let go*" tarzı insanlar vardır. Olayları, hayatı akışına bırakırlar. Ben öyle değilim, hep ince ince hesap, plan... Oysa çocuklarla hiçbir şey planladığım gibi olmuyor. O yüzden daha rahat olmak istiyorum.

Çok net anlatmıştı sıkıntısını. Öyle ki o anlatır anlatmaz, evdeki durum gözümün önüne gelmişti. Evde artan çocuk sayısıyla doğru orantılı olarak annenin sabrı da azalabiliyor, sabırsızlıkla beraber onun ardından yaşanan patlamalar ve vicdan azabı da artabiliyordu.

— Yoğun mu çalışıyorsunuz?

Kendinden memnun bir gülümsemeyle cevap verdi.

— Yok, şanslıyım o konuda. Daha doğrusu kendi şansımı kendim yarattım. Büyük şirketlerde yıllarca çok yoğun mesai yaptıktan sonra artık rahatım. Kendi işimi yapıyorum. Dolayısıyla çalışma saatlerimi de ayarlayabiliyorum. Büyük lüks yani.

Gerçekten de büyük lükstü bu. Ben de çok yoğun çalışmama rağmen, arada kafama göre hava boşlukları yaratabildiğim için şanslı sayıyordum kendimi. Sürekli olarak bir kurumda çalışsam işimle ailem arasındaki dengeyi sağlamak hiç kolay olmayacaktı. Zaten çalışan kadınların en büyük çıkmazı da dengeyi tutturmaya çalışmak değil miydi?

— Alara ile diyaloğumuz çok iyi. Artık arkadaş oldu bana. Arya...

Derin derin içini çekti.

— Arya ise Alara'dan daha zor. Tırnaklarını yiyor, görseniz kanatana kadar yiyor.

— Siz ne hissediyorsunuz bu durum karşısında?

— Çok üzülüyorum. Kendimi suçluyorum.

— Neden?

— Kızlarımı çok seviyorum. Onlara da her fırsatta sevdiğimi söylüyorum. Ama sevgimi davranışlarımla gösterebildiğimi düşünmüyorum. O yüzden de kendimi suçlu hissediyorum.

Sessizleşti birden. Pencereden karlı bahçeye baktı bir süre. Sonra her bir hecesini ayrı ayrı vurgulayarak devam etti konuşmaya.

— Daha fazla sevgi göstermem lazım, daha fazla.

Sonra derin bir nefes aldı, bana döndü ve çok kararlı bir sesle, "Bu 'let go' tarzı yaşamı öğrenmem lazım" dedi.

— Peki hadi bir egzersiz yapalım sizinle. İçinizde hissettiğiniz o suçluluğa odaklanalım.

Merakla sordu.

— O nasıl olacak?

— Şimdi arkanıza yaslanın, kendinizi rahat hissettiğiniz bir pozisyona geçin, gözlerinizi kapayın ve nefesinize odaklanın. Nefes alın, nefes verin, nefes alın, nefes verin...

Nefes alıp verdikçe yüzü gevşemiş, rahatlamıştı.

— Şimdi suçluluğa odaklanın. Onu nerede hissediyorsunuz?

— Göğsümde hissediyorum.

— Neye benziyor?

— Lacivert, yumruk büyüklüğünde bir top. Ağır metal bir top.

— Peki bu top aslında nereye ait olabilir?

— Karanlıkta uzayda bir yerlere.

Ben terapi sırasında danışanlarımı sadece dinlemem, konuşurken değişen yüz hatlarına, ellerine, jest ve mimiklerine de dikkat kesilirim. Rüya Hanım da karanlık der demez alt dudağı titremeye, kapalı gözleri sürekli kırpışmaya başlamıştı.

— Hadi şimdi Bora'yı köpeğin yüzüne benzettiğiniz ana gidin lütfen. Nasıl hissediyorsunuz?

— Üzüntü ve sıkıntı hissediyorum... Sıkışmışlık... Kimbilir ne kadar acı çekiyordur? Ah! Başıma bir ağrı saplandı birden. Onu ne zaman düşünsem başıma aynı ağrı saplanıyor zaten.

Alnında Neptün'ün mızrağına benzer bir damar izi oluşmuştu. Ne tuhaf diye geçirdim içimden. Çünkü astrolojiye göre Neptün, içimizdeki güçtür, herkesten sakladığımız gizli dünyamızdır. Acılardan, çaresizliklerden, korkulardan kaçıp saklandığımız gizli sığınağımızdır. Manevi dünyaya açılan sır kapısıdır Neptün...

— Peki, baş ağrınıza odaklanın o zaman lütfen... İyice hissedin. Hatta bir tık arttığını bile fark edebilirsiniz... Şimdi ağrınızı ilk hissettiğiniz ana gidelim. İlk ne zaman hissettiniz bu ağrıyı? Üçten geriye doğru sayacağım ve kendinizi bir yerde bulacaksınız... Üç, iki, bir... Neredesiniz?

— Yatağımdayım, başım çok ağrıyor, yataktan çıkamıyorum bile... Kalkmak istiyorum kalkamıyorum. Anneme seslenmek istiyorum, seslenemiyorum. Kendimi çok aciz hissediyorum.

Aciz kelimesini kullanması dikkatimi çekmişti. Çaresiz değil de aciz... Rüya Hanım birden gözlerini açtı, birkaç kez kırpıştırdı. Üst üste derin nefes aldı. Bana eski hatıralara gitmek istemediğini söyleyince, henüz ilk seansımız olduğu için ısrar etmedim. Danışan odaklı terapi ekolünu benimsediğim ve her zaman danışanla ortak hareket etmek gerektiğini bildiğim için saygı gösterdim.

— O halde sizinle farklı bir şey yapacağız şimdi. Sizi güzel bir yere götüreceğim. Sizin gizli/kutsal bahçenizi keşfedeceğiz....

Rüya Hanım'ı kendi iç dünyasına götürürken önce kendini iyi, güvende, huzurlu hissettiği bir yerde hayal ettirmek daha doğru olacaktı. Nasıl herkes ayrı ve biricik ise herkesin gizli bahçesi de ayrı ve biricik. Kimininki yemyeşil çayırlarda iken kimininki göl kenarında hatta başka bir gezegende bile olabiliyor. Rüya Hanım'ın gizli bahçesi ise bir çöldü.

— Kendimi bir çölde görüyorum. Bir mağara önünde...

— Mağarayı tarif edin lütfen?

— Aydınlık bir mağara bu. Derin, büyük bir su var. Su çok berrak. Mağaranın tavanı da kubbe gibi.

Gülümsedi.

— İlk defa kendimi çok huzurlu hissediyorum, hiç olmadığım kadar huzurlu.

— Kimse var mı etrafınızda?

— Küçük bir oğlan çocuğu var. 6-7 yaşlarında. Kocaman gözleri var. Ona bakarken kendimi çok iyi hissediyorum.

— O çocuğun bir ismi olsa ne olurdu?

Hiç düşünmeden cevap verdi.

— Ali. Elinde pırıl pırıl taşlar var. Ona bakıyorum, o da bana bakıyor. Ama ben ona ne diyeceğimi bilemiyorum.

— Nasıl biri Ali? Nasıl hissediyor sizce?

— Yalnız ama mutlu. Gözlerinin içi gülüyor. Suya giriyor, çıkıyor, balıklar var etrafında.

— Hadi onunla konuşun. Kim olduğunu sorun.

Başını sağa çevirdi. Sanki Ali sağ tarafındaymış gibi gülümseyerek onu dinledi.

— Kardeşleri varmış. İsimleri Murat ve Ömer'miş.

— Peki Ali'nin neye ihtiyacı varmış?

— Dışarı çıkmak istiyor, benim elimi tuttu, beraber dışarı çıkıyoruz. Arkamızdan anne-babası da geliyor. Ama uzaktalar.

— Dışarısı nasıl?

— Kızgın güneş ve rüzgâr var. Ama biz mutluyuz. El ele kumlarda dolaşıyoruz. Etrafımızda develer var.

Yüzü, sesi huzur içindeydi. Konuşurken kendi kendine gülümsüyor, sürekli sağ tarafına bakıyordu. Kutsal bahçesinde yaklaşık yarım saat geçirdiği için artık şimdiye dönme vakti gelmişti.

— Peki şimdilik Ali'ye veda edin.

— Olmaz, çocuk ne olacak? Ben onu burada bırakamam.

— Mağaraya bırakın onu.

— Olmaz. Ali istemiyor, o develere binmek istiyor.

— O halde ona şimdilik gitmek zorunda olduğunuzu, tekrar geleceğinizi söyleyin.

İstemeye istemeye onayladı. Başını yine sağ tarafa çevirdi, sağ elini sanki küçük bir çocuğun elini sıkıyormuşçasına hafifçe sıktı, sonra el salladı uzun uzun.

— Hazırsanız yavaş yavaş gözlerinizi açabilirsiniz.

Gözlerini açınca önce bana sonra odaya garipseyerek baktı. Nerede olduğunu hatırlaması zaman aldı.

— Nasıl hissediyorsunuz şimdi? Herhangi bir farkındalık yaşadınız mı?

— Bilgiler önümde duruyor, benim bu bilgilerle bütünleşmeye ihtiyacım var ama cesaretim yok. Korkuyorum.

Durdu, romatizmayla çarpılan ellerine baktı uzun uzun.

— Ama rahatladım. Gerçekten rahatladım.

— Şimdi dün gördüğünüz köpeği düşünün yeniden. Sonra Bora'yı gözlerinizin önüne getirin.

İçini çekti birkaç kez.

— Ben Bora'ya çok baktım, çok ilgilendim eskiden. Ama şimdi ona her baktığımda "Ona yardım edemiyorum, onu iyileştiremiyorum" gibi hissediyorum. Bizim aramızda farklı bir bağ var. Kardeşlik gibi değil sadece, daha güçlü, daha başka bir bağ!

İlk seansımızın sonuna gelmiştik. Vedalaşıp ayrıldıktan sonra arkasından düşündüm, kardeşlik gerçekten de ne özel bir bağdı. Kelimenin kendisi bile ne kadar anlamlıydı, kardeş, karındaş... Yani aynı karnı paylaşan... Nasıl da kadim bir kelimeydi, 1073'te yazılan *Divan-i Lugat*'i Türk'te bile geçiyordu.

Sonra pencereden yansıyan kar manzarası çeldi aklımı. Tüm randevularımı tamamlamıştım. Acaba hemen eve mi gitsem yoksa bir çay içimlik şu manzaranın keyfini mi çıkarsam diye kararsız kaldım. Çay tabii ki galip geldi, hem İstanbul'a yılda kaç kez kar yağıyor ve benim yılda kaç kez bir çay içmelik boş vaktim oluyordu ki...

Şubat tatilinden ötürü ancak bir ay sonra görüşebildik Rüya Hanım'la. Kızlarını tatile götürmek istediği için randevusunu ertelemek zorunda kalmıştı. Odamdan içeri yine çok şık bir pantolon ceket, ipek bir gömlek ve fönlü saçlarla girdi.

— Nasılsınız? Nasıl geçti tatiliniz?

— Ay, bir iyi bir kötü işte. Her zamanki gibi.

— Bir aydır görüşemedik. Neler oldu hayatınızda?

Sıkıntıyla içini çekti.

— Uzun süredir bizimle çalışan yardımcı kadın işten ayrıldı. Yerine birini bulduk. Sabahleyin "Çocuklara kek yapmasını söyledim." Yapmış güya... Bir görseniz kabarmamış, içi cıvık kalmış. Yahu geldiğinden beri senden ilk istediğim iş bu, bari düzgün yap. Aptal! Nefret ediyorum aptal insanlardan, uzak durmaya çalışıyorum yine gelip beni buluyorlar.

— Ne yaparak uzak durmaya çalışıyorsunuz?

— Tek başıma yapacağım işleri seçtim hayat boyu. Ekip işini hiç sevmem. İllaki bir aptal çıkar sizin emeğinizi heba eder. Ya da kıl olunacak biri çıkar, her gördüğünüzde sinириniz zıplar. O yüzden ben hep tek başıma çalışabileceğim işler yaptım.

Çok öfkeliydi. Konuştukça, kendi anlattıklarını duydukça, öfkesi daha da artıyor, bir anlamda kendi kendini dolduruyordu. Belli ki mesele kabarmayan kek değildi sadece. Çok daha derinlere iniyordu.

— Sizi ne mutlu eder peki? Neye bakınca rahatlarsınız?

— Çiçekler... Ben hep çiçeklerle konuşurum.

İlginç bir şekilde çiçek der demez az önceki öfkeli kadın gitmiş, sesi de yüzü de birden yumuşayıvermişti.

— Hep çiçeklerim oldu benim. Hep çiçek baktım. Çok da iyi bakarım. Hayat bulurlar benim elimde.

Derin derin içini çekti.

— Onlardan ayrılmak beni çok üzer.

Kendi odamdaki çiçeklerime göz gezdirdim gayriihtiyari. Hepsini çok seviyordum, hepsinin suyunu toprağını gübresini muntazaman kontrol ediyordum. Ama ne yalan söyleyeyim, onları iyi bakacağına emin olduğum birine emanet edip gittiğimde de üzülmüyordum. Rüya Hanım'ın durumu abartılı bir düşkünlük gibi gelmişti bana, kimbilir bunun altında ne vardı?

— Hadi bir çalışma yapalım sizinle.

— Peki.

— Rahat bir pozisyon alın. Sırtınızı yaslayın. Gözleriniz kapatın. Nefesinize odaklanın. Şimdi en son çiçekleriniz için üzüldüğünüz ana gitmenizi istiyorum. Üç, iki, bir...

Yüzü asılmış, alt dudağı titremeye başlamıştı yine.

— Neredesiniz şimdi, bana tarif eder misiniz?

— Cenevre'deyim. Evi boşaltmışız, taşınmak üzereyiz, her yer koli dolu, taşımacılar evde... Ben çiçeklerimden ayrılacağım için çok üzgünüm. Göksel Cenevre'den ayrılacağı için üzgün, ben çiçeklerimden...

— Peki ayrılığa odaklanın. Nerenizde hissediyorsunuz ayrılığı?

— Karnımda...

— Şimdi yine üçten geriye doğru sayacağım. Sizde iz bırakan bir ayrılığa gidin.

Huzursuz huzursuz kıpırdandı yerinde.

— Üç, iki, bir... Neredesiniz?

— Kemal'leyim. Kemal var yanımda. Lise bitmiş, el eleyiz, ben tam burslu olarak Bilkent'i kazanmışım, o Boğaziçi'ni... Halbuki ben de Boğaziçi'nde okumak istiyordum, puanım da yetiyordu ama ailem ısrar etti Bilkent'te. Vedalaşıyoruz Kemal'le. O beni çok seviyor, çok düşkün bana. Ben de onu seviyorum, ama o daha çok seviyor beni. Vedalaşıyoruz. Onun çok üzüldüğünü biliyorum, ama yapabileceğim hiçbir şey yok.

— Nasıl biri Kemal?

— İçine kapanık, sessiz biri... Biraz ezik hatta...

— Siz ne hissediyorsunuz?

— Onu yarı yolda bıraktığımı hissediyorum. Keşke bu ilişkiye hiç başlamasaydım diye düşünüyorum hatta.

— Kemal'in sizin hayatınıza ne gibi katkısı oldu?

— Farklı müzik türleri öğrendim, farklı kitaplar keşfettim. İdealistliği öğrendim ondan.

Az önce yaptığımız konuşma geldi aklıma. Kek kabarmadığı için yardımcısından aptal diye bahsetmesi...

— Peki hadi gelin aptallığa gidelim? Kimler aptal sizin için? Kime, ne zaman aptal dersiniz?

— Kendimi ondan üstte gördüğüm zaman.

— Kibir denilebilir mi buna?

Gözlerini açmadan huzursuz huzursuz kıpırdandı yerinde.

— Ya ben birine bir şey anlatırken yoruluyorum. Kendimi onları kurtarmak zorunda gibi hissediyorum.

Her kurtarıcının bir kurbanı vardır. Yani kurban var ki kurtarıcıya ihtiyaç var. O yüzden Rüya Hanım'a da kurban ve kurtarıcının ona neyi çağrıştırdığını sordum. Sorduğum anda ağlamaya başladı.

— Bora... Bora'yı çağrıştırıyor. Ama onu kurtaramadım ben, kurtaramadım.

Daha önceki görüşmemizde Bora'dan bahsederken "Bizim aramızda farklı bir bağ var. Kardeşlik gibi değil sadece, daha güçlü, daha başka bir bağ!" var demişti. Ben de onu regrese (geriye götürme) ederek geçmişindeki Bora'yı bulabilmesi için yönlendirmeye karar verdim.

— Şimdi bulunduğunuz yerden biraz yükselin. Yukarıdasınız, her şeyi görebiliyorsunuz. Geçmişinize gidin. Geçmişinizde Bora nerede olabilir?

Gözleri sımsıkı kapalıydı. Gözyaşlarını sildi elinin tersiyle. O silerken elimde olmadan dikkatle baktım ellerine. Sağ elinin parmakları sağa, sol elinin parmakları sola doğru çarpılmış, her iki elinin başparmağı eline neredeyse yapışmıştı.

— Ben prenses gibiyim. Üzerimde beyaz bir elbise var, elbise gibi de değil, böyle uzun bir kumaş parçası, omuzumun üstünden geçiyor, belimde sımsıkı bir kemer...

Tarih kitaplarında sık sık rastladığımız Romalıların elbiselerine benziyordu.

— Yanınızda kim var?

— Kucağımda çocuğum var. Etrafım bana hizmet edenlerle dolu.

Birden acıyla kasıldı yüzü.

— Bir dakika bir dakika. Kucağımdaki çocuk değil, içi boş bir kundak. Çocuk kaybolmuş.

Ağır ağır konuşuyordu, her bir kelimenin ardından soluklanıyor bir sonrakine geçebilmesi saniyeler alıyordu.

— Kapıdan içeri Bora girdi. O bir komutan, etrafında askerleri var... Çok yakışıklı görünüyor. Ona çocuğumuzun kaybolduğunu söyleyince çok üzülüyor.

— Siz ona karşı ne hissediyorsunuz?

— Çocuk kayboldu diye suçluluk hissediyorum, Bora üzüldüğü için merhamet hissediyorum. Onu korumak istiyorum. Sanki mutluluğumuz yarım kalmış gibi hissediyorum.

Ağladı, ağladı... Önce sessizce, sonra hıçkıra hıçkıra... Hiç dokunmadan, konuşmadan bekledim. Yaklaşık bir on dakika sonra bir anda siliverdi gözyaşlarını. O zaman anladım ki geri dönmeye hazır.

— Artık yavaş yavaş açabilirsiniz gözlerinizi.

Gözlerini açtı, uzun uzun ovuşturdu elleriyle, sonra bana döndü.

— Göksel de asker gibidir, acaba ben o yüzden mi onu seçtim?

Aslında soruyu bana değil kendine sormuştu Rüya Hanım. Asker; mesleğinin sorumluluğu gereği mücadeleden vazgeçmeyen, yorulmayan, yılmayan kişidir. Acaba Rüya Hanım da eşini seçerken onun bu enerjik hallerinden mi etkilenmişti? Tam da bu noktada ona sormam gereken tek bir soru vardı.

— Günlük enerji denklemi nedir, biliyor musunuz?

— Yoo, nedir?

— Yani günde diyelim ki yüz birim enerjimiz var. Sağa sola dağıtırsak bize ya çok az enerji kalır ya da hiç kalmaz. Bunu da nereden telafi ederiz? Sağlıksız olan başka insanlardan telafi etmektir yani "Senin enerjini emeyim ki bana enerji gelsin" gibi... Sağlıklı olan ise ihtiyacımız olan ekstra enerjiyi sevdiğimiz bir işten, hobilerden temin etmektir. Mesela çiçeklerden... Acaba sizin "big bang" bu işe mi yarıyor?

Kafasındaki soru işareti bakışlarından belli oluyordu. Büyük ihtimal bir sonraki seansımıza kadar bu sorunun cevabını arayacaktı. Rüya Hanım odamdan çıktıktan sonra ona sorduğum sorunun bendeki cevabını aradım. Bu denklemi bilen, tavsiye eden biri olarak kimsenin enerjisi ile beslenmemeye çok dikkat ediyordum. Ama kendime enerji yaratmak için ben kendime ne kadar vakit ayırıyordum ki?

Tam da kendime bu soruyu sorduğumda birden duvardaki mandalalarıma takıldı gözlerim. Yapmayı en çok sevdiğim, yaparken en çok huzur bulduğum şeylerden biri olmasına rağmen ne kadar uzun süredir kâğıda, kaleme elim gitmemişti. Kendime kızdım, o akşam çocukları uykuya yolladıktan sonra masanın başına oturup, mandalanın incelikli dünyasına vakit ayırmak için söz verdim kendi kendime.

"Terzi kendi söküğünü dikemez" diye bir söz vardır ya. Nasıl da doğrudur aslında... Gerçekten de kişi yeteneğini ya da meslek haline getirdiği uzmanlığını kullanarak başkalarına yararlı olur da, bu uzmanlığını kendi yararına kullanmaya fırsat bulamaz. Benimki de öyleydi galiba... Neyse ki Rüya Hanım'a tuttuğum aynayı kendime de tutmuş, yol yakınken hasarsız fark etmiştim kendime ettiğim haksızlığı.

Bir sonraki seansımıza yine çok şık bir kıyafetle geldi Rüya Hanım. Az sonra danışmanlık verdiği firmanın yönetim kurulu toplantısına girecek kadar zarif ve profesyonel görünüyordu siyah smokin yaka tayyörünün içinde. Kanepeye oturur oturmaz sağlık sorunlarından bahsetti biraz. Yaptırdığı tahlillerde bağırsak inflamasyonu çok yüksek çıkmış, öströjeni çok azalmış, 56 günlük bir detoksa başlamış. Ama uzun süren detokslara alışıkmış ve bunu pek de dert etmiyormuş.

— Başka neler oldu son seansımızdan beri?

— Çok tuhaf. Sağda solda sürekli bebek ağlamaları duydum. Hiç hoşlanmam bebek ağlamasından.

Sonra içini çekerek devam etti.

— Bora da hiç sevmez, o da benim gibi çok rahatsız olur bebek ağlamasından.

Bebek ağlaması sesi gerçekten de rahatsız edebilir insanı. Hele ki kalabalık ve kapalı bir ortamda, mesela uçakta, konserde, tiyatroda... Ama insanlar anne baba olduktan sonra, bebek ağladığında nasıl çaresiz kalındığını ve kimi zaman ağlayan bebeği susturmanın neredeyse imkânsız olduğunu deneyimleyince, bu rahatsızlığın yerini empati alır, almalıdır da... İki çocuklu bir anne olan Rüya Hanım, terapi koltuğuna oturur oturmaz, bebek ağlamalarından duyduğu rahatsızlıktan bahsedince altındaki nedeni bulmak istedim. Ondan başını yaslamasını, gözlerini kapamasını ve düzenli nefes alıp vererek, nefesine konsantre olmasını istedim.

— Hadi ağlayan bebeği arayın içinizde... Üç, iki, bir... Neredesiniz?

— İki üç yaşlarında bir kız çocuğu görüyorum. Uzun sarı saçları var, lüle lüle...Üzerinde güzel bir elbise var, elinde bir demet çiçek...

— Nerede bu çocuk?

Huzursuz huzursuz kırpıştırdı gözlerini.

— Boş bir sokakta, Mısır gibi bir yer burası, Mısır'a benziyor.

Rüya Hanım ve eşinin de ilk kızları küçükken uzun bir süre Mısır'da yaşadığı geldi aklıma. Kimbilir belki de Mısır aklında yer etmiş ve regresyon sırasında da karşısına çıkıvermişti.

— Peki, başka neler görüyorsunuz?

— Etraf çok kalabalık, kız sanki birisini arıyor.

Birden sesi yükseldi, çığlık atmaya başladı.

— Ay, kötü birisini gördü. Kötü! Kötü! Üzerinde Azrail cübbesi var. Kız ona doğru gidiyor. Eyvah!

Sonra derin bir nefes aldı. Yüzüne az önce misafir olan endişe gitmiş, yerini rahatlama almıştı.

— Oh! Neyse... Yolunu değiştirdi. Bir tepeye tırmandı. Orada çok eski bir evin önünde yaşlı bir kadın var. Kız onun evine girdi.

— Nasıl bir ev orası?

— Huzurlu bir ev, ocakta ekmek pişiyor. Ama kızın kıyafetleriyle ortam hiç uyuşmuyor.

— Kız nasıl görünüyor?

— Çok mutlu, orada bulunduğu için iyi hissediyor.

Derin bir nefes alma sırası bu kez bendeydi. Rüya Hanım, kızı bir filmi izler gibi takip ediyordu ve belli ki kız onu kendi içinde önemli bir yere götürecekti.

— Şimdi üçten geriye doğru sayacağım ve bire geldiğimizde bu kızın içine gireceksiniz, tamam mı?

Başını öne doğru sallayarak dediklerimi onaylayınca saymaya başladım.

— Üç, iki, bir... Artık kızın bedeninin içindesiniz. Bana gördüklerinizi anlatın lütfen.

— Evin içindeyim, huzurluyum, elbisem çok güzel, tenime değince iyi hissediyorum, pamuklu. Çoraplarım tertemiz, ayaklarımda beyaz, rugan ayakkabılar var. Tertemiz...

— Anne ve babanız nerede?

Duraksadı bir an...

— Bilmiyorum. Burada mutluyum ama buraya ait değilim, kendimi buraya ait hissetmiyorum.

— Peki üçten geriye doğru sayacağım ve bu elbiseyi giydiğiniz, ait olduğunuz yere gideceksiniz. Hadi! Üç, iki, bir... Bu elbiseyi kim giydirdi size?

Çok ağır konuşuyordu... Kelimelerin arasında duruyor, uzun uzun soluklar alıyordu.

— Çok büyük bir odadayım. Kocaman bir aynanın önündeyim. Birisi beni giydirip saçlarımı tarıyor. Çok güzel bir yer burası. Bakımlı, yüksek tavanlı, böyle malikâne gibi bir yer. Yemyeşil bir bahçesi var. Aristokrat evleri gibi... Şimdi bahçeye çıkıyorum. Bahçede bir tavşan var. Bahçe de çok güzel. Lavanta tarlası gibi bir yer. Sanki Fransa'ya benziyor.

— Zamanı ileri saralım şimdi. Bu küçük kızın başına neler geliyor?

Dudakları titreyerek cevap verdi.

— Annemi ve babamı kaybettim. Onları arıyordum. Üzerimde beyaz elbisemle tek başına sokaklarda dolaşıp anne ve babamı arıyorum.

— Hadi zamanı biraz daha ileri saralım.

Sustu. Yüzü sanki çok üzüntülü bir film izler gibiydi. Yattığı yerde ellerini karnında kavuşturmuş, böyle yapınca romatizmadan çarpılan elleri daha da dikkat çekici bir hal almıştı. Birden heyecanla bağırmaya başladı.

— Ay çok kötü bir şey oluyor. Çok kötü! Ev yanıyor!

— Siz neredesiniz?

— Ben dışarıda kaldım. Ev yanınca koşmaya başladım. Koşuyorum. Deminki teyzenin yanına gidiyorum. Orası güvenli, kendimi orada güvende hissediyorum.

— Şimdi tekrar üçten geriye doğru sayacağım. Bir dediğimde o kızın hayatındaki bir sonraki önemli bir olaya gitmenizi isteyeceğim.

Gözyaşlarını silerek başıyla onayladı.

— Üç, iki, bir... Neredesiniz şimdi?

— Kilise gibi bir yerdeyim. Bu bir düğün töreni... Ben evleniyorum. Damat subay üniforması giymiş beni bekliyor. Ben yaşlı bir adamın koluna girmiş damada doğru yürüyorum. Ama koluna girdiğim kişinin yanında rahat değilim. Yürürken kalabalığa göz gezdiriyorum, çok garip, kimseyi tanımıyorum.

Sustu. Yüzünü buruşturdu birden. Belli ki onu rahatsız eden bir şey görmüştü. Sonra çok kısık bir sesle anlatmaya devam etti.

— O orada yine. Onu gördüm.

— Kim orada?

— Azrail! Sütunların arkasında, bana bakıyor.

— Hadi Azrail ile karşılaşma anınıza gidelim.

Huzursuzca kıpırdandı yerinde.

— Ay tüylerim diken diken oldu.

— Neredesiniz?

— Deminki güzel bahçeye benzeyen bir yerdeyiz. Benim bir oğlum var, oğlumla beraber geziyorum bahçede. Oğlum üç yaşlarında filan... Sonra Azrail geliyor. Bana doğru yürüyor, ben de ona doğru yürüyorum.

— Ne hissediyorsunuz?

— Çok ilginç, korkmuyorum. Tuhaf bir rahatlık hissediyorum. Sonra Azrail yanıma geliyor, beraber yürümeye başlıyoruz. Oğlum orada kalıyor.

— Ne oldu?

Gözünden akan tek damla yaşı silerek cevap verdi.

— Sanki iyi bir şey oldu. Bir şey tamamlandı. Ama benim bir parçam çocukla kaldı.

— Peki kendinizi hazır hissettiğinizde gözlerinizi açabilirsiniz.

Hemen açmadı, sanki biraz daha orada kalmak, gördüklerini hazmetmek ister gibiydi. Ben de onun hazır olmasını bekledim, ben istediğimde değil, kendisi istediğinde dönmesi önemliydi. Beş dakika kadar sonra yavaş yavaş açtı gözlerini. Belli ki artık hazırdı.

— Bu hikâyenin ana fikri neydi sizce?

Hiç düşünmeden cevap verdi.

— Ayrılık!

— Yarım kalan neydi?

— Sevgi! Ne ailemle olabildim, ne çocuğumla olabildim!

— Bilinçaltınızdan çıkan hikâyeyi deneyimlediniz. Geçmiş yaşamlara inanan biri olarak bu geçmiş yaşamınız sizce sizin şimdiki yaşamınızı nasıl etkiliyor?

— Bilmiyorum... Bilmiyorum...

Sonra birden ağlamaya başladı. Hıçkıra hıçkıra, sarsıla sarsıla ağladı uzun uzun... Neden sonra başladığı gibi birden kesildi gözyaşları. Ardından üşümeye başladı, benden bir şal istedi. Kanepenin bir köşesinde tuttuğum şalı uzattım hemen ona. Şala sarıldı, yüzü korkuyla kasılmıştı.

— Ölüm korkusu var bende. Ölmekten korkuyorum.

— Az önce gördüklerinizden sonra mı korkmaya başladınız?

— Bu ilk görüşüm değil ki Azrail'i. Ben onu daha önce rüyamda da gördüm. Paris'te yaşadığım dönemde kaldığım otel odasında da gördüm. Aynı rahip gibi kıyafet, aynı cübbe, elinde asası... Tam Cenevre'den ayrılacağım sıra rüyama da girdi, yine bir oğlan çocuğunu benden almaya gelmişti.

Anlattıkları çok ilginçti Rüya Hanım'ın. Bunun nereye varacağını, Azrail'in bilinçaltında ve rüyalarında sık sık karşısına çıkmasının altında yatan nedenleri merak ediyordum. Ancak o gün için seansımızı bitirmemiz gerekiyordu. Çünkü Rüya Hanım gördüklerini sindirmeli, üzerine düşünmeliydi.

İki hafta sonrası için sözleştik. Odamdan çıkarken yüzü allak bullaktı. Gördüğü her şeyi tekrar gözden geçirdiğinden, tartıp biçtiğinden emindim.

Terapi sürecinde terapi esnasında yaşananlar kadar sonrasında yaşananlar da değerlidir. Çünkü terapide serbest bırakılan duygular, kişinin o zamana kadar bastırdığı duygularını fark etmesini, onlarla yüzleşmesini sağlar. Duygusal iyileşmenin belki de en zorlu tarafı ruhun derinliklerinde donmuş olan duyguların bilinç düzeyine taşımak ve onları deneyimlemek için kendimize izin vermektir.

Ne yalan söyleyeyim, iple çektim Rüya Hanım'ın bir sonraki seansını. Aklımın bir köşesinde hep onun Azrail'le karşılaşıp durması vardı. Ben bile bu kadar etkilendiysem, o neler yaşamıştı kimbilir...

Tam randevu saatimizde, yine şık bir tayyör ve yine fönlü saçlarıyla Rüya Hanım içeri girdi. Her zamanki gibi çok hoş, çok alımlıydı.

— Nasılsınız görüşmeyeli?

— Ya işler karıştı biraz, kocam iş değiştirdi, tekrar Londra'ya taşınma durumu çıktı. Ne yapacağız bilmiyorum, çocukların okulu, benim işlerim… Her şey karıştı.

— Bu taşınma işi dışında siz nasılsınız?

Omuzlarını silkerek cevap verdi.

— Diyete devam ediyorum. Sanırım psikolojik olarak da daha rahatım.

— Öfke patlamaları, Big Bang?

Mahcup gülümsedi.

— Yok, eskisi gibi değilim. Daha az alevleniyorum.

— Kontrolcülük devam ediyor mu?

— Elimden geleni yapıyorum ama dağınıklığa tahammül edemiyorum. Sanki içimde bir şey orayı burayı toplamam için dürtüyor beni. "Bırak dağınık kalsın" bana göre değil!

Derin bir nefes aldım. Arkama yaslandım.

— Bugün özel olarak konuşmak istediğiniz bir konu var mı, yoksa Azrail'i çalışalım mı?

— Aslında ben de istiyorum ancak korkuyorum biraz.

— Adım adım gideriz, kendinizi çok rahatsız hissederseniz dururuz.

— Aslında hem korkuyorum ondan hem de korkmuyorum. Korkunun ecele faydası yok demişler, halledelim şu işi…

İşkadını enerjisiyle konuşmuştu Rüya Hanım, belki de kontrolü Azrail'in elinden almak, kontrolün kendinde olmasını sağlamak istemişti.

— O zaman hadi gelin yine sizin gizli/kutsal bahçenize gidelim.

Rüya Hanım'ın içindeki gizli bahçeyi bulmasına yardımcı oldum. Yine çöle gitti ancak bu kez mağaraya değil vahaya gitti.

— Bana anlatır mısınız neler gördüğünüzü?

— Bir çöldeyim. Daha doğrusu çölde bir vahadayım. Çok yaşlı bir kadınım. Ama çeviğim, gücüm yerinde. Üzerimde rahibe gibi bembeyaz bir kıyafet var, başım da örtülü. Babaanneme benziyorum. Onun da benim gibi romatoid artridi vardı, demiştim ya size.

— Nasıl hissediyorsunuz?

— Çok rahat ve huzurluyum. Bir tepe var, bir kilise var, sebze topluyorum bahçeden... Küçük domatesler, fasulyeler topluyorum. Etrafta tavşanlar var.

Masal gibiydi anlattıkları. Öyle ki hissettiği huzur yüzüne de yansımıştı. Ama yüzündeki huzurun yerini şaşkınlık aldı birden. Küçük bir çığlık attı.

— Aaa ben değiştim. Değiştim ben.

Merakla sordum.

— Nasıl değiştiniz?

— Yeniden küçük bir kız çocuğu oldum. Demin yaşlıydım halbuki... Şimdi dört beş yaşlarındayım. Yanımda da az önceki yaşlı kadın var. Babaannemmiş o.

— Bakın ileride bir orman var, şimdi o ormana girmenizi istiyorum.

— Oraya doğru yürüyorum. Babaannemle beraber gidiyorum.

— Tamam. Gelince haber verin lütfen.

Az sonra nefes nefese cevap verdi.

— Geldim, oradayım.

— Şimdi üçten geriye doğru sayacağım, ağaçların arasından Azrail çıkacak. Üç, iki, bir...

Heyecanla cevap verdi.

— Geldi. Geldi!

— Bana biraz anlatır mısınız onu?

— Şövalye gibi.... Kara şövalye gibi... Üzerinde siyah bir pelerin var, kapüşonu kafasını örtüyor, ince uzun yüzü kapüşonla gizlenmiş. Kendimi rahatsız hissediyorum, yanımda duran babaannemin elini tutuyorum. Kapüşonu geriye kayınca yüzünü görüyorum şövalyenin, yüzü hiç korkunç değil, hatta yakışıklı bile denebilir.

Azrail demek her defasında beni de irkiltiyordu. O artık şövalye diye anmaya başladığına göre ben de şövalye diye devam etmeyi tercih ettim.

— Peki "Merhaba" deyin ona, bakalım kara şövalye size ne diyecek?

İfadesi değişmiş, endişeli bir hal almıştı yüzü.

— Kılıcını yere sapladı, elimi tuttu ve benim önümde yere kapandı.

Azrail'in şövalyeye dönüşmesi, önünde yere kapanması garipti.

— Ona neden önünüzde eğildiğini sorar mısınız?

— Sanki hep beni arıyormuş, o yüzden önümde eğilmiş...

— Siz ne hissediyorsunuz?

— Ben ondan korkuyorum.

— O zaman bunu onunla da paylaşın.

Başını sol tarafa çevirdi. Fısıldayarak şövalyeyle konuşmaya başladı.

— Senden korkuyorum. Neden buradasın?

Birden kafasını hızla sağına çevirdi. Belli ki bir şey görmüştü. Merakla sordum.

— Ne oldu, ne var orada?

— Simsiyah bir at geldi. Şövalye ile atın gözleri aynı sanki. İkisinde de acı var, hüzün var.

Söyledikleri ilginçti. Çünkü daha önce de kardeşi Bora'nın bakışlarını bir köpeğe benzetmişti.

— Peki şövalyeye sorun lütfen, neye ihtiyacı var?

Kafasını tekrar soluna çevirdi. Karşısındakini dinler gibi başını salladı birkaç kez. İfadesi değişmiş, bakışları gölgelenmişti, duyduklarından etkilendiği belliydi.

Sonra bana döndü, şövalyenin dediklerini tekrar etti.

— Sevgiye ihtiyacı varmış. Ben ona bu sevgiyi verebilirmişim.

— Nasıl verebilirmişsiniz?

— Onu düşünerek verebilirmişim.

— Sizi önceden tanıyor muymuş?

Tekrar soluna döndü. Yüzü şaşkınlık içindeydi.

— Evet, onun adı Kastor! Babaannemin ölen çocuklarından biriymiş.

— Babaanneniz hâlâ yanınızda mı?

— Evet yanımda, o da şaşkın, ağlıyor. Kastor şimdi onun elini öptü. Babaannem ona sarıldı, dua ediyor, tespih çekip şükrediyor. Kastor da ağlıyor.

Aile dizimi terapisini bulan psikoterapist Bert Hellinger, insan hayatındaki en büyük sıkıntıların sebebinin, genelde aile bağlarındaki birtakım mutsuzluklar, bireyler arasında tıkanmış ilişkiler, hatta jenerasyonlar boyu süregelen ama bizlerin farkında olmadığı çözülmemiş problemler olduğunu söyler.

Bert Hellinger ailelerde ebeveyn, kardeş veya çocuğun erken ölümü, suç veya intihar gibi travmatik olayların daha sonraki nesillere yıkıcı bir şekilde etki edebildiğini gözlemlemiştir. Geçmişten gelen mutsuzluğa karışan aile üyeleri, bilinçsizce anksiyete, depresyon, öfke, suçluluk gibi yıkıcı kalıpları aile mirası olarak geliştirirler.

Yani Hellinger'ın dediği aslında bizim atalarımızın yıllar önce söylediği ile aynıdır. "Dede erik yemiş, torunun dişi kamaşmış." Aslında modern bilim de bu teoriyi destekliyor. Aklın alamayacağı büyüklükte bilgi taşıma kapasitesi olan DNA'mızın, sadece biyolojik bilgileri değil, hatıra ve duygu bilgilerini de taşıdığı ispatlanmıştır.

Rüya Hanım'ın regresyonunda ortaya oğlunu kaybeden babaanne ve erken yaşta ölen Kastor çıkınca ben de aile dizimi terapilerinde kullanılan yola başvurdum.

— Lütfen babaannenizden Kastor'a "Seni artık görüyorum, ben seni ihmal ettim ama seni çok seviyorum" demesini ister misiniz?

Rüya Hanım tekrar soluna döndü. Sımsıkı kapalı gözlerinden yaşlar akıyor, sürekli burnunu çekiyordu.

— Söyledim. Babaannem ağlıyor, Kastor ağlıyor. Kastor babaannemin kucağına kapandı, babaannem onun başını okşuyor.

— Lütfen onlara sizden istedikleri bir şey olup olmadığını sorun.

— Dua etmemi istediler.

— Şimdi onlara onları sevdiğinizi söyleyin.

Yine soluna döndü, gözyaşlarını silerek konuşmaya devam etti.

— Sizi çok seviyorum. Sizi görüyorum ve çok seviyorum.

Uzun süre soluna bakarak ağladı, ağladı... Sonra bana döndü.

— Gittiler, ışığa doğru yükselip kayboldular.

Rüya Hanım'dan kendini hazır hissettiğinde gözlerini açmasını istedim. Birkaç dakika sonra ağır ağır açtı gözlerini. Gözleri ağlamaktan kıpkırmızı olmuştu. Sehpaya uzanıp, bir bardak su doldurup bir dikişte içti. Sonra anlatmaya başladı.

— Babaannem yani gerçek babaannemin ilk beş çocuğu ölmüş. Hepsi erkekmiş, hepsi canlı doğmuş, hepsi bir süre yaşayıp ölmüş. Sonra babam doğmuş. Yaşasın diye ayetel kürsi çemberinden geçirmişler babamı. Ondan sonra doğan tüm çocuklar yaşamış.

— Siz babaannenizi gördünüz mü?

— Tabii, 1992 yılında öldü. Çok iyi hatırlıyorum. Yüz yaşına yakındı öldüğünde. Uzun yaşadı.

— Onun da sizinle aynı hastalığı vardı değil mi?

Başını birkaç kez sallayıp cevap verdi.

— Evet, o da benim gibi romataid artritten muzdaripti. Ama o benim kadar genç değildi yakalandığında.

Belli ki babaannenin hastalığıyla beraber acısı da DNA'yla akıp gelmişti Rüya Hanım'a...

Bu Rüya Hanım ile yüz yüze son seansımız oldu. Çünkü kısa süre içinde İngiltere'ye tekrar taşındılar. Ancak taşındıklarından kısa bir süre sonra onunla skype üzerinden seans yapmaya devam ettik. Önceleri ekran karşısına yine iş toplantısına gider gibi ipek gömlekle, fönlü saçlarla geçmeyi sürdürse de yavaş yavaş vazgeçti bundan. Gömleğin yerini tişört, fönün yerini kelebek toka aldı.

Dokuz seans süren bir yolculuk olmuştu onunki. Ama kendi deyimiyle hem yolculuktan hem de vardığı istasyondan memnundu. Son seansımızda bana Azrail'in bir daha karşısına çıkmadığını, yavaş yavaş kendisinin değiştiğini, daha huzurlu hissettiğini söyledi. Hastalığıyla ilgili de kabul içindeydi, ellerine bakınca çok güzel çiçekler gördüğünü söyledi.

Kızlarıyla ilgili de daha rahattı artık, ikisi kavga ettiğinde asla karışmıyor, kendisini onların kavgalarından sorumlu hissetmiyordu. Dağınıklığa da kafayı fazla takmıyordu. Eskisi kadar huzursuz etmiyordu dağınıklık onu. Galiba artık bir "let go" annesiyim diye dalga geçiyordu kendisiyle. Bu rahatlık kızlarına da sirayet etmiş kızı Arya tırnak yemeyi azaltmıştı.

En ilginci ise Facebook'tan lisedeki erkek arkadaşı Kemal'i bulmuş, onunla konuşmuş, onun da Amerika'da iyi bir hayatı olduğunu öğrenip rahatlamıştı. Ara sıra mesajlaşıp, hal hatır soruyorlardı birbirlerine.

Kardeşi Bora ile ilgili de "Ben sağlıklıyım, o hasta" diye suçlu hissetmekten vazgeçmişti artık. Bora'nın ruhunun o bedeni seçerek, öyle bir hayat deneyimlemek istediğini düşünüyor, böyle düşünmek ona iyi geliyordu. Bora'ya ve anne babasına her fırsatta maddi manevi elinden geldiğince destek oluyordu elbet ama üzülerek değiştiremeyeceği bir konu için kendini hırpalamaktan vazgeçmişti artık!

Meral H.

"Bir şey var, adını koyamadığım, kendime bile itiraf ederken zorlandığım, eksikliğini hissettiğim... Bir şey var, ama ne bilmiyorum! Son zamanlarda bedenimin sinyaller verdiğini hissediyorum. Bedenimi anlamak, sinyallerini çözmek istiyorum. Kendimi biraz daha anlamak, tanımak, içsel olarak dönüşmek istiyorum."

Gece çok geç saatti. İşten zaten geç gelmiş, çocuklarla ilgilenmiş, onları yatırdıktan sonra evi derleyip toplamış, ertesi gün üniversitede vereceğim dersin notlarını hazırlıyordum ki bir e-posta düştü ekranıma. Gönderen kişi Meral H. Konuda ise "önemli ve acil" yazıyordu. Aslında bu gece derse konsantre olup, onun dışında bir konuyla ilgimi dağıtmamaya kararlıydım ama neden bilmem bir şey dürttü beni. E-posta Almanya'dan geliyordu. Çok güzel bir Türkçeyle, çok sade ve keskin bir anlatımla yazılmış uzunca bir mektuptu.

Merhaba Şeniz Hanım,

Adım Meral H. 12 Eylül öncesi siyasi nedenlerle Almanya'ya kaçmak zorunda kalmış bir ailenin kızıyım. Sekiz yaşında geldim Berlin'e. Geldiğimde Almanca bilmiyordum, annem babam da bilmiyordu. Ama babamın arkadaşlarının darbe sonrası yaşadıkları işkenceyi, zulmü, hapishanede geçirdikleri yılları düşünecek olursak Almanya cennetti bize. Neyse... Yaşadığımız zorlukları uzun uzun yazmayayım şimdi.

Ben iç mimarım. Berlin'de bir üniversitede öğretim görevlisiyim aynı zamanda. Üniversite için gittiğim İspanya'da ilk kocam Dante ile evlendim. Onunla olan evliliğimden iki çocuğum var. Sara ve Enzo. Dante ile çok sorunlu bir ayrılık yaşayıp döndüğüm Berlin'de, benim gibi çok küçükken Almanya'ya gelen Osman ile tanıştım. O da benim gibi iç mimardı. Onun Alman yalınlığı ile benim İspanyol enerjili çizgilerimi birleştirip, Türk köklerimizle de harmanlayıp kendi dekorasyon markamızı yarattık, çok da başarılı olduk. İşle başlayan birlikteliğimiz kısa sürede evliliğe dönüştü. On yıl önce Osman ile evlendik. Bir çocuğumuz oldu, adını Yaman koyduk. Sara yirmi altı, Enzo yirmi dört, Yaman dokuz yaşında.

Şimdi bu yazdıklarımdan ne güzel bir hayatı var, kendi kendini bulmuş, çoluğu çocuğuyla mutlu mesut yaşayıp gidiyor diyebilirsiniz. Ama işin aslı öyle değil! Bir şey var, adını koyamadığım, kendime bile itiraf ederken zorlandığım, eksikliğini hissettiğim… Bir şey var, ama ne bilmiyorum! Son zamanlarda bedenimin sinyaller verdiğini hissediyorum. Bedenimi anlamak, sinyallerini çözmek istiyorum. Kendimi biraz daha anlamak, tanımak, içsel olarak dönüşmek istiyorum.

Size Caroline Myss'in internet sitesi aracılığıyla ulaşıyorum. Myss'in "Your biography becomes your biology" yani biyografin biyolojini oluşturur sözü, beni hep çok etkilemiştir. Myss'ten eğitim almış terapistler Almanya'da da var elbet. Dilersem burada onlarla da çalışabilirim. Ama ben nedense bu yolculuğa anadilimde çıkmak istiyorum. Terapinin Türkçe olması benim için çok önemli. Çünkü rüyalarımı hâlâ Türkçe görüyorum. Hâlâ sinirlendiğimde, ağladığımda ya da çok mutlu olduğumda sözler otomatikman Türkçe çıkıyor ağzımdan. Ancak maalesef işim ve çocuklarım nedeniyle Türkiye'ye düzenli olarak gelip gitmem mümkün değil. Acaba internetten görüntülü aramalarla ya da skype üzerinden sizinle seanslar yapabilir miyiz?

Olumlu olacağını umduğum cevabınızı merakla bekliyorum.

Sevgilerimle

Çok ilgimi çekmişti Meral Hanım'ın yazdıkları. Skype yoluyla başka şehirlerdeki, başka ülkelerdeki danışanlarla yaptığım çalışmalarım olmuştu daha önce de. Yüz yüze çalışmayı tercih etsem de eğer yüz yüze hiçbir şekilde mümkün değilse bu şekilde çalışmalar da yapıyordum. Meral Hanım'ın Caroline Myss aracılığıyla gelmesi de bana bilinçli ve dikkatli biri olduğunu düşündürtmüştü. Hemen bir e-posta yazıp randevu için yarın asistanımla bağlantıya geçmesini istedim.

Değişik bir heyecana kapıldım nedense. Hep dediğim gibi her danışan ayrı bir hayat, her hayat ayrı bir hikâye. Hepsi birbirinden değerli, hepsi biricik! Benim yaptığım onlara ayna tutup, kendi içlerinde yola çıkmalarını sağlamak, çıktıkları yolda onlara eşlik etmek. Ama çok şükür ki bunca danışandan, dinlediğim bunca hikâyeden sonra bile hâlâ her yeni danışanda o tuhaf, değişik heyecanı hissediyorum içimde.

Ertesi gün uyandığımda Meral Hanım'ın yazdıkları aklımdaydı elbet. Ama bu kadar çabuk harekete geçeceği aklıma gelmemişti. Ofisime gidip, masama oturur oturmaz asistanım o günkü randevu planımı getirdi. Meral Hanım sabah erkenden arayıp o gün için bir boşluk olup olmadığını sormuş, tesadüfen ertelenen ilk randevu sayesinde kendine yer bulabilmişti. Yani ilk randevum Meral Hanım'laydı. Az sonra saat tam 10.00'ı gösterdiğinde Meral Hanım ekranımdaydı.

Meral Hanım hakkında, onun bana yazdıkları kadarını biliyordum. Randevu defterinde onun adını görünce de kararlılığı ve hızından etkilenmiş, acaba nasıl biri diye de merak etmiştim.

Görüntüsü de etkiledi beni. Çok derin bakışları vardı. Bilgisayar ekranından bile belli olan derin, kararlı, sorgulayıcı bakışlar... Siyah saçlarının çevrelediği ince bir yüzü, incecik dudakları vardı, gözleri ise o yüze ait değil gibiydi. Kocaman, simsiyah gözler, upuzun kirpikler... Değişik ve iddialı takıları, renkli kıyafetleriyle Pedro Almodovar filmlerindeki kadınlara benziyordu.

— Şeniz Hanım beni bu kadar çabuk kabul ettiğiniz için teşekkür ederim. Mektubumdan da anlamışsınızdır belki, ben öğrenmeye açık bir kadınım. Kendimi anlamak, bedenimin verdiği sinyalleri çözmek için bir süredir okumalar yapıyordum. Yol beni Caroline Myss'e götürdü. Onu bulana kadar çok okudum ama en çok onun dediklerinden etkilendim. "Biyografin biyolojindir." sözü farklı kapılar açtı bende.

— Rica ederim. Caroline Myss benim çok saygı duyduğum bir isim. Etkilendiyseniz size Mona Lisa Schulz ve Christiane Northrup'un kitaplarını da tavsiye ederim. İkisi de tıp doktoru. Öğrenme, kendinizi tanıma yolculuğunuzda size faydasının olacağına eminim. Bir de tabii Debbie Ford'un kitapları benim için olmazsa olmazlar arasında.

Ben konuşurken önündeki kâğıda isimleri not aldı.

— Çok teşekkür ederim. Okumayı zaten çok severim. Bunları da severek okuyacağıma eminim. *Kurtlarla Koşan Kadınlar* kitabını biliyor musunuz?

— Elbette.

— Benim başucu kitabımdır! Yıllardır döne döne, altını çize çize okurum.

"Kurtlarla Koşan Kadınlar" kitabını bu kadar çok sevmesi, hakkında sağlam ipuçları veriyordu aslında. Çünkü kitabın yazarı Clarissa P. Estes kadınlar için yalın, uygulanabilir ve doğal çözümler önerir. 19. yüzyılla birlikte insanlığın doğadan kopuşundan ve bir endüstri çarkının içinde kayboluşundan yola çıkarak kadınların yapması gereken ilk şeyin içlerindeki doğal sesi keşfetmek olduğunu söyler. Kadınların içinde yatan sınırsız güç ve yaratıcılığın, kurtların doğal yabanıllığında yattığını savunur. Kitap kadınların çoğu zaman farkında olmadan içselleştirmek zorunda bırakıldıkları eziklik ve yetersizlik duygusuna, bastırılmış cinsel güdülerine masallarla yaklaşır. "Kurtlarla Koşan Kadınlar" tüm dünya kadınları için bir feminizm manifestosu gibidir aslında!

— Ben de severim *Kurtlarla Koşan Kadınlar* kitabını.

Skype ile yaptığım seanslarda kameranın geniş açılı olmasını, danışanın el kol hareketlerini, oturuşunu görebilmeyi önemserim. Çünkü dilin demediğini bazen beden der. O nedenle önceden danışanı mutlaka uyarır, bu şekilde yönlendiririm. Ancak Meral Hanım'da böyle bir uyarıya gerek kalmamıştı. Onu, jest ve mimiklerini, bedenini tam olarak görebileceğim şekilde konumlandırmıştı bilgisayarını. Muhtemelen bu konuda deneyimliydi.

— Dilerseniz ben size biraz ailemden bahsedeyim.

— Nasıl isterseniz.

— Benim babam devrimciydi. Filistin'de eğitim kamplarında eğitim alan devrimcilerden. En yakın arkadaşları bu yolda hayatını kaybetti, kendisi de uzun süre hapis yattı, ben çok küçüktüm o zamanlar. Ama hayal meyal hatırlıyorum o günleri. Daha doğrusu hatırlıyor muyum, yoksa çocukluğumdan beri sürekli dinlediğim için hatırladığımı mı sanıyorum bilmiyorum.

Derin derin içini çekerek devam etti.

— Neyse, bizim için elbette zor yıllardı. Babam ateş gibi bir adamdı. Sürekli kendi doğrusunun tek doğru olduğuna inanan, baskın karakterli bir adam diyeyim, siz anlayın gerisini... Annemse sessiz, hatta silik bir kadındı. Ben ilk çocuğum. İlk çocuk değilim aslında da, ilk yaşayan benim. Benden önce ağabeyim Devrim doğmuş. Çok sevmiş babam onu, adını Devrim koymasından belli zaten ne kadar sevdiği. Çok güzel, topaç gibi sağlıklı bir çocukmuş. Ama altı aylıkken yüksek ateş nedeniyle kaybetmişler onu. Belki de başkadır nedeni bilemiyorum, ama ateşlenip iki gün içinde ölmüş, teşhis tam konulamamış bile. Sonra ben doğmuşum. Bir de ağabeyimin tersine gösterişsiz, kara kuru bir bebek olunca babam pek sevmemiş beni. Adımı da o koymamış zaten. Ben bir hafta isimsiz kalınca anneannem Meral olsun demiş. Benden sonra iki kardeşim daha oldu, onlar erkek, Cihan ve Cevahir. Babam onlara sevdiği devrimcilerin isimlerini verdi.

Almanya'da yetişmiş, üzerine uzun yıllar İspanya'da yaşamış olmasına rağmen Türkçesi çok akıcı ve düzgündü Meral

Hanım'ın. Diksiyonu, seçtiği kelimeler, vurguları öyle iyiydi ki, sanki karşımda profesyonel bir tiyatrocu vardı.

— Cihan ve Cevahir sağlıklı çocuklardı, kıpır kıpır, cevval, hatta yaramaz, tam babama göre... Ben öyle değildim.

Bir derin nefes daha aldı, sandalyesine yaslandı. Anlattıklarının arkasından ne gelecek diye merak içindeydim. Baba temasını not aldım. Ama ihtiyacı olduğunu anladığım sessizliği bölmedim. Belli ki az sonra anlatacakları onun yarasıydı.

— Ben sağlıksız bir çocuktum. Favizm hastasıyım.

Favizm hastalığı, vücudumuzda çok önemli olan glukoz 6 fosfat dehidrogenaz enziminin yetersizliği veya görevini yapamamasıdır. Bu enzim bütün vücut için önemli olmakla birlikte özellikle alyuvarlar için önemlidir. Çünkü bu enzimin eksikliği alyuvarların ölümüne yol açar. Nefes darlığı, çarpıntı ve yoğun yorgunlukla kendini gösterir. Belirtileri kansızlık ve sarılıktır.

Favizme halk arasında "bakla zehirlenmesi" de denir. Favizm hastaları özellikle bakla ve diğer oksitleyici besinleri tüketmemelidir. Çünkü eğer tüketirlerse bu üç gün ila bir hafta arasında alyuvarların yıkımına neden olur. Ortaya çıkan kansızlığın sonucu ise ölüme yol açabilir. Hastalık adını bakladan yapılan fava mezesinden almıştır.

— Önce kan kanseri sanmışlar. Tabii o zamanın Türkiye'sinin şartları da malum. Bu pek görülen bir hastalık da değil Türkiye'de. Ne yapacaklarını şaşırmışlar. Sürekli, halsiz, yorgun, sapsarı bir çocuk... O dönemde babam da birkaç davadan yargılanıyormuş zaten. Kaçmak zorunda kalmışlar. Ama sanki Almanya'ya gelmelerinin nedeni benim tek hastalığımmış gibi annem hep bana "Senin için kaçtım ben" derdi. Babam öyle demez ama "Mecbur kaldık" diye geçiştirirdi.

— Kaçmasalar ne olurdu sizce peki?

— Valla babam ya asılırdı ya uzun yıllar hapiste kalırdı ya da bir şekilde ortadan kaldırılırdı. 12 Eylül sonrası devrimcilerin başına ne geldiyse babama da aynısı olurdu. Ama o kaçışı yediremiyor kendine. Sanki davasına ihanet etmiş gibi hissetti yıllarca. Sonra kaçaklar için sürgün kararı çıktı biliyorsunuz, yıllarca dönemedik Türkiye'ye.

— Ama sonra kalktı o karar bildiğim kadarıyla. Döndü mü anne babanız?

— İlk önce bir heves geldiler İstanbul'a. Ama buldukları İstanbul onların İstanbul'u değildi ki. Yapamadılar... Hem babam çok değişmiş buldu eski arkadaşlarını. Biz Almanya'da okuyorduk, mutluyduk, alışmıştık, dönemediler.

— Peki hastalığınıza orada mı teşhis konuldu?

— Evet. Orada konuldu. Gittikten birkaç ay sonra... Bu arada bir de Gilbert sendromu çıktı bende.

Gilbert sendromu, kanda biriken bilirubin denilen bir maddenin normal seviyelerinden biraz daha yüksek olması nedeniyle oluşan zararsız bir karaciğer rahatsızlığıdır. Kan hücreleri parçalanınca oksijen taşıyan hemoglobin molekülü karaciğerde parçalanarak bilirübine dönüşür ve safra ile atılır. Gilbert sendromunda ise enzim eksikliği sonucu bilirübin atılamaz ve sarılık ortaya çıkar. En sık görülen belirtisi, cildin ve göz akının sarımsı bir ton almasıdır.

— Peki şimdi nasılsınız?

— Çok şükür iyiyim artık. Geçen yıllarda kendimi korumayı öğrendim. Bir de doktorlarım çok iyi, çok sıkı takip ediliyorum. Ama küçükken... Küçükken çürük bir elma gibiydim.

Yaptığı benzetme dikkatimi çekti, içimi acıttı. Kendisini sağlıksız değil de çürük olarak tanımlaması yaşadıklarının ona ne kadar ağır geldiğini gösteriyordu.

— Bir de hep bana Almanya'ya gelmelerinin tek nedeni benmişim gibi davrandılar. Babamın işi her ters gittiğinde, her iş bulamadığında, İstanbul'u her özlediklerinde. Sonra sürgün kalkınca dönmemelerine sebep olarak da benim sağlığımı gösterdiler.

Yıllarca kendimi suçladım. Sonra aklım erip biraz araştırma yapınca dedim ki kendime "İyi ki hastalanmışım!" Almanya'ya gelmesek belki de babasız kalacaktık.

Doğruydu söyledikleri. Belki de hastalığı sayesinde kaçak da olsalar, sürgün de olsalar ailelerinin bütünlüğü korunmuştu.

— Babanız rahat iş bulabildi mi?

— Önce zor oldu tabii. Ama benim babam İTÜ Maden Mühendisliği'nden mezun. Dil öğrenene kadar zorluk çekti ama sonra iş buldu. Hatta Türkiye'den her maden göçüğü haberi geldiğinde içi sızlardı. Buradaki madenlerle Türkiye'dekiler çok farklı diye üzülür, memleketine yardım edemiyor diye kahrolurdu.

— Anneniz?

— Annem öğretmendi. Fizik öğretmeni. Almanca öğrenip orada öğretmenlik yapmayı istedi ama öğrencilere öğretecek kadar yetkin öğrenemedi Almancayı bir türlü. Zaten üç çocuk... Kursa mı gitsin, bize mi baksın? Bir de ben hastalıklı bir çocuktum zaten.

Kendisinden hasta değil de hastalıklı diye de bahsetmesi dikkatimi çekmişti. Öyle ki hem annesinin hem babasının yaşadığı her zorluğu üstlenmiş, hasta olmayı o seçmiş gibi bir de hasta olmanın sorumluluğunu sırtlanmıştı.

— Anne ve babanızın ilişkisi nasıldı?

— Yani... Nasıl anlatayım. Babam pek ciddiye almazdı annemi. Annem vardı evet! Ama evdeki bir eşya gibi, varlığı hissedilmeyen ama arızalanınca yokluğu hissedilen bir eşya gibiydi. Hani çamaşır makinesi çalışırken varlığını hissetmezsin de arızalanınca işlerin aksar, ne yapsam diye düşünürsün ya, öyle...

— Anneniz nasıl biri?

— Sessiz... İçine kapanık... Tepkisiz... Hiç ağladığını görmedim mesela... Duygusuz bile diyebilirim annem için. Ne hissetti, ne düşündü hiç anlamazdım. Bizimle ve babamla arasında garip bir mesafe vardı. Ama kendi annesiyle ve teyzelerimle öyle değillerdi. Biz Almanya'ya geldikten birkaç sene sonra onlar da taşındılar Almanya'ya. Annem onların yanında başka biri olurdu sanki. Babam onlardan hep Zeze Kabilesi diye bahsederdi.

— Neden Zeze?

— Zeynep annemin adı. Zeze derdi babam.

— Yaşıyor mu anneniz?

— Yok, 2000 yılında yumurtalık kanseri teşhisi konuldu. Epey mücadele etti aslında ama 2008'de kaybettik.

— Babanız?

— Babam da kanser oldu, 2005'te. Mide borusu ve bağırsak kanseri, ama o annem kadar dayanamadı. Bir sene içinde gitti.

Hem annesini hem babasını kanserden kaybetmişti. Tam da bu noktada aklıma e-postada yazdığı "Bedenimi anlamak, sinyallerini çözmek istiyorum" sözü geldi.

— Peki size dönelim. Sekiz yaşında bir çocuk için nasıldı göç?

Gülümsedi.

— E önceleri zordu tabii. Okula yeniden başladım, birinci sınıfı bir kez daha okudum. Bir de Almanlar eskiden daha acımasızdı. Almanca bilmiyorsan hemen zayıf bir okula yerleştirirlerdi seni. Çok ayrımcılardı eskiden. Ama ben zekiydim, çalışkandım. Kısa zamanda çözdüm Almancayı. Çok çalıştım. Sağlığım zayıftı ama derslerim hep pekiyi idi.

Konuşurken birden durdu. Önce derin derin içini çekti, sonra acı bir gülümseme kondurup yüzüne öyle devam etti anlatmaya.

— Sanki başarısızlığa hakkım yokmuş gibi hissederdim çocukken. Babam beni sevsin diye, onun gözüne gireyim diye, benden önce ölen ağabeyim gibi, Cihan ile Cevahir gibi beni de çok sevsin diye erkek gibi davranırdım çocukken. Hiç etek giymedim mesela. Saçlarımı hep kısacık kestirirdim. Hiç öyle bebekle filan da oynamadım. Beni sevsin diye…

— Babanız sizi sıkar mıydı peki?

— Yok, yok. Mesela ortaokulda lisede değişim programlarıyla, okul gezileriyle başka ülkelere gitmeme bile izin verdi. Bir sene İskoçya'da kaldım. Orta sondaydım sanırım. Yazın bir ay Fransa'da da kalmıştım.

— Mesleğinizi nasıl seçtiniz?

— Benim resmim çok iyiydi. Aslında hep içten içe ressam olmak istedim çocukken. Ama hiç söyleyemedim tabii. Sonra lise sonda okulda bir sınav yaptılar. Kime hangi meslek uygun diye? Bana iç mimarlık çıktı.

— Babanız nasıl baktı bu işe?

— Vallahi ben beğenmez, istemez sanıyordum. Ama şaşırttı beni. Daha doğrusu her şey o kadar üst üste denk geldi ki.

— Ne oldu?

— O haftasonu babamın çalıştığı maden şirketinin aile pikniği vardı. Hani her bahar şirketler çalışanlara ve ailelerine motivasyon piknikleri yapar ya... İşte öyle bir piknik vardı. Biz de gittik tabii. Orada şirketin genel müdürü ile sohbet ederken, adam kendi kızının İspanya Barcelona'da bir üniversitede iç mimari okuduğunu söyledi. Babama da okulu çok övdü, tavsiye etti. Ben aslında İtalya'da okumak istiyordum, hayalim hep Milano idi ama pat diye kendimi İspanya'da buluverdim.

Yüzü gölgelenmiş, bakışları kararmıştı.

— Oraya varınca kendi kendime bir hesap yaptım. "23 yaşına kadar burada kalırım, sonra dönerim" diye ama... Ama olmadı! Ben Barcelona'da resmen tuzağa düştüm, yağmurdan kaçarken doluya yakalandım.

Barcelona'ya gitmiş, hayatımın en zevkli tatillerinden birini orada geçirmiştim. Genç bir kadın için dünyanın en yaşanası yerlerinden biri olabilir Barcelona. Hele de mimarlık tahsili gören biri için cennet gibidir. İlginç binalarıyla, muhteşem tarihi eserleriyle "Güzel bir şehir nasıl olur?" sorusuna verilen cevap gibidir Barcelona. O yüzden Meral Hanım'ın orada okumaktan duyduğu memnuniyetsizlik beni şaşırtmıştı.

— Neden öyle dediniz?

— Çünkü... Çünkü hayatımın akışı değişti orada.

İyice meraklanmıştım.

— Neden?

— İlk başta alışamadım. O vakte kadar hep babasının onayı için yaşamış bir kız iken artık gün sonunda onaylayacak birinin olmaması boşluğa düşürdü beni. Sevemedim o özgürlüğü. Özgürlük gibi değil boşluk gibi geldi bana. Notlarını soran yok, kaçta gelip gittiğine bakan yok! Uyum da sağlayamadım okula. Ben Alman disipliniyle yetişmişim, onlar özgür ruhlular. Geç uyanıyorlar, geç uyuyorlar, sürekli sokaktalar…

Küçük bir kahkaha atarak devam etti konuşmaya.

— Bir de babamın gözüne gireyim diye üniversitede solcu öğrencilerle takılmaya başladım. Daha doğrusu ben gitmeden babam araştırma yapmış, kimlerin toplantılarına katılmam gerektiğini filan belirlemiş. Ben de gittim tabii. O da uymadı bana. Sevemedim. Hiç sevemedim o muhabbetleri, o ortamı. Belki de babama duyduğum öfkeden dolayı hep eleştirel yaklaştım konuştukları her konuya. Uyumlanamadım. Ya da belki o vakte kadar içimde biriktirdiklerim patladı, o vakte dek içimde tuttuğum, içime atıp gömdüm sandığım her şey ortaya çıktı, bilemiyorum.

— Ne oldu?

Arkasına yaslandı, oturduğu koltuğun kollarına geçirdi tırnaklarını.

— İntihar etmeyi denedim. Bir akşam okulun yurt odasında bir kutu parasetemol içtim. Artık yaşamak istemiyordum. Hatta veda mektubu bile yazdım. Ama…

Sustu, derin derin içini çekti birkaç kez.

— Ama pişman oldum. Kendim haber verdim yurt görevlilerine. Sonra da sustum.

— Sustum derken? Nasıl sustunuz yani?

— Beni hastaneye götürdüler. Midem yıkandı, oradan da bir psikiyatri kliniğine. Egzojen depresyon tanısı kondu.

Egzojen depresyon dış faktörlerin etkisiyle ortaya çıkan depresyon vakaları için kullanılır. Sevilen birinin ölümü, hayal kırıklığı, işsizlik, mevsimsel değişiklikler, savaş ve terör gibi trav-

matik etkenler sonucu ortaya çıkan depresyon vakaları egzojen depresyona örnek teşkil eder. Genellikle relatif ve durumsal depresyon diye de adlandırılır.

— Sonra da dilim tutuldu benim. Haftalarca hep aynı şeyi söylemişim. Ben hatırlamıyorum ama başka hiçbir şey söylememişim.

— Ne demişsiniz?

— "Balon kabarcığı olayım, hafifleyeyim, uçayım" demişim. Hep bunu demişim.

— Türkçe mi demişsiniz?

— Evet.

— Anne babanız geldi mi kliniğe?

— Babamı gölge gibi hatırlıyorum. Sonradan öğrendim ben uyuyorken bir gece gelmiş gitmiş. Annem kaldı.

— Az önce "Orada hayatımın akışı değişti" dediniz. Hayatınızın akışını intihar teşebbüsü ve depresyon mu değiştirdi?

Küçük bir kahkaha attı. Kocaman gözleri gülünce uzun bir çizgi gibi oldular. Ama uzun sürmedi gülüşü. Bilgisayar ekranından bile hissedilen derin bir öfke gelip oturdu yüzüne.

— Orada Dante ile tanıştım!

Sert bir sesle söyledi bunu.

— Dante ilk eşinizdi değil mi?

— Evet. O klinikte doktordu Dante! Genç bir psikiyatristti. Ben 18 isem o da 30 yaşındaydı işte! Yakışıklı, karizmatik, doktor!

Sustu. Uzun uzun sustu. Belli ki düşündüğü, ölçüp biçtiği ama yerine oturtamadığı bir şeyler vardı içinde. O susarken ben onu seyrettim. Sol kaşı havaya kalkıp iniyor, arada derin nefesler alıyordu. Sanki içinden biriyle tartışıyor gibiydi.

— Çok doluyum Şeniz Hanım. Atamadığım, çözemediğim çok konu var.

— Ne çözmek istiyorsunuz?

— Annemle bağ kurmak istiyorum. Onu anlamak, tanımak

istiyorum. Babamı ve Dante'yi affetmek istiyorum! Affedip rahatlamak... Ama eskiyi deşmek istemiyorum. Aynı acıları hatırlamak istemiyorum.

— Sizi çok iyi anlıyorum, genelde tüm danışanlarım aynı şeyi söyler ve geçmişe bulaşmadan iyileşeyim, rahatlayayım, hafifleyeyim ister. Hatta keşke şu gamsız insanlardan birisi olabilsem diye dilerler...

— Ahh, keşke...

— Tabii diyelim ki deşmek istiyorsunuz, anlat anlat nereye kadar... Sizin 40 senelik hayat hikâyenizi bana aktarmanız için bir 40 sene daha lazım ve üzerine de o hikâye ile çalışmak için ekstra zaman. Bu imkânsız bir şey.

— Çok haklısınız. İşte bu yüzden ben psikanalize gitmek istemedim, etrafımdaki bazı kişiler, "Hazır psikanalizin anavatanındasın, gitsen ne güzel olur" dediler ama ben uzun uzun geçmişi anlatmak istemiyorum, halim de yok. Bunu yapmadan psikoterapi görme, kendini keşfetme ve geçmişi arkada bırakarak yola devam edebilme imkânı var mı?

— Cevabım hem evet hem hayır. Benim için psikoterapide amaç geçmişi deşmek değildir ancak sizde iz bırakmış, şimdiki anınıza etki eden olayların etkisini hafifletmek ve mümkünse gidermektir. Bir örnek vermem gerekirse: Bir yolda ilerliyorsunuz ve bu yolda çeşitli büyüklükte taşlar var. Küçük taşları önemsemezsiniz hatta görmezsiniz bile. Biraz büyük taşların ya üzerinden geçersiniz ya da çevresinden dolanırsınız. Ancak yolunuza set çeken taşlar, kayalar varsa işte onları halletmek gerekir. Psikoterapide bu set çeken taşlarla çalışırız.

— Peki hangilerinin olduğunu nasıl anlıyoruz? Yani set çekenleri...

— Bu noktada siz önderlik ediyorsunuz. Bilinciniz, bilinçaltınız, duygularınız, tektikleyicileriniz... Bana malzemeyi veriyorsunuz, ben size rehberlik yapıyorum, beraberce o taşları ortadan kaldırıyoruz. Evet belki bazı zamanlar zorlanabilirsiniz ancak biz çalışmasak dahi, o taşlar zaten ordalar ve sizi bloke ediyorlar, zaman zaman da hırpalıyorlar. Bir an önce onları kaldırmak daha iyi olmaz mı?

Beni dikkatle dinledi. Sonra yüzüne bir gülümseme iliştirdi, omuzlarını dikleştirdi ve bana cevap verdi.

— Aslında terapiye pek ihtiyacım yok benim. Bana iyi gelen bir sürü şey yapıyorum. Yazıyorum, resim yapıyorum.

— Öyle mi ne çiziyorsunuz?

— Gitar resimleri…

— Gitar mı?

— Evet, gitar. Mürekkep ve çamaşır suyuyla çiziyorum. Değişik bir teknik. Resim hocam bayılıyor yaptıklarıma.

Saate baktım. Tam bir saat olmuştu. Seansa başlarken bir saati geçmek istemediğini ısrarla belirttiği için ona saati hatırlatma gereği duydum.

— O halde seansımızı bitirirken sizden bir ricam olacak. Lütfen bana yazdıklarınızdan ve çizdiklerinizden bir örnek gönderin.

Yazıp çizdiklerini çok beğendiğini belli eden özgüvenli bir gülümsemeyle cevap verdi.

— Memnuniyetle…

Bağlantıyı kapatırken haftaya yine aynı saatte görüşmek üzere sözleştik. Gerçekten ilginç bir danışandı Meral Hanım. Ülkeden ülkeye savrulan hayatı da, yaşadıkları da, hatta hastalıkları bile ilginçti. Sanki gerçek değil de, televizyonda yayınlanan dizilerin kahramanları gibiydi hayatı. Bütün gün onu düşündüm, çocukluğunu, babasını, yaşadıklarının zorluğunu…

Ertesi gün söz verdiği gibi çizimlerini ve güncesinden bir kesit gönderdi. Çizgileri kuvvetli, mürekkep ve çamaşır suyuyla çizdiği gitarlar ilginçti. Ama çizdiklerinden çok yazdıkları dokundu kalbime.

Sevgili Şeniz Hanım,

Tanıştığımıza çok sevindim. Heyecanlanmış olmam iyiye işaret olsa gerek.

Bu yazıyı yazalı, tam üç yıl olmuş.

Bu yazının ardından bir süre yazmaya devam edebildim.

Sonra yine dilim tutuldu. Bir sustum, bir sustum. Son olarak galiba bir yıl önce bir yazı yazabildim. Sonra tamamen durdum.

Yazarken, kendimi çok kendim gibi hissediyorum.

O nedenle neden bu denli "writer's block" (yazar tıkanıklığı) yaşıyorum bilmiyorum.

* * *

Sade Günce Devam...

Eve geliyorum. Elinde bir kitap veya gazete koltukta oturmuş okuyorsun. Veya kulaklarında kulaklık Almanca öğreniyorsun. Veya Shakespeare'den bir eser dinliyorsun. Veya haberleri... Evde, bahçede, yolda, sürekli radyo dinliyorsun... Radyo sürekli konuşuyor. Televizyon sürekli konuşuyor. Türkçe konuşuyor. İngilizce konuşuyor. Almanca konuşuyor. Konuşulanları dinliyorsun. Dinledikçe sen de konuşuyorsun... Yazılanları okuyorsun. Okudukça yazıyorsun. Yazdıkça okuyorsun.

Sözcükler, sözcükler, sözcükler... Arılar gibi vızıldayan; evimizi dolduran sözcükler...

Eve her gelişimde, şaşkınlıkla bakakalıyorum. Odalarımızın içi gittikçe sayısı artan sözcüklerle (arılarla) uğulduyor. Öğlen yemeği. Bizim evde "haber dinleme" saati. Hoparlörlerden koşar adım çıkan heyecanlı sözler, kızgın sözler, haberler, demeçler etrafa savrulup, gerçek bir arı ordusu gibi itiş kakış her yeri dolduruyor. Sözler çoğaldıkça bir yumak (koloni) oluşturuyorlar. Uğultu arttıkça biz susuyoruz. Uğultu. Önemli haberler söylüyor radyo. Kulak kesiliyoruz. Sessiz yemeğimizi yiyoruz. Bazen önemli haberlerin yanında önemli misafirlerimiz de oluyor. Babamın misafirleri. Önemli misafirle önemli konular konuşuluyor. Annem sadece dikkatle dinliyor. Almanca konuşan misafirler gelmişse annem iki dilde susuyor, bir dilde dinliyor. Biz çocuklar hep susuyoruz. Önemli konuların önemli sözcüklerini mutfağımız iyice duysun diye yemek masamız, sandalyelerimiz, tabaklarımız ve hatta çatal ve bıçaklarımız bile susuyor.

Çoğu kez konuşulanları anlamıyorum. Anneannemin bize ezberlettiği ve anlamadığımız eski Türkçe dualar gibi sofra sohbetlerimiz. Emperyalizm, memperyalizim... Uğuldayan arılar, arılar... Gizli bir kovanda saklı bir tarikat üyesi gibi arılar... Kapitalistler, işçiler, emekçiler... Cumhuriyetçi ne demek? Toplumcu ne demek? Solcu ne demek? Niye babama vatan haini diyorlar? Sömürenler kimler? Sömürülenler kimler? Ben bunların neresindeyim? Kapitalist mi, işçi miyim? Çocuklar hangi sınıfa ait?

Anne sen bunların neresindesin?

Eve geliyorum. Elinde şişler ve ipler örgü örüyorsun. Elinde yün örgün koltuğun üstünde oturuyorsun. Veya tığ işi işliyorsun. Orada öylece sürekli elinde bir iş, işleyerek oturuyorsun. Kemoterapi sonrası ellerin ayakların ağrıyor. Bileklerin ağrıyor. Bir şey demiyorsun. Televizyon konuşuyor. Televizyon sürekli konuşuyor. Konuşulanları dinliyor musun anne? Yoksa sessizliğini örtmek için mi bağırıyor televizyonun sesi? Örtüyorsun. Anne, örtüyorsun! Örtmek istiyorsun! Sürekli örtüler örüyorsun!

Habire örüyorsun!

Eve geliyorum. Ocak başında bir şeyler pişiriyorsun. Sırtın dönük, uğraşıyorsun. Hem yemekle hem de benimle uğraşıyorsun: "Yine kanın düşmüş senin. Suratın sapsarı. Kendine iyi bakmıyorsun." Tencerede yemek fokurduyor. Sıcacık duman yükseliyor, sarıyor mutfağın duvarlarını. Babam yok. Arılar yok. Kalabalık yalnızlık yok. Uğultulu sessizlik yok. Eve geliyorum. Mutfak teknesinin önünde bulaşık yıkıyorsun. Soğuk sular şırıl şırıl ellerinden akıyor. Tabaklar şıngırdıyor. Arkan dönük kızıyorsun: "Kapalı kutu gibisin, hiçbir şey anlatmıyorsun!" diyorsun. Evet doğru. Çok haklısın. Gerçekten de hiçbir şey anlatmıyorum.

Bir gölge gibi süzülüp kapının altından kaçıyorum.

Sonra, oturuyor, sessizce yemek yiyoruz. Radyo haberleri yok. Misafir yok... Teyzemler çağırıyor, kahveye gidiyoruz. Bir gün, tüm iplikler ilmekler bitiyor, örgüler örülüyor, yemekler pişip bulaşıklar yıkanıyor. Sen de bitiyorsun. Hastanedeyiz. Her tarafın kanser, her tarafın sustuğun kelimler... Doktorlar geliyor. "Annenizi alıp, evi-

ne, ailesine yakın bir yere götürebilirsiniz" diyorlar. "Ona artık yardım edemeyiz." Sessizliğe inat bir hıçkırık, dayanamayıp fırlamak istiyor boğazımdan. Bırakmıyorsun. "Şşşşşşştttt!!! Sus!!!" diyorsun. Susuyorum. Susuyoruz. Ambulans geliyor. Çığlıklar atarak ilerliyor sokaklarda.

Salonda oturuyorum. Kucağımda dizüstü bilgisayarım, küçük çocuğum etrafta bağıra çağıra şarkı söylüyor, dans ediyor. Sonra bir heyecan koşa koşa yanıma geliyor. Bilgisayarı kendinden emin bir edayla işaret edip emrediyor. "Anne" diyor. "Bunu yana koyup lütfen hemen beni kucağına al!" Yüzünde melankoliden, sessizlikten yana hiç işaret yok. Tüm cıvıltısı ve neşesiyle kucağımı doldurup, bana bıdı bıdı bir şeyler anlatmaya koyuluyor...

Evde oturuyorum. Kulaklıklar kulağımda, Fazıl Say'ın Nâzım Oratoryo'sunu dinliyorum. Hayalimde, annemle babamın benimle toplum dedikleri şeyin arasına koydukları dikenli tellere asıyorum tüm günahlarımı. Gözyaşlarım halen annemi dinleyerek gözlerimin ucunda saklanıyorlar. Ve halen babamı dinleyerek susuyorum. Kızım giriyor kapıdan içeriye. Dönüp yüzüne bakıyorum. Kapalı bir kutu sanki. Hiç konuşmuyor. Hiçbir şey anlatmıyor. Yüzü sapsarı ve kendine hiç bakmıyor... "Ne yapıyorsun?" diye soruyor. "Hiç..." diyorum. Yanımdaki koltuğa tünüyor. Elindeki cep telefonunda bir şeyler kurcalıyor... Bir süre öylece takılıyoruz.

Sonra arkasını dönüp sessiz bir gölge gibi kapının altından süzülüp odasına gidiyor...

Daha ilk e-postasını okuduğumda hissettiklerimden bu kez gerçekten emindim. Meral Hanım'ın içinde bir yazar nüvesi vardı. Sekiz yaşından beri başka bir ülkede yaşamasına, tüm eğitimini yabancı bir dilde almasına rağmen yazdıkları su gibi okunuyor, dahası insanın kalbine dokunuyordu.

Bir hafta boyunca içimde evirip çevirdim yazdıklarını. Mücadele etmek, ettiği halde bir şeyler değişmiyorsa gitmek, gidebilmek yerine kalıp susmak, susup içine kapanmak hiçbir zaman çözüm değil elbette. Değişmesi gerekeni sağlamlaştırmaktan başka hiçbir işe yaramaz susmak! Hatta öyle ki kişinin hayat kalitesini de düşürür. Kişi zaman geçtikçe yaşamdan zevk alamaz hale gelir. Psikolojisinde hızlı bir şekilde çökmeler meydana gelir. Beyin içe dönüklüğü kabul edemez ve isteksizlik, hayatı sevmeme, ilgisizlik bu durumun gölgesi olur. Tüm bunlar da çeşitli hastalıklara yol açar elbette…

Bir hafta sonra yine aynı gün aynı saatte ofisimde bilgisayarın başındaydım. Açıkçası çok da merak ediyordum Meral Hanım'ın neler anlatacağını, Dante'den neden hayatımın hatası diye bahsettiğini…

Geçen haftaya göre daha solgundu yüzü. Büyük gözlerinin etrafı morlaşmış, yanakları solmuştu.

— Nasılsınız? Neler oldu geçen hafta?

— Çok üzgünüm. Çok sevdiğimiz bir yakınımızı, Halil'i kaybettik, aniden. Henüz 40 yaşındaydı. Kalp krizinden gitti. İçki içmezdi, sigara içmezdi, gayet sağlıklı görünüyordu. Tak diye gitti.

— Başınız sağ olsun. Siz nasıl hissediyorsunuz bu ani kayıp karşısında?

— Korkuyorum. Ansızın bir kaza olacak ve çocuklarım ölecek diye korkuyorum.

Sustu, şakaklarını ovuşturdu, bir bardak su içti ve devam etti.

— Sara ölecek diye korkuyorum.

Sesi bir patlama gibi çıktı. Uzun süre toprağın altında kalan gazın patlaması gibi… Belli ki bunu kendine bile ilk kez itiraf ediyordu, belli ki içindeki korku çok gerçek, çok derindi!

— Neden büyük kızınızın öleceğini düşünüyorsunuz?

— Çünkü çok ağladı öğrenince. "Hayatı anlamıyorum, hiç adil değil!" diye çok ağladı.

— Bana biraz ondan bahseder misiniz?

— Sara, Dante ile evliliğimden olan kızım. En büyük çocuğum. O da Almanya'da. Birlikte çalışıyoruz. O desinatör. Çok yetenekli bir kız.

— Sizinle mi yaşıyor?

— Yok, kardeşi Enzo ile yaşıyor.

— Yaman ile araları nasıl?

Derin bir nefes aldı.

— Enzo ile Sara, Yaman'ı kıskanıyor.

Şaşırdım. Aralarındaki yaş farkı epey fazlaydı. Sara yirmi altı, Enzo yirmi dört, Yaman dokuz yaşındaydı. Yirmi altı yaşında birinin dokuz yaşında bir çocuğu kıskanması pek de doğru olmazdı.

— Sizce neden kıskanıyorlar Yaman'ı?

— Benimle yaşıyor diye.

Sağ elini masanın üzerine koyup, parmaklarıyla masaya vurmaya başladı. Çıkan ses iyi bildiğim bir melodiye benziyordu, ama çıkaramadım. Sonra elini yumruk yapıp, birkaç kez kuvvetlice vurdu masaya.

— Ben bu çocukları sokakta bulmadım Şeniz Hanım. Çok zor büyüttüm ben onları, gerçekten çok zor. Onları kaybetmek istemiyorum. Aramız düzelsin istiyorum. Onları düşününce kalbim sıkışıyor.

Sesi yükselmiş neredeyse bağırmaya başlamıştı ki birden sustu. Önünde duran bardağa kesme kristal şişeden su doldurdu, bardağı eline aldı, suyu içmeden konuşmaya başladı.

— Tıkandım ben. Tıkandım. Kafamda bir sürü soru var, soruların cevaplarını bulacağım bir yer arıyorum, bir mecra arıyorum.

— Ne istiyorsunuz? Neye ihtiyacınız var?

— Mutluluk, keyif, neşe istiyorum. Çocuklarla gülmek istiyorum, zamanla her şeyin iyi olacağına inanmak istiyorum.

Elindeki suyu öfkeyle içti, dudakları incelmiş sımsıkı birbirine kenetlendi. Sonra bilgisayarın içinden doğruca gözlerime bakarak fısıldadı.

— Kanser olmak istemiyorum!

Hem annesini hem babasını üst üste kanserden kaybetmiş birinin böyle bir korkusunun olması çok doğaldı elbette. Zaten daha önce de bedenimin sinyallerini anlamak istiyorum diyerek bu korkuyla ilgili işaret fişeğini çakmıştı. Tam hasta olmak ile ilgili ne hissettiğini soracakken arkasına yaslandı, bambaşka bir konudan bahsetmeye başladı.

— Kadın erkek eşitsizliğine yönelik çok öfke duyuyorum. Erkeklerin eşlerine, partnerlerine davranışlarına dayanamıyorum.

Konu bir anda kanserden kadın erkek eşitsizliğine gelince şaşırdım. İkinci seansımızın neredeyse ortasına gelmiştik ve daha hiç şimdiki eşi Osman'dan bahsetmemiştik. O nedenle hazır kendisi de konuyu kadın erkek ilişkisine getirmişken eşinden bahsetmesini istedim. Sorumu duyunca gözlerini kapattı, şakaklarını ovuşturdu biraz. Belki de yakın birini kaybetmenin acısıyla konudan konuya geçiyor, odaklanamıyordu. Şakaklarını ovduktan sonra ellerini yumruk yapıp açtı birkaç kez, sonra kameraya değil de ellerine bakarak anlatmaya başladı.

— Osman... Osman iyi bir insandır. Gerçekten iyi biridir o! Ahlaklıdır, iyi babadır, ama... Ama yaptığımız işin başarısının ona mal olmasına kızıyorum. Dahası insanların ona verdiği "işi sırtlayıp götüren yaratıcı patron" titrini memnuniyetle kabullenmesine deli oluyorum. Başarımızın nedeni olarak hep o görülüyor. Oysa sürekli onun arkasını toplayan benim. Markamız için gece gündüz hem zihnen hem bedenen çalışıyorum. Ama ben görünmezim. Bir kere bir yerde de çıkıp demiyor ki "Biz bu işi eşim, ortağım Meral ile yaptık."

— Peki bu konuyu hiç konuşmayı denediniz mi?

Yüzüme baktı, sanki soruyu duymamış gibi yine bambaşka bir konudan bahsetmeye başladı.

— Size söylemeyi unuttum. Yaklaşık üç yıldır işitme kaybı yaşıyorum. Kulaklarım çınlayıp duruyor. Kaç doktora gittim bilmiyorum. Tümör olabilir dediler, titanium dioksit eksikliği olabilir dediler, genetik olabilir dediler. Ama bence psikolojik. Babamla da alakalı olabilir.

Hızlı hızlı konuşurken birden sustu. Tekrar şakaklarını ovuşturdu.

— Zorlanıyorum!

Bunu söylediği sırada saatinin alarmı çalmaya başladı. Benimle mesai saatinde ofiste görüştüğü için zamanlamaya dikkat etmesi gerekiyordu. Demek ki süreyi aşmamak için saatini kurmuş diye düşündüm kendi kendime.

— Meral Hanım, bugünü sonlandırmadan size bir ev ödevi vermek istiyorum. Eğer müsait olursanız ebeveynlerinize ayrı ayrı bir mektup yazar mısınız? Nasıl olsa artık hayatta değiller, içinizde kalanları, yüzlerine söyleyemediklerinizi kâğıda döker misiniz?

— Denerim, anneme yazdığım bir yarım mektup vardı zaten.

— Bana göndermek, okumak zorunda da değilsiniz, kendinizde de kalabilir. Ne kadar içten, samimi ve sansürsüz yazarsanız o kadar iyi olur.

Alelacele vedalaşıp, haftaya yine aynı saatte bilgisayar karşısında olmak için sözleştik.

Birkaç gün sonra yine bir e-posta aldım Meral Hanım'dan. Ne yalan söyleyeyim sanki çok sevdiğim bir yazarın yeni kitabı gibi merakla okudum yazdıklarını.

Sevgili Anne, Annem, Annem, Canım Annem,

Bu çok geç kalmış bir mektup. Belki de sen yaşarken yazılmalıydı. Yani o kadar geç. Yine de yazıyorum. Belki de bir yerlerde beni görüyor, duyuyorsundur.

Hayat ile ilgili halen bilmediğimiz o kadar çok şey var ki? Kimbilir, gerçekten de belki de beni, şu an sana söylediklerimi işitecek, duyacak, hatta belki de anlayacaksındır.

Sana uygun, sana layık bir kız evlat olamadım. Beklediğin gibi çıkmadım. Biraz çürük elma, biraz hassas, biraz zekâsı ve duygusallığı ile ürkütücü... Sürekli hasta, isyankâr, hiç laf anlamayan, hep bildiğini okuyan ve sımsıkı kapalı kutu...

Tek bir sohbet edemeden, birbirimizi dinlemeden nasıl bir ömür tükettik, halen şaşıyorum. Hiçbir şey konuşmadan neler konuştuk, hatırlamaya çalışıyorum, hatırlayamıyorum. Her şey kopuk kopuk. Kanser olduğunu anladığım gün. Babamı hüngür hüngür ağlarken gördüğüm o günler... Nasıl da sustuk. Sustuk, sustuk ve sustuk...

Ah, ne kadar sıkıcı! Klasik bir çirkin ördek yavrusu hikâyesi gibi duyuluyor böyle bakınca. Ah, ah, ah! Ne kadar kızgınım anlatamam! Önceleri sana kızıyordum. Sana kızgındım, çünkü tüm bu suskunlukların nedeni, kadınlığım ile ilgili sorunlarımın kaynağı sen sanıyordum. Ama artık biliyorum. Bu işler böyle değil. Sen de göründüğün gibi değildin. Birçok şeyi hep içine attın. Attın, attın, attın...

(Ah benim dilsiz öfkem! Beni ergen gibi böyle satırlara düşüren, beni bu yaşımda böyle sorgulatan, benim tatlı, uslanmayan, bıkmayan, beni rahat ettirmemeye kararlı sevgili öfkem. Söyle, şimdi ne yapacağız? Hedefin de kalmadı, kaynağın da...)

Canım annem, sana ait tüm eşyaları halen yok etmeye çalışıyorum. Yıllardır sana ait ne kadar iz varsa, silinsin gitsin, yeniden başlayım istiyorum ama olmuyor. İşte bu bana ördüğün son kazak. Bu battaniye... İlla içimde bir şeyler onlardan kurtulmama engel oluyor. Bir de aksi gibi yenilerini türetiyorum. İşte bu gözlük. Yakın gözlüğü. Kendim aldım. Geçen gün takacakken baktım, "Aman dedim, ne kadar da annemin gözlüklerine benziyor." Bir de gittim, dikiş dikmeyi çok biliyormuşum gibi veya öğrenmeye çok zamanım varmış gibi, kendime bir dikiş makinesi aldım. Bir de bir sürü, çarşaf çarşaf kumaş...

Bu yazdıklarım senin için çok üzücü olsa gerek. Ama aslında seni üzmek için öyle demiyorum. Keşke, senden kurtulmak istememe neden olan şeylerden, seni sen yaşarken kurtarabilseydim. O zaman belki de şimdi oturmuş beraber sohbet ediyor olurduk. Bana belki çocukluk anılarını anlatırdın. Bana belki "sence kadın olmak nedir" onu anlatırdın. Ben itiraz ederdim. Sen itiraz ederdin. Belki bir yerde ortalarda buluşurduk. Belki de buluşamazdık. Belki de gülerdik. Beraberce, kahkahalarla gülerdik. Gözlerimizden yaş gelene kadar gülerdik... Ne güzel olurdu değil mi. Anne, ne çok isterdim bunu, biliyor musun?

Senin öldüğün gün, bir kez daha, değişik bir bakış açısıyla yaşamaya karar verdim. Uzun yıllar, yaşam ile ölüm arasında dans etmeyi seçmiş olan ben... Yaşayanlardan çok ölülere yakın olan ben... Sen ölünce, senin öldüğün gün yaşamak istediğime karar verdim. Çok açık bir karar değildi bu. Bu kararımı anlamam yıllarımı aldı. Nasıl anlayabilirdim ki? O kadar kanser korkusu tütüyordu ki duygularım... Onların arkasında yaşama arzusu olabileceğini nereden bilebilirdim... O kadar vazgeçmiştim ki her şeyden... Kendim olma, olabilme ümidimden bile... Nereden bilebilirdim... Senin kaderini, benim kaderimle takas edercesine yaşamak... Kanseri bile takmadan özgürce yaşamak... Erkek egemen bir politik arenada, duygusallığı kutsayarak meydan okuyarak yaşamak...

Yaşadıklarım... yaşattıklarım... seninle paylaşamadım... paylaşabilseydim anlar mıydın? Sır küpü olduğumu bildin ama. Yine de ne ben ne sen içimizdeki duvarı yıkamadık. Duvar duvar değildi. Dikenli bir teldi. Biz yaklaştıkça içimizi çizdi. İkimiz de kendimizi toplum için terk ettik. Ve belki de babam için...

Canım Annem,

Sana bu yarım kalmış mektubun ardından ne yazabilirim bilmiyorum.

Seni özlüyorum. Her gece uyuyakalırken, "anneciğim" diyerek sana (kendime) sesleniyor, sarılıyor ve öyle uykuya dalıyorum.

Seni sen yaşarken bile böyle hiç özlemedim. Tam tersine, senden daha çok uzak durmaya çaba gösterdim. Beni eleştirmene, sürekli olumsuz şeyler söylemene tahammül edemiyordum. Çok canım yanıyordu. Çok üzülüyordum. Yine de inadımdan vazgeçmiyor, bildiğimi okuyordum.

İnadım bitti anne. Gücüm de kalmadı.

Yoksa senden; aramızdaki didişmelerden mi güç alıyordum?

Şu an bilmiyorum. Sanki dondum. Hissizleştim. Aklımda kalan şey, yardımların. Sara ve Enzo'yu büyütürken, doktoramı yaparken bana yapmış olduğun yardımlar için geriye dönük sana ne kadar teşekkür etsem az.

Belki konuşamadık ama sessizce bana çok destek oldun.
Bu senin sevgini değişik bir şekilde ifade edişindi.
Bu dili anlamam zaman aldı.
Senin sevgi dilinde dokunmak da pek yoktu.
Ancak, bir gün hastanede, aniden elimi almış ve öpmüştün.
Şok olmuştum.

Şimdi, her yürüyüşe çıktığımızda, Yaman elimi tuttuğunda, elini alır, dudaklarıma götürür öperim. Bunun seninle bir ilgisi olabileceğini iki saniye öncesine kadar hiç düşünmemiştim, ama galiba var…

Annem annem, canım annem…

Öldüğün gün, son gün, şuurun yerinde değildi. Kollarını açıp yalvarıyordun. "Meral al beni, gidelim buradan…" Seni kollarıma alıp gitmeyi, götürebilmeyi çok isterdim ama yapamadım. Yapamazdım. Bunu sana o gün anlatamadım.

Niye böyle bir şeyi benden istemiştin ki?
Niye ben? Niye benden?

Keşke, bir sihir olsa, rüyama falan gelsen ve bana anlatsan. Geriye dönük her şeyi. Veya şimdiyi. Neredesin şimdi? Nasılsın? Ölmeden önce –yine beni şok ederek– bana söylediğin gibi babamla mısın? Gerçekten de sohbet edip bizi mi çekiştiriyorsunuz?

Geçen gece Halil'i kaybettik. Sara çok kötü oldu. Halil' in ölümünü kabullenemedi. "Anlamıyorum, anlamıyorum…" "Çok kızgınım, çok kızgınım"… diye saatlerce ağladı. Onu ilk kez böyle ağlarken gördüm. Halil'in ölümü kadar, kızımın acısı, isyanı da beni etkiledi. Sanki ilk kez kendi babasının, babamın ve senin de kaybına ağladı. Ağlama krizinin ardından, cenazeye gitmeden önce ve gittiğimizde, aramızda bir şey doğmuş veya kopmuş gibiydi. Sanki bir şey kaydı gitti. Ama üzüldüm. Aile olarak bir acıyı beraber taşıyamadık. Enzo "Sınavım var" dedi, tamamen kapattı kendini. Osman perişandı ama bize perişanlığını göstermek istemedi. Cenazede en azından Sara ile beraber durduk. Eşit bir şekilde yan yana değildik. Kol kola da değildik ama beraberdik. Sürekli arkamda veya dibimdeydi. Beni hem istedi hem itti. Hissettim.

Halen yüreğimde sanki on okka demir var. Bu ağırlıkla sana veda ediyorum.

Ölümünüzün ardından hem seni hem de babamı bu kadar anmam, niye kanser olduğunuzu, niye ölümü tercih ettiğinizi sorgulamam normal değil sanırım.

Belki de sizi rahat bırakmam gerek.

Sizi böyle sorgulayarak içimde tedirgin tutuyorum.

Evet, rahat bırakmam gerek.

Bırakıyorum anne. Seni bırakıyorum.

Artık niye bizi bırakıp gittiğini sorgulayıp durmaktan ben de sıkıldım.

Niye kanser olduğunu düşünmekten de sıkıldım.

Özgürsün...

Ve derin bir nefes ve işte böyle. Bu kadar...

Sana sadece şöyle kocaman sevgiyle sarılırım.

Yaşarken hiç sarılmadığım gibi. Bu sarılmalara alışmaya bak. Çünkü seninle, ölümünden sonra da olsa birbirimizi bulduk gibi hissettim. Ve bir daha seni bırakmaya hiç niyetim yok. Hatta, tam tersine, belki de iyi arkadaş olabiliriz gibi bir his var içimde.

Sevgiyle kal,

İlk göz ağrın, seni çok seven ve özleyen kızın,

Meral

Meral Hanım'ın yazdıkları çok dokunmuştu bana. Yaşarken kıymetini bilmediğimiz her an, sonrasında nasıl da yük oluyordu bize. Ertelenen, o an önemsenmeyip geçiştirilen her şey sonrasında nasıl da ağır bir yük gibi biniyordu omuzlarımıza. Ve her an nasıl da değerliydi, her anın değerini o an kavramak da öyle...

Ertesi gün bir mektup daha geldi. Bu kez babasına yazmıştı.

Baba! Selam...

Dün anneme bir mektup yazdım. Aslında sana yazmak için oturmuştum. Ama şaşırtıcı bir şekilde ona yazarak başlamak daha kolay geldi. Yarım kalmış bir önceki mektubu öylesine bir okuyayım derken, adeta sanki annemle sohbete daldım. Şimdi de sana geldim. Seninle annem arasındaki sınır çok bulanık. O kadar sizli bizli olduğumuzun farkında değildim aslında ama öyleymişiz. Siz ve biz. Anne-babalar ve çocuklar!

Ben çocuk. Kızın. Büyük kızın. Ayakları yerden kesiğin. Dünyadan habersizin. Duygusal yaratığın. Gurur duyamadığın. Ondan çok utandığın. Evet, seni dünyaya rezil edendim. Emekçilere, yoldaşlarına seni rezil eden. Suçum neydi, emekçi halkın parası ile burs almak sonra da başarısız olmak. Hasta olmak. Bunalıma girmek. Yapamamak. Başaramamak. Karşı cinsi tanımayı istemek. Merak etmek. Uğruna her şeyi (bizi de dahil) feda etmeye hazır olduğun ve hatta feda ettiğin sosyalizm denen şeyin niye bir boka yaramadığını anlamaya çalışmak. Sorgulamak.

Seninle beraber çok üzüldüm baba. Ülkenden kaçmak zorunda kalmana, sürgün olmana, hatta yediğin vatan haini damgasına... Empati kurdum. Acın acımdı. Derdin derdimdi. Ama üzülerek itiraf etmeliyim ki yıllar sonra geriye dönük bazen içimden "oh olsundu sana" da dedim. Bu kadar öfke küpü ol, her şeyi herkesten daha iyi bil, karşındaki ile empati kurma, herkesi küçümse, zayıflıklarına gül, bazen hatta alay et... Olacağı buydu işte. Sen ne kadar idealist olursan ol, ne kadar eşitlikten yanayım dersen de, dediklerinle değil, attığın adımlarla ilerlersin.

İşte ama gel gör ki, hayat denen şey öyle garip işliyor ki, eğer kör isen, gözlerini açmak için sürekli daha zor ödevler koyuyor önüne. Ben istemedikçe, ben isyan ettikçe farklı paketlerde bana "Onay merci diye bir şey yok! (Anne-babanın) onayı olmadan da kendini sevmeyi öğren artık. Kendi kendini onayla. Onayına ve sevgisine ihtiyacın olan tek kişi sensin!" gibi mesajlar gönderdi. Ancak, anlayana sivri sinek saz, anlamayana davul zurna az derlermiş. Duygu açlığım o kadar büyüktü ki, Dante'ye baba gibi sarıldım. Onun telefonda o yumuşacık ses tonu ile bana ismimle seslenişi bile yüreğimi ısıttı. Çocuk gibi kucağına otururdum. İhtiyaçlarım gözlerimin önüne geçmişti. Görmedim. Beni görmediğini, göremedim. Senin gibi, beni görmediğini görmedim. Sonra şimdi. Şimdi... Ve duraksa-

dım. Yazmaya bile elim gitmiyor. Osman. O güzelim insan. Berrak zihinli, bilge yürekli. İyi kalpli. Ama o kadar kaptırdı ki kendini işinde başarılı olmaya/kanıtlamaya, bırak beni, kendine bile zamanı yok. Tıpkı senin bir zamanlar davaya kendini kaptırdığın ve annemi sildiğin gibi.

Ah baba! Ah babacım. Ne kendin rahat ettin, ne de bizi ettirdin. Tedirginlik yaratmak. Gerginlik. Bu işte senin işindi. Yanında çıt çıkaramazdık. Hapşırığının şiddetinden evimizin camları sallanırdı. Her şeye kızardın. Esas kızgınlığın adaletsiz düzeneydi. Emeğin en yüce değer olduğu, tüm insanların ve Türklerin, din, dil, ırk ayrılığı gözetmeksizin kardeş olduğu daha barışçıl, daha adil bir dünya düzeni hayal ederdin. Ama kadın-erkek eşitliği bu denklemde yoktu. Eşinin emeği ve özverisi "ayrı" bir olaydı. Kızlarının ve oğlunun hakları eşit haklar değildi. Olmamasında da hiçbir sakınca yoktu... Bunları sorgulamaya ne gerek vardı ki?!!!

Başlarken, bu akşam sana yazacak pek bir şeyim yok gibi düşünmüştüm ama yanılmışım. Son zamanlarda, dilek tutarken, "içimdeki öfke dillensin, onu anlayayım (yani öğretmenliğini kabul edeyim), ödevim her ne ise yapayım ve içimden çıkıp gitsin" diye kendi kendime konuşuyorum. Öfkemi anlamaya bu kadar çok ihtiyacım olacağını düşünemezdim. Öfkemi anlamam demek, seni mi anlamam demek? Öfkem sen misin? Yoksa içimdeki öfke, aslında senin öfken mi? Eğer öyle ise, niye bana böyle bir miras bıraktın ki? Bu kadar zor bir mirası ben taşıyamam baba! Baba, yapma bana bunu. Ne olur yapma. (Yine de, öldükten sonraki ilk yıllardaki gibi, rüyalarıma girip ağlamadığın, benden yapamayacağım şeyler istemediğin için sana teşekkür ederim.)

Seni affetmiştim. Veya öyle sanmıştım. Görüyorum ki, bir kez daha seni affetmem gerek. Çocukken halbuki ne kadar kolaydı seni sevmek, sana âşık olmak. Şimdi, ölümünden sonra bile... böyle iç çekiyorum işte. Evet, çok büyük haksızlığa uğradın. Ama sen de döndün bana haksızlık yaptın. Anneme haksızlık yaptın. Üstüne üstlük, utanmadan, annemi de (hem yaşarken hem ölünce) yanına aldın.

Yoruldum baba. Yoruldum. Kime en çok kızarsan, ona benziyorsun teorisi de var. Ayna teorisi. Gıcık bir durum. Ben kendimden başka kimseye benzemek istemiyorum. Ancak işin en acı yanı, ben kimim –onu bilmiyorum. Kendim olduğumda kiminleyim? İçimin sesini yıllardır duymamaktan kendi sesimi unutmuşum. Kendimi unutmuşum. Beni özgür bırak baba. Beni rahat bırak. Senin (ve annemin) izinden yürümek istemiyorum. Senin çizdiğin yolda yürümek istemiyorum. Tek istediğim şey kendim olmak. Sadece kendim. Afrika'daki çocuklar aç diye yemek yerken suçluluk hissetmeden, Suriye'de savaş var diye gülerken ezilmeden yaşamak istiyorum...

Sara ve Enzo için "Madem bakamayacaktın niye doğurdun?" derdin... Baba, bilmem hiç bildin mi beni ne kadar üzerdin... Artık sus baba! Sus! Lütfen sus!

(Canın) Kızın, Meral...

O hafta benim için zor bir haftaydı. Büyük kızım gribe yakalanmış, kardeşine de bulaştırmıştı. Elbette çocuklarım hastayken asistanımın da annesinin acil ameliyat olması gerekmişti. Bir anda ev de iş de karışmış, bütün programım alt üst olmuştu. Tam kızlar iyileştiğinde ise bu kez beni yıkmıştı grip. Hem de öyle böyle değil, yıktı dediysem gerçekten yıkmıştı, günlerce yastıktan başımı kaldıramadım.

Neyse ki sonunda iyileşip ofise dönebilmiştim. Mecburi aranın ardından ilk randevum Meral Hanım'laydı. Geçen haftaya göre daha iyi görünüyordu. Afrika işine benzeyen büyük tahta boncuklu kolyesiyle, tahta çerçeveli numaralı gözlüğüyle çok çarpıcıydı. Daha ben "merhaba" diyemeden heyecanla söze başladı.

— Sizin tavsiye ettiğiniz yazar Debbi Ford'un *Gölgenin Sırrı* kitabını okudum geçen hafta. Çok etkilendim.

Debbie Ford o kitapta der ki: "Aynada gördüğünüz kişi bizim en büyük düşmanımız da olabilir, en büyük dostumuz da. Bu neyle yaşamayı seçtiğimize bağlı. Işığımızın sevgisiyle mi, gölgelerimizin korkusuyla mı yaşamayı seçiyoruz? Işığımızı bilincimize çıkar-

madıkça, bilinçaltımız bizim adımıza seçimlerini yapar. Ve farkında bile olmadan geçmişimizin gölgelerinde yaşamaya mahkûm oluruz. Gölgelerimizle barışmadığımız sürece, şikâyet ederiz acı çekeriz, suçlarız, suçluluk duyarız, kızarız, "zavallı ben" rolünü oynayarak sorumluluk üstlenmekten kaçarız. Tüm bunların doyumlu bir yaşam sürmek için bize en ufak bir yararı olmadığını bile bile."

— Neden bu kadar etkilendiniz o kitaptan?

— Benim de gölgelerim var. Ben de onlarla barışmak istiyorum. Deniyorum ama zorlanıyorum.

— Yazdıklarınızı okuyorum. Yazarken hatırlar insan, unuttum dediği ne varsa yüzleşir, hesaplaşır, arınır onlarla. Yazmak büyük şifadır aslında! Size de öyle oluyordur umarım.

— Yazıyorum ama bir süre sonra savaşa dönüyor yazmak! İçimdekileri, gölgelerimi yazayım diye oturuyorum ama zorlanıyorum.

— Siz çok "zorlanıyorum" diyorsunuz, farkında mısınız?

Durdu, düşündü bir an, sonra mahcup gülümsedi.

— Gerçekten farkında değildim bunun, haklısınız.

— Hadi biz bunu bir oyuna çevirelim.

— Nasıl yani?

— Her "zorlanıyorum" dediğinizde, arkasından üç defa cik cik cik deyin.

Dediklerime uzun uzun güldü Meral Hanım. Onu öyle görünce "gülmek ne kadar mucizevi bir şey" diye geçirdim içimden. Az önce kasvetli bir şekilde "Gölgelerimle barışmak istiyorum" diyen kadın tek bir kahkahayla muzip sevimli bir kız çocuğuna dönüşüvermişti. Kahkahaları hafifleyince sordum.

— Geçen haftadan bu yana nasılsınız?

— Dediğim gibi yazmaya devam etmeye çalışıyorum. Ama adres olmayınca zorlanıyorum.

Kendini fark eder etmez üç kez cik cik cik deyip, bir de küçük kahkaha patlatıp devam etti konuşmaya.

— Belki bir blog olsa, beni disipline eder. Şimdilik sadece içimden gelince yazıyorum. Belki ileride Sara'ya okuturum.

— Size neler keyif veriyor?

— Vallahi neler keyif veriyordan çok neler keyif vermiyor noktasındayım ben daha çok! Size hayatımı anlatayım biraz. Uyandığım saatle uyuduğum saat arasında geçen tüm zamanı sanki sorumluluklarım kaplamış gibi... Her an kötü bir şey olacakmış gibi tedirgin yaşıyorum. Kanser korkusu, hastalıklarımın depreşme endişesi, sürekli doktor kontrolü, sürekli kan ver, sonuç bekle... Ölüp gideceğim ve kendimi hiç tanımayacağım diye düşünüyorum.

— Hayat amacınızın ne olduğunu biliyor musunuz?

Derin derin içini çekti. Tahta çerçeveli gözlüğünü çıkardı, gözlüğün burnunda bıraktığı kırmızı izi ovuşturdu.

— İç mimari değil! Onu biliyorum. Makine gibi yapıyorum bu işi ben!

— Sağlığınız nasıl?

— Ha tabii, bütün bunların arasında bir de menopozla uğraşıyorum. Bu ay da regli olmadım.

Kafası çok karışıktı Meral Hanım'ın. O noktada ona en iyi gelecek olan onun kendisini güvende hissetmesini sağlamaktı.

— Hadi gelin güvenli bahçenizi keşfedelim sizinle.

Her danışanla çalışmaya başladığımda olduğu gibi, Meral Hanım'a da ilk önce güvenli bahçesini keşfettirdim. Meral Hanım daha çalışmanın başında, çenesi ve dudakları titremeye, kapalı gözlerinden yaşlar dökülmeye başladı.

— Kendimi yalnız, isyankâr ve karışık hissediyorum. Çok karışık hisler, çok... Neyi, nereye koyacağımı bilemiyorum.

Bir süre sonra hıçkırıkları azaldı, gözyaşlarını sildi, başını sağa sola çevirmeye başladı. Sanki bir manzarayı seyreder gibiydi.

— Geldiniz mi?

— Evet.

— Bana anlatır mısınız? Şimdi kendi güvenli bahçenizdesiniz. Ne görüyorsunuz etrafınızda?

— Çok güzel bir yer burası... Yemyeşil, yüksek ağaçlar var, huzurlu bir yer. Eski taştan bir köprü var ileride, yerlerde gri beyaz çakıl taşları... Minicik bir kulübe, sincaplar, böğürtlenler, dutlar, sapasağlam gövdeli ağaçlar, sapasağlam...

Ağaçlardan bahsederken, sapasağlam gövdeli demesi dikkatimi çekmişti. Ne ilginç, herkes kendinde neyi eksik görüyorsa karşı tarafta ilk ona bakıyor, onu arıyordu.

— Bir dere akıyor. Yaprakları hissediyorum, hışırdıyorlar. Özgürüm. Yalnızım ama ayrı değilim.

— Peki kaç yaşında görüyorsunuz kendinizi orada?

— Yaşsızım, yaş yok burada.

Yüzü gevşemiş, kaygının yerini huzur almıştı.

— Ne yapıyorsunuz şimdi orada, bana anlatır mısınız?

— Derenin kenarında oturuyorum. Ayaklarım suda. Düşen yaprakları izliyorum. Üzerimde beyaz bir tişört var. Rahat, bol, doğal! Ben şaşkınım burası nasıl bu kadar güzel olabilir! Keşke hep burada kalsam ama sonsuza kadar kalamam ki...

— Ne zaman isterseniz oraya gidebilirsiniz. Orası sizin...

Gülümsüyordu, yüzüne Rönesans tablolarındaki melekler gibi bir ifade gelmişti.

— Salıncak kurup sallanmak istedim burada. İki yaşıma döneyim istedim.

— O halde gidin iki yaşınıza. Yükselin, yükselin ve iki yaşınızdaki halinizi görün.

— Aaa gerçekten görüyorum kendimi, saçlarım iki kuyruk toplanmış, gözlerim kocaman bilge bilge bakıyor. Bana Meral demiyor kimse, Meri diyorlar.

Yüzündeki huzur hâlâ duruyordu ama iki gözünden ince ince yaşlar akmaya başlamıştı.

— Ben onu unuttum, çok özür dilerim, unuttum ben onu.

— Kimi unuttunuz?

— Çocuk Meral'i...Meri'yi... Unuttum. O çok anlayışlı, iyi bir çocuk. Çok iyi bir kalbi var, sadece fazla hassas... Onun elini tutmak, sarılmak istiyorum... Sarılsam mı?

— Sarılabilirsiniz, hatta onunla konuşabilirsiniz de…

Bir an tedirgin bir gölge geldi yüzüne. Ama çok sürmedi. Kararlı bir tavırla gözlerinden akan yaşları sildi ve çocukluğuyla konuşmaya başladı. Konuşurken sesini inceltmiş, sevimli bir ton vermişti.

— Ben seni unuttum galiba, özür dilerim senden. Sen çok iyi bir çocuksun, çok tatlısın. Sana sarılabilir miyim?

Kollarını öne doğru uzattı, sonra birine sarılıyormuş gibi kendine çekti. Oturduğu yerde hafif hafif sallanmaya başladı.

— Nasıl hissediyorsunuz kendinizi?

— Meri yumuşacık, tertemiz kokuyor. Onun kokusu bana mutluluk veriyor, keyif veriyor.

— Peki Meri nasıl hissediyor?

— Güvende ve mutlu… Sulara batıp çıkarak çakıl taşı toplamak istiyor.

Uzunca bir süre yüzünde aynı meleksi ifadeyle oturdu. Kollarıyla kendini sımsıkı sarmıştı. Yaklaşık on dakika sonra kollarının yavaş yavaş gevşediğini fark edince Meri ile vedalaşmasını istedim. İsyankâr bir tonla cevap verdi bana.

— İstemiyorum. Ondan ayrılmak istemiyorum. Kendimi kötü hissediyorum ayrılmayı düşününce…

— O sizi bahçede bekleyecek. Onu ne zaman görmek isterseniz orada olacak!

Önce kendini daha sıkı sardı, sonra da ani bir hamleyle iki yana bıraktı kollarını.

— Şimdi artık ayrılma vakti Meri'ciğim. Sakın korkma, ben yine geleceğim. İhtiyacın olan her şey burada var, ihtiyacın olan her şey burada seni bulur!

Vedalaştıktan sonra uzun uzun içini çeke çeke ağladı, ağladı. Gözyaşları azalınca ona artık dönebileceğini söyledim, hazır olunca gözlerini açmasını istedim. Gözlerini açınca tanımaz bakışlarla baktı bana bir süre. Çok etkilendiği belliydi.

— Nasıl hissediyorsunuz?

— Bilmiyorum. Bu deneyimi sindirmek istiyorum biraz.

Üzerine düşünmek istiyorum. Çok soru var kafamda ama cevapları bırakın sorular bile net değil! Düşünmek istiyorum.

Tam o sırada çalan alarm üçüncü seansımızın sonuna geldiğimizin habercisiydi. Haftaya görüşmek üzere sözleşirken bana yazabileceğini ya da yazdıklarını paylaşabileceğini bir kez daha hatırlattım. Vedalaşırken kapısı çalınca apar topar kesti bağlantıyı. Aklım onda kalmıştı.

Saate baktım, bir sonraki danışanımın gelmesine yarım saat daha vardı. Meral Hanım'ın notlarını bilgisayara geçirirken telefonum çaldı, arayan kız kardeşimdi. Anneler Günü için planlarımı soruyordu. Annemi kahvaltıya mı yoksa akşam yemeğine mi götürsek iyi olurdu, yoksa işi gücü ayarlayıp onu haftasonu şehir dışına çıkarabilir miydik? Ne yalan tamamen aklımdan çıkmıştı Anneler Günü. Aslına bakarsanız üzerine düşününce böyle günler anlamsız, hatta ticariydi evet ama yine de kutlamak iyi geliyordu insana. Her günkü rutinin dışına çıkmak, durup hatırlamak, hatırlayıp şükretmek, beraberce geçirilen özel anlara yenilerini eklemek... İyi geliyordu insana...

Hiç düşünmeden, "Cumartesi akşamdan bize gelin" dedim kardeşime. Düşünsem diyemezdim, böyle şeyler çok düşününce göz korkutuyor çünkü. "Cumartesi akşamdan bize gelin, senin çocuklar benim çocuklar, annem, teyzem hep birlikte bizde kalalım, eski Yeşilçam filmleri izleyelim, salona yer yatağı kurup hep beraber maaile uyuyalım, sabah da beraber büyük aile kahvaltısı yapalım" deyiverdim.

İyi ki de demişim, hayatımın en güzel Anneler Günü'nü yaşadım o pazar. Hem anne olmanın, hem evlat olmanın tadını doya doya çıkardım. Aile hatıraları, göçüp gidenlere duyulan özlemler, çocukluk yaramazlıkları ve bolca dedikodu... Hepimize, en çok da anneme iyi geldi Anneler Günü'nü böyle kutlamak.

Pazartesi günü ise haftasonunun verdiği erinçle işe başladım. İlk randevum Meral Hanım'laydı. Her zaman olduğu gibi tam saatinde ekran karşısındaydı Meral Hanım.

— Nasıl geçti geçen haftanız?

— Tuhaf... Huzurlu ama hüzünlüydüm de... Çok huzurlu bir hüzün vardı içimde. Başım çok ağrıdı ama.

— Nasıl bir hüzün vardı içinizde?

Omuzlarını silkerek cevap verdi.

— Çok ağladım. Kötü bir şey de olmadı ama neden bilmem çok ağladım.

Tam bir şey söyleyecekti ki sustu, söyleyip söylememek arasında kararsız kaldı biraz. Sonra derin bir nefes alıp konuşmaya başladı.

— Hani siz beni güvenli bahçeme götürdünüz ya, asansörden inerken annemi göreceğim diye korktum. Neden bilmem korku hatta panik hissettim. Sonra bunun üzerine uzun uzun düşündüm, hep babamdan korkuyorum zannederdim meğer annemden de korkuyormuşum ben.

— Bu keşif size ne hissettirdi?

— Sizi takdir ettim. Geçen haftaki seanstan sonra doğru yere geldiğimi, bütün bunları doğru kişiyle yaptığımı anladım.

— Neden?

— Çünkü ben size "Geçmişi deşmek istemiyorum" demiştim, siz geçmişi deşmeden beni çocuk Meral ile, kendimle tanıştırdınız. Bunca şey yaşamamış, hırpalanmamış Meral'i, özümü hatırlattınız bana. Ve onun hâlâ bende olduğunu gösterdiniz. Bu çok değerli benim için.

Söyledikleri çok değerliydi benim için. Çünkü bence terapide esas olan danışanı zorlamadan, yönlendirmeden kendisini görmesini sağlamaktır. Çok sevdiğim şair/yazar Halil Cibran "Güzel, hayatın kendi kutsanmış çehresini örten peçeyi kaldırmasıyla görülen hayattır. Oysa hayat da peçe de sizsiniz. Güzel bir aynadan kendini seyreden sonsuzluktur. Oysa sonsuzluk da ayna da sizsiniz" der.

Psikoterapi, danışana akıl vermek ya da onlara tavsiyede bulunmak değildir. Ona açık uçlu, sorgulatıcı, farklı perspektif gösterecek sorular sormaktır. Danışan da bu sorular karşısında ken-

di içine döner ve cevapları aramaya başlar. Aslında yaptığımız onun ruhuna bir ayna tutarak, kendisini, bilinmeyenlerini, sıkıntılarını görmesini sağlamaktır. Bu kolay gibi görünse de aslında çok zordur. Terapistin danışanına etkin bir şekilde yardımcı olabilmesi için kendini tanıması, kendi duygularını işin içine karıştırmaması, danışanını yargılamadan, eleştirmeden olduğu gibi kabul edebilmesi gerekir.

Tam ona cevap vermeye hazırlanırken fısıldayarak devam etti anlatmaya.

— İçimde kötü bir şey olacak hissi var. Her an kötü bir şey olacakmış gibi tetikteyim.

— Ne olacakmış gibi geliyor size?

Odasında yalnız olduğunu biliyordum. Dolayısıyla dediklerini kimsenin duymasından endişe etmesine gerek yoktu. Ama o yine fısıldayarak cevap verdi. Belki de korktuğu kendisinin duymasıydı.

— Savaş çıkacak ya da ben kanser olacağım.

— Peki gelin buna odaklanalım.

— Tüylerim ürperiyor korkularımdan. Aklımdan geçenler bende çarpıntı yapıyor, titreme geliyor bana. Düşünmek istemiyorum bunları. Hep yerin yedi kat altında hissediyorum.

"Yerin yedi kat altında hissetmek" çok spesifik, çok belirleyici bir tanımlamaydı. Ona bu benzetmeyi yaptıran ne olabilirdi?

— Peki şimdi gözlerinizi kapatın, arkanıza yaslanın, kendinizi rahat hissettiğiniz bir pozisyon alın lütfen. Nefesinizi takip edin, düzenli nefes alıp verin. Şimdi bu hissin ilk başladığı anıya gidin lütfen. Üç, iki, bir... Nerede görüyorsunuz kendinizi?

— Toprağın altındayım. Toprak çöktü üzerime. Üzerimdeki toprak çok ağır. Nemli... Yalnızım... Öldüm ama hayattayım... Her yer kara toprak... Çıkış yolu yok, ben huzurluyum ama ailem kötü olacak... Ağır... Çok ağır... Hareketsizim... Nereden, nasıl buraya geldim? Bitsin istiyorum, bitsin, öleyim. Bitmiyor. Son nefesi veremiyorum. Uykuya dalmak istiyorum, kan kokuyor her yer, artık ölmek istiyorum, ölemiyorum.

Yüzü acıyla gerilmiş, dudakları incecik olmuş, kaşları çatılmıştı. Sesi o kadar derinden çıkıyordu ki, bilgisayarımın sesini sonuna kadar açmak zorunda kalmıştım.

— Toprak altında hissettiğiniz bedeninize odaklanın... Kendinize son nefesinizi vermek için izin verin... "Her şey yolunda, artık tutmama gerek yok" deyin... Son nefesinizi verdiğinizi hissedince de bana haber verin.

Ellerini gözlerinin üzerine koydu, içini çekerek cevap verdi.

— Tamam artık, son nefesimi veriyorum. Uykuya daldım.

Son nefesi vermekle uykuya dalmayı eş tutması ilginçti. Demek ki çektiği sıkıntı o kadar büyük, yaşadığı acı o kadar çoktu ki ölüm ona uyku gibi huzurlu gelmişti.

— Şimdi yükselin ve tepeden bakın ölü bedeninize. Ne görüyorsunuz?

— Ellerim ayaklarım yamuk... Boynum bükük gibi... Tanıyamıyorum bu ben miyim? Erkek olarak kendimi görüyorum. Darmadağın, yapış yapış, çamur içinde... Oysa toprağın içindeyken ne güzeldi. Sanki bir yorganın içinde gibiydim.

— Peki o hayatı değerlendirir misiniz? Neye ihtiyacınız varmış o hayatta?

Duraksamadan cevap verdi.

— Takdir edilmeye. Çok çalıştım ben. Çok çalıştım. Ülkem için çalıştım, ailem için çalıştım. Hep dürüst oldum. Hep namusumla çalıştım. Yerin yedi kat altında ekmeğimi aradım. Ama toprak aniden çöktü. Çıkarmadılar beni, orada kaldım, mezarsız, başımda taşsız, orada bıraktılar beni.

— Şimdi çıkmak ister misiniz?

— Biraz daha burada kalayım. Ölü ölü çıkıp ne yapacağım? Her tarafım felç, kırık dökük! Çıkmak istemiyorum.

İki elini yumruk yapmış sıkıyor, kapalı gözlerinden yaşlar akıyordu.

— Eşimi özlüyorum. Vedalaşamadan gittim, son kez göremedim onu, helalleşemedim. Gencecik kaldı arkamda.

— Peki eşinizi çağırmak ister misiniz?

Yüzü yumuşadı birden. Eşinin gelme ihtimalini duymak bile ona iyi gelmişti belli ki...

— İsterim.

Böyle durumlarda çoğunlukla anne, babasını, anneanne, babaanne ya da dedesini yani atasını, büyüğünü ister insanlar. Meral Hanım ise eşini istemişti. Belli ki o hayatında eşiyle aralarında çok büyük bir aşk vardı.

— Bakın şimdi eşiniz yanınıza geldi, görüyor musunuz?

Gülümsedi.

— Görüyorum, görmem mi, ay gibi doğar benim karım, girdiği her yeri ışıtır.

— Şimdi ne görüyorsunuz, bana anlatır mısınız?

— Bana elini uzattı, elimi tutup çekip çıkardı beni topraktan. Sonra başını kalbime dayadı. Beraberce bir tepeye çıktık. Aşağıda bir şelale var. Eşim beni oraya yıkamaya götürdü. Üzerimdeki çamurum, kirim aksın, arınayım diye.

— Şimdi ne yapıyorsunuz?

— Yıkanıyorum, suyun altındayım.

— Tepenizden akan suların sizi temizlediğini, rahatlattığını, şifalandırdığını düşünün.

— Öyle oluyor zaten. Suya girdiğimde ayakta duramıyordum, şimdi dimdiğim. Felç gitti. Üzerimde beyaz bir gömlek var, bembeyaz... Yerin altındayken mavi bir tulum vardı.

— Eşiniz ne yapıyor?

— Hep elimi tutuyor. Hiç bırakmadı.

— Peki, hadi birlikte gökyüzüne uçtuğunuzu hayal edin.

— Uçuyoruz, karım ve ben birbirimize sımsıkı sarıldık gökyüzüne, kuşların yanına uçuyoruz. Işık görüyorum, her yer ışık. Oysa toprağın altı karanlıktı. Burada çok ışık var.

— Peki az önce öldüğünüzü, ışığa kavuştuğunuzu gördüğünüz hayatın teması neydi?

Derin bir iç çekişle yanıt verdi.

— İnsanlar birbirlerini tanımadan yaşıyorlar. Oysa ufacıklar... Ben onları dinliyorum. Onların birbirine söylemediklerini bile duyuyorum! Anlamlandırmak! İnsanları anlamak, dinlemek! Hayatımın teması buymuş!

— O hayatta yarım kalan ne var?

— Ben yarım kalmışım, ailem yarım kalmış, hayatım yarım kalmış! Garip bir paradoks! Hayatımı diğer insanlar üzerinden anlamlandırmaya çalışmışım! Ne büyük hata!

— O hayattan şimdiki hayatınıza ne gibi geçişler olmuş?

— Gördüklerimi ve duyduklarımı söylemem gerek. Onların söyleyemediklerini söylemem gerek. Eskiden onlar susuyorlarsa bir bildikleri vardır derdim kendi kendime. Kimse adına konuşmaz, kimsenin işine karışmazdım, "Çok ayıp!" derdim hep.

— O hayata dair ne hissediyorsunuz?

— Öfke... Hayal kırıklığı... Işığı bulamamanın hayal kırıklığı... İnandığım şeylere ulaşamamak, başaramamak!

Birden ağlamaya başladı. Yumruklarını masaya vura vura uzun uzun ağladı. Hiç sesimi çıkarmadan bekledim. Yavaş yavaş hıçkırıkların arası açıldı, sonra hıçkırıklar derin iç çekişlere döndü.

— Çok yoruldum artık dönmek istiyorum.

— Kendinizi hazır hissettiğinizde gözlerinizi açabilirsiniz.

Gözlerini hemen açtı. Göz kalemi akmış, gözlerinin etrafı simsiyah olmuştu.

— Ne oldu? Nasıl hissediyorsunuz?

— Panik oldum ve birdenbire ürkme hissi geldi. Soma olayları da beni çok etkilemişti. Zaten... Zaten...

Sustu birden. Gözlerini ovuşturdu, ellerine bulaşan siyah boyayı görünce mahcup gülümsedi. Uzanıp çantasından bir kâğıt mendil çıkardı, gözlerini sildi.

— Çok tuhaf hissettim. Ben size anlatmamıştım. Benim dedemin babası madende ölmüş. Enver dedem çok küçük yaşta babasız kalmış, çok zor şartlarda büyümüş. Çok öfkeli bir adamdı, kızgındı hayata. Hani herkes dedesini sevimli, tatlı dilli filan anlatır ya, benim dedem öyle değildi, aksi suratsız bir adamdı.

Bir seansın daha sonuna gelmiştik. Vedalaşırken Rus bebeği Matruşka'ya benzediğini düşündüm Meral Hanım'ın. Her seansta içinden farklı bir şey çıkıyor, her defasında çıkan şey onu da beni de şaşırtıyordu.

Bahar yaza yüzünü dönmüş, İstanbul'un en keyifli zamanları başlamıştı. Hava limonata gibiydi, tatlı bir serinlik vardı sokaklarda. İstanbullular da uzun süren kışın, yağmurlarla geçen baharın ardından havanın tadını çıkarmak için sokaklara atmıştı kendini. Ortalık cıvıl cıvıldı.

Ben de mümkün olan her boş vakitte güzel havanın tadını çıkarmaya çalışıyor, kızları da alıp kendimi deniz kenarına atıyordum. Deniz iyi geliyordu bana. Terapi odamda birçok kişinin acılarına, kaygılarına, kendini bulma yolculuğuna eşlik ettikten sonra deniz kenarında olmak, dalgaların sesini dinleyip o uçsuz bucaksız maviliği seyretmek rahatlatıyordu beni.

Ve hal böyle olunca bir hafta çabucak geçti! Günler uzayıp, geceler kısalınca daha mı çabuk geçiyordu vakit ne! Meral Hanım yine tam saatinde bilgisayarının karşısındaydı. Bu kez kırmızı çerçeveli bir gözlük vardı gözünde. Kırmızı ruj ve ojeleriyle çok hoş görünüyordu.

— Nasılsınız, geçen haftanız nasıl geçti?

Dudaklarını büzüştürerek yanıt verdi.

— Yorgunum. Hüzünlüyüm ama huzurluyum da...

Sonra küçük bir çığlık atarak devam etti konuşmaya.

— Aaa size asıl haberi vermedim. Geçen hafta regl oldum. Şükürler olsun!

— Nasıl hissediyorsunuz peki?

— Yaram var kanıyorum. Ağlıyorum öldürmüyor. Öldüresiye kanıyor. Kanarken yaşamaya korkuyorum.

Bir kadının ömrünün yaklaşık kırk yılı boyunca her ay yaşadığı kanamadan böyle bir metaforla bahsetmesi tuhaf gelmişti bana. Az önce regl oldu diye şükrederken, geçen hafta reglim gecikti diye üzülürken bir anda regl olmayı yaralı olmaya benzetmesi dikkatimi çekmişti. Tam bu konu hakkında bir soru soracakken başka bir konuya atlayıverdi.

— Osman'la da iyi değiliz bu aralar. Ayrılmayı çok denedik, defalarca denedik ama olmadı. Aramızda değişik bir bağ var.

— Biraz bu bağdan bahsetmek ister misiniz bana?

— Osman'la ilk başta iş ortağıydık. Yani iş ortaklığı zamanla hayat ortaklığına döndü, demiştim size. Ama hemen birleşemedik. Çünkü... Çünkü annesi istemedi beni.

— Neden?

— İki çocukluyum, dulum diye. Sonradan kabullendiler beni. Hemen değil, yavaş yavaş... Ama sonra sevdiler beni, annesi değil de babası daha çok sevdi. Bizim evde öldü. Hastaydı, ben bakıyordum, bir sabah Osman işe giderken bana emanet etti babasını, bana emanetken öldü, kollarımda öldü.

Gözleri buğulanmış, dudakları belli belirsiz titriyordu.

— Osman nasıl biri, biraz anlatsanız?

— Çamurlu çizmeleriyle gelip ruhuma girdi Osman.

İrkildim, bu çok keskin, çok sivri bir tasvirdi.

— Neden öyle dediniz, ne demek çamurlu çizmeleriyle ruhuma girmek?

— Çok maskulendir Osman. Mağara adamı gibi, tarladan gelmiş gibi giriverdi hayatıma. Ama ben onun varlığına alıştım. Nasıl desem... Kardeşim gibi oldu. Ama özellikle son zamanlarda çok dominant. Bana saygı duymadığını hissediyorum.

— Neden böyle hissediyorsunuz?

Kırmızı çerçeveli gözlüklerini çıkardı, gözlerini ovuşturdu uzun uzun. Sonra parmaklarıyla masaya vurdu birkaç kez.

— Önceki eşim de öyleydi. O da bana saygı duymazdı.

— Dante'ydi değil mi adı?

— Evet, Dante. Ah Şeniz Hanım eskileri deşmek istemiyorum ama hep bir yerden çıkıveriyorlar. Dante de çok kontrolcü biriydi. Aksi gibi işi gereği çok da hakimdi insan psikolojisine. İnsanları manipüle etmeyi iyi bilirdi. Hep o haklı çıkardı. Herkesi beni bile haklılığına inandırırdı hep. Bazen kendimi zavallı, çaresiz, böcek gibi hissederdim karşısında.

— Ama ayrıldınız, ayrılmayı başardınız.

Acı acı gülümsedi.

— Öyle çok kolay olmadı ayrılmak. Defalarca denedim. Hatta... Hatta... İlkinde son derece kararlıydım onsuz bir hayata başlamaya. Daha çocuklar da yoktu. Sara ile Enzo doğmamıştı henüz. Kapıyı çarptım, çıktım, yılbaşında İngiltere'ye gittim. Orada İstanbul'dan bir arkadaşımla karşılaştım. İlkokul birinci sınıfı İstanbul'da okumuştum ben. Tesadüfen ilkokul arkadaşım Özgür ile karşılaştım. Tabii tanımadık birbirimizi ilkin. Sonra sohbet sırasında çıktı okul arkadaşı olduğumuz. Çok güzeldi her şey. Filmlerdeki gibi. Yumuşacık bir aşk! Ve ben beraber oldum Özgür ile.

Derin derin içini çekti.

— Hayatımın en romantik, en unutulmaz anlarını yaşadım Londra'da, Özgür'ün kollarında. Biteceğini bildiğim için mi, yoksa ondan bir şey beklemediğim için mi bilmem çok güzel, çok değerliydi her anımız! Sonra... Sonra döndüm tabii Barcelona'ya. Dante beni çiçeklerle karşıladı havaalanında. Ayrılmaya gücüm yoktu, yeni bir şehre, yeni bir ülkeye, olan biteni anne babama anlatmaya gücüm yoktu. Cesaret edemedim. Bir ay sonra da hamile olduğumu fark ettim.

Sustu. Sonra gözlerini bilgisayardan kaçırarak fısıldayarak devam etti.

— Bunu ilk kez size söylüyorum. Ama ben hâlâ Sara'nın babası Dante mi Özgür mü bilmiyorum.

Ne diyeceğimi bilemedim. Sara yirmi altı yaşındaydı. Yani Meral Hanım bu sırla, bu belirsizlikle 26 yıl boyunca yaşamıştı. Bir an düşündüm, Sara'nın babası baba bildiği Dante değil de hiç tanımadığı Özgür olabilirdi pekâlâ. Dante de yıllarca kendisinin olmayan bir çocuğa babalık etmiş olabilirdi. Dahası ve en acısı eğer baba oysa Özgür kendi kızının varlığından haberdar bile değildi. Bu gerçeğin yükü de mutlaka ağır geliyor olmalıydı Meral Hanım'a...

— Bu size ne hissettiriyor peki?

Derin derin içini çekti. Omuzlarını silkerek cevap verdi.

— Ne yapacağımı bilemiyorum. Hiç bilemiyorum. Öyle bir şey ki bu, eğer Özgür, Sara'nın babası çıkarsa tüm taşlar yerinden oynar. Dante… Osman… Özgür… Sara… Hepsini birden kaybederim.

Sustu, bakışlarını bakışlarıma sabitledi, onay almak ister gibiydi, "Evet haklısınız" desem ya da "Aman hiç karıştırmayın şimdi ortalığı" desem rahatlayacaktı sanki.

— Böyle bir işe girişmem Dante'nin yine hayatıma dahil olması demek! Yo yo yapamam!

Bunca sıkıntılı durumun arasında ilk eşi olan Dante'yle görüşmeyi düşünmesi dikkatimi çekmişti. Onunla görüşmek hepsinden daha zordu onun için! Tam eski eşi hakkında soru soracakken fısıldayarak anlatmaya devam etti. Dediklerini biri duymasın diye bilgisayara iyice yaklaşmıştı.

— Ben Dante ile boşanamadım aslında.

— Nasıl yani?

— Yani tam da değil, hiç boşanmadım.

— Peki Osman ile nasıl evlisiniz?

— Onunla kendi aramızda bir seremoni yaptık, resmi evli değiliz, ruhani bir evlilik bu.

Kafam allak bullak olmuştu, ama yargıladığımı düşünüp içine kapanmasından korktuğum için fazla soru sormamayı uygun buldum. Meral Hanım'a ne zamandır içinde tuttuğu sırrını ilk kez birine söylemek iyi gelmişti. Belli ki daha da anlatmak, anlatıp rahatlamak istiyordu.

— Dante benden boşanmak istemiyor. Ben tam olarak bilmiyorum ama evli olunca çocuk başına vergi indirimi mi ne, öyle bir şey alıyormuş. Tam emin değilim, öyle bir şey. O yüzden benden boşanmayı reddediyor.

— Yani siz şu anda kanunlar önünde hâlâ Dante ile evlisiniz, öyle mi?

— Öyle! Benden boşanmıyor ama yıllardır çocuklarını da ne

arıyor ne soruyor, kâbus gibi. Ne yapsam kurtulamadığım bir karabasan gibi…

— Şimdiki eşiniz ne diyor bu duruma?

— Pek konuşmuyoruz aramızda. Kabullendi o da. Bir de bizim Osman'la birlikteliğimiz evlilikten çok daha fazlası, beraber bir işimiz, yarattığımız bir marka var. Onların yüzü suyu hürmetine belki de bu nikâh meselesini görmezden geliyordur, belki de işine geliyordur, kimbilir!

Başını eğdi, kendi ellerine başkasının elleriymiş gibi baktı uzun uzun. Sonra derin derin içini çekti üst üste.

— Keşke biri gelse, "Bana şunu şöyle yap, şunu yapma, bunu de, bunu deme, bununla görüş bunu hayatından çıkar!" dese. Ben kendim karar veremiyorum artık, yolumu kaybettim! Biri gelse bana yol gösterse!

— Hadi gelin o halde, sizinle bir çalışma yapalım.

Gözleri ışıldadı birden.

— Tamam, nasıl bir çalışma?

— Gözünüzü kapatın, başınızı arkanıza yaslayın, nefeslerinizi takip edin… Şimdi kapıdan içeri size rehber olarak birinin girdiğini hayal edin.

Gülümsedi, yüzü aydınlanmıştı.

— Kim geldi?

— Clarissa Estes geldi.

Kurtlarla Koşan Kadınlar kitabının yazarına o kadar hayrandı ki rehber olarak da onu seçmişti demek ki…

— Ne dedi size?

— "Geciktim. Ama geldim" dedi.

— Şimdi sizden onunla konuşmanızı istiyorum. Onunla içsel bir diyaloga girin.

Başını sağa çevirdi, hatları yumuşamış, küçük bir kız çocuğuna benzemişti, annesinin kırmızı rujunu süren bir kız çocuğuna…

— Ben bir düğümün içindeyim. Ne yapmam konusunda kararsızım. Bana yardımcı ol lütfen. Ne yapmalıyım Dante ile ilgili?

— O ne diyor size?

— "Her kadın hayatında bir kez tuzağa düşer, üzülme, kestir at. Yoluna devam et!" dedi.

Yine başını sağa çevirip sordu. Sorularda sesi yumuşuyor, cevaplarda da başka bir ton alıyordu.

— Ne yapacağım, nereden başlayacağım?

— Kendinden başla!

— Ben kendimi başlayıp bitirdim zannediyordum. Demek ki öyle olmamış.

— Kopmayan bağın nedir Dante ile?

— Suçluluk duygusu! Ben nasıl öyle birini sevebildim, sevip ondan nasıl çocuk yapabildim, o çocukların hayatını mahvettim!

Ağlamaya başladı. Yaşadığı acı da kendisiyle hesaplaşmanın zorluğu da yüzünden okunuyordu.

— Peki lütfen Clarissa'ya sorar mısınız "Benim neye ihtiyacım var?" diye.

— Kendimi anlamaya ve öfkeden kurtulmaya ihtiyacım olduğunu söylüyor.

Başını tekrar sağa çevirdi.

— Sara konusunda ne yapmalıyım? Onunla konuşayım mı?

Onaylarcasına başını aşağı yukarı salladı.

— Ne cevap verdi?

— Başıyla hayır işareti yaptı. Sara'ya anlatmamın doğru olmayacağını düşünüyor. Bana "Üzülme" dedi. "Çok canın yandı biliyorum ama bu düğüm çözülecek. Kendine bir kahramanlık paltosu dik ve onu giy. İhtiyacın olan kişi hayatına girecek, sen hazır olduğunda gelecek" dedi.

— O halde şimdi Clarissa'ya teşekkür edip vedalaşabilirsiniz.

Başını sağa çevirdi, yüzünde minnet ifadesiyle elini uzattı, sanki başka birinin elini tutar gibi sıktı elini biraz. Sonra bana dönüp konuşmaya başladı.

— Off çok kötü hissediyorum, sanki kafama balyozla vurulmuş.

— Nasıl bir balyoz bu?

— Dikenli, siyah, metal, çok büyük bir balyoz.

— Peki bu balyozu kim tutuyor?

— Dante...

— Dante ile bağınıza baksak? Acaba derinlerde nasıl bir bağ var aranızda?

— Sanki daha önceden de tanıyorum onu. Rüyamda da gördüm, döviz kaçakçısıydı, kalleş biriydi. Kalleşti ama ben ona âşık oldum.

— Hadi geriye gidin. Yükselin yükselin ve geriye gidin. Üç, iki, bir... Neredesiniz?

— Barcelona'da yaşadığımız ilk evdeyim. Nem kokuyor, güneş görmüyor. Oradaki bütün evler eskidir zaten. Antika eşyalar var etrafta.

— Ne yapıyorsunuz?

— Her şey ve hiçbir şey... Donmuş gibi hissediyorum. Sara'yı büyüttüğüm ev burası. Dört yıl yaşadık orada, güzel anılarım var oraya dair...

— Dante de orada mı?

Yüzü gerildi, alnındaki bir damar belirginleşmiş, çenesi seğirmeye başlamıştı.

— Dante bunalımda! Çalışıyor, öfkeli, büyük anlaşmalar yapıyor, büyük borçların altına giriyor. Doktor olmak ona yetmiyor. O daha fazlasını istiyor. Gözü hep yükseklerde!

— Siz ne hissediyorsunuz ona karşı?

— Kızgınım. Doymuyor! Arsız! Açlığına engel olamıyor. Ben onunla evlendiğimde doktordu, sonra garip işlere bulaştı. Korkuyorum. Kocamı tanımadığımı düşünüyorum! Doymuyor, adam doymuyor!

— Siz neye açsınız?

— Ben yaşamak istiyorum. Vazgeçtiğim hayatı düzeltmek, bir işe girmek, okulumu bitirmek istiyorum. Ama o bana "Sen aptalsın!" diyor. Beni aşağılıyor, "Otur evinde çocuğuna bak!" diyor.

— Şimdi bu ana dönün. Bu yaşınızdasınız, meslek sahibisiniz, koca bir marka yaratmış başarılı bir iş kadınısınız. Sizsiniz yani! Bu odaya Dante'yi çağırın.

Yüzü buruştu ilkin. Sonra gayriihtiyari saçlarını düzeltti elleriyle.

— Geldi.

— Nasıl görünüyor?

— Çok yaşlanmış, O eski Akdenizli yakışıklı erkek gitmiş, yerine onun babası gelmiş sanki! Saçları beyazlamış, seyrelmiş, üzerinde bir kot gömlek var.

— Ne yapıyor şimdi?

— Bıyık altından gülüyor bana. Her zamanki gibi küstah!

— Peki hadi onunla konuşun. Ne söylemek istiyorsunuz ona?

Başını sol tarafına çevirdi bu kez, tükürür gibi bir sesle sordu.

— Dante nedir bu olanlar? Ben sana ne yaptım da bana bunları çektiriyorsun, neden boşanamıyorum senden, neden çıkmıyorsun hayatımdan?

Cevap yine Meral Hanım'ın sesiyle geldi. Ancak bu kez ses tonu daha farklı, daha soğuk ve sertti. Bu çalışmayı birçok danışanımla yapsam da her defasında şaşırtıcı geliyordu bu durum bana. Sanki tek kişinin iki kişiyi canlandırdığı bir tiyatro oyununu izlemek gibiydi.

— Ben senin bilmediğin büyük işlere girdim. Vergilerim yüksek. O yüzden bırakamıyorum seni!

— Peki neden çocuklarını görmek istemedin hiç?

— Uzaktan uzağa babalık zaten olmaz. O yüzden boşa kürek çekmeyi anlamlı bulmadım.

Bu beşinci seansımızdı ve bu söylediğini ilk kez duyuyordum. Derin bir öfke hatta nefret vardı yüzünde. Çok şey söylemek istediği belliydi ama nereden başlayacağını da, hangi kelimeleri seçeceğini de bilemiyor gibiydi. Nefretinde kaybolmuştu!

— Hadi söyleyin ona.

Dedim. Sesimi duyunca kafasını bana çevirdi.

— Neyi?

— Sara'yı söyleyin ona.

Hızla çevirdi başını soluna.

— Sara'nın babası belki de sen değilsin.

Sonra bir kez daha tekrar etti. Bu kez sesi daha yüksek, daha kendinden emindi.

— Sara'nın babası sen olmayabilirsin. Çünkü İngiltere'ye gittiğimde seni aldattım.

Yüzüne garip bir doyum, bir rahatlama gelip oturmuştu.

— Ne yaptı Dante duyunca?

— Yıkıldı, ağlıyor şu anda. Bana "Nasıl yani?" diye soruyor. Onu ilk kez ağlarken görüyorum. Ama bunun nedeni o! Bunun nedeni o!

Titremeye başlamıştı, sürekli aynı cümleyi tekrar edip duruyordu.

— Neyin nedeni Dante?

Gözyaşları akan rimeliyle beraber siyah, incecik bir iz bırakarak yanaklarından süzülüyordu. Bir öne bir arkaya sallanarak dişlerinin arasından konuşmaya başladı. Sesi buz gibiydi.

— Ben onun hastanesinde tedavi gören gencecik bir kızdım. Yeni yeni iyileşiyordum, yaralıydım, ürkektim. O benim doktorumdu. Beni ayarttı. Ben çok küçüktüm daha. Beni ayarttı! Psikolojik tedavi gören bir hastaysan doktoruna inanırsın. İnandım ona, iyi biri olduğuna, beni iyi edeceğine inandım.

Sustu. Yüzünü ovuşturdu elleriyle. Kırmızı ruju tüm çenesine bulaşmış, rimel izlerine karışmıştı. Buz gibi bir sesle ve hissiz bir tonla, neredeyse bir robot gibi anlatmaya devam etti.

— Bir gece odama geldi. Vakit çok geçti. Hemşireler filan da yoktu odada. Zaten benim odam koridorun sonundaydı. Orada benimle beraber oldu. Sonradan çok düşündüm bu tecavüz müydü yoksa ben isteyerek mi onunla beraber oldum diye. Hâlâ da bilmiyorum cevabını. Çünkü ona hayır demedim. Onu durdurmadım. Kimseye seslenmedim, bağırmadım. Bağırabilir miydim? Bilmiyorum. Evet biraz iyileşmeye yüz tutmuştum. Artık suskunluğumu sonlandırmış, insanlarla iletişim kurmaya da başlamıştım. Ama ilaç içiyordum sürekli, mantıklı düşünemiyordum. Bir de Dante benim için önemliydi. Doktorumdu ya! Ona güvenmiştim, onun benim için en iyiyi bileceğini düşünüyordum.

— Sonra ne oldu?

— Bir hafta sonra hastaneden çıktım. Beni arayıp sormaya, ziyaret etmeye devam etti. Birkaç kez beraber de olduk. Sonra... Sonra... Ben hamile kaldım. Dante'ye söylediğimde çıldırdı. Onun o yüzünü, kalleş yanını ilk kez gördüm. Hemen aldırmam gerektiğini söyledi. Şikâyetçi olursam neler yapacağıyla ilgili beni tehdit etti. "Annene söylerim, babana söylerim, sınır dışı ettiririm" filan... Ben zaten söylemezdim ki. Onlara iki ay önce intihar etmeyi deneyen kızlarının, şimdi de hamile olduğunu nasıl söyleyebilirdim?

— Ne yaptınız peki?

— Dante bu işi gizli kapaklı halletmemiz gerektiğini söyledi. Kendisi de doktorluktan men edilir diye aşırı tedirgindi. Üniversiteden eski bir arkadaşını buldu. Adam ayyaşın tekiydi, iğrenç bir yerde beni operasyona aldılar. Bana sormadılar bile "Sen bu bebeği aldırmak istiyor musun?" diye.

— İstiyor muydunuz?

— Bilmiyorum, bir sürü ilaç alıyordum, tedavi görüyordum, kafam sağlıklı çalışmıyordu ki. Tıpış tıpış gittim adamın adresine. Orada kürtaj oldum.

Hâlâ hissizdi sesi. Sanki Meral Hanım değil de başka biri vardı karşımda.

— Ama beceremedi adam kürtajı. Her şey ters gitmiş, içim yırtılmış, dağılmış. Çok kan kaybetmişim. Dante ben öleceğim diye korktu herhalde. Ölürsem açıklaması daha zor olacak, iş daha büyüyüp içinden çıkamayacağı bir hal alacak diye korktu belki de. Beni alıp hastaneye götürmüş, üç gün yoğun bakımda kalmışım. Yoğun bakımı hatırlamıyorum ama sonrasını hatırlıyorum, bebek ölmemişti daha. Ama o kadar müdahaleden sonra, dahası tedavim için içtiğim o kadar yatıştırıcı ilaçtan sonra bebeğin sağlıklı olmayacağı belliydi. İçime ilaçlı bir tampon koydular. Bebek düşsün diye... O kadar çok kanadım ki... O kadar çok kanadım ki...

Birden aklıma Meral Hanım'ın regl olmaktan bahsederken "Yaram var kanıyorum. Ağlıyorum öldürmüyor. Öldüresiye kanıyor. Kanarken yaşamaya korkuyorum" sözleri geldi. İlk duyduğumda anlam veremediğim bu sözler işte şimdi anlamını bulmuştu.

— Aileniz öğrendi mi bu durumu?

— Önce bildirmemişler. Dante doktor ya orada, "Benim nişanlım, benim yakınım, ben ailesiyle irtibattayım" demiş. Ama okul arkadaşlarımdan biri durumu öğrenince ailemi aramış. Yoksa duyamayacaklardı. Zaten haberleri olup geldiklerinde her şey bitmişti. Dante de iyi damadı oynadı onlara. Beni çok sevdiğini, benimle evlenmek istediğini, bana âşık olduğunu söyledi. Daha on sekize yeni girmiştim Şeniz Hanım. Düşünün, ne ki on sekiz yaş!

— İnandı mı babanız?

— Bence işin içinde bir şey olduğunu anladı. Kaçın kurası babam, anlamaz mı? Hiç sevmedi Dante'yi. Hiç güvenmedi.

— Ama evlendiniz.

— Evlendim. Çıkış evlenmekti. Doktorlar bana bir daha çocuğumun olmasının çok zor olduğunu söylediler. Ben çocuk yapamayan bir kadınla kimsenin evlenmek istemeyeceğini düşünüyordum. Ama Dante istiyordu. Bana da en doğrusu onunla evlenmek geldi. Zaten çok düşünmedim de üstüne, fırsatım olmadı düşünmeye, hastaneden çıkarken kendimi bir anda evlilik parodisi içinde buldum. Karar verilmişti, hazırlıklar başlamıştı. Her şey benim dışımda gelişmişti. Evliliğin üstünden bir yıl geçince kafam netleşmeye başladı. Dante'nin gerçek yüzünü gördüm. İşte sonra da İngiltere'ye gittim.

— Özgür'le karşılaştığınız zaman mı bu?

Özgür'ün adını duyunca yüzü yumuşadı bir an.

— Evet, evet! Özgür'le de o yüzden kalmak istemedim.

— Anlamadım, neden kalmak istemediniz?

— Çocuğum olmuyor diye. Bunu ona söylemek zor geldi bana. Bir de onun nasıl karşılayacağını bilemedim. Ya istemezse ya o ayrılmak isterse diye yüzleşmek de istemedim. Barcelona'ya geri döndüm, kısa bir süre sonra hamile olduğumu anladım. Bir mucizeydi bu benim için! Büyük bir mucize! Olmaz denilen olmuştu ve o an benim için bebeğin babasının kim olduğunun hiçbir önemi yoktu. O benim bebeğimdi!

Konuşurken birden başını soluna çevirdi.

— Yani Dante seninle olmamdan ötürü rahmim yırtıldı benim. Yoğun bakımda kaldım. Çocuğun olmayacak dediler bana. Sonra ben Sara'ya hamile kalıverdim. Nasıl söyleyebilirdim sana bebeğin babası sen olmayabilirsin diye?

Sonra bana döndü.

— Donup kaldı, ne cevap vereceğini bilemiyor, öyle salak salak bakıyor yüzüme.

Gözlerini kıstı, sesi dişlerinin arasından tıslayarak çıkıyordu.

— Sen her şeyi mahvettin Dante, her şeyi mahvettin. Bırak beni. Hayatımdan çık artık.

Sonra sustu, yüzü gevşemiş, sesi değişmiş, yumuşamıştı.

— Ben seni çok sevdim Dante. Sen de biliyorsun bunu. Çok mücadele ettim. İlişkimizin, evliliğimizin yürümesi için çok çabaladım. Beni takmadın. Beni umursamadın. Almanya'ya döndüğümde seni oraya da çağırdım. Ailem seni kabul etsin diye de uğraştım. Ama olmadı. Ben seni affettim Dante. Ne olur beni bırak. Babamın vasiyetini yerine getirmem için yardımcı ol. Onun benden son isteği senden boşanmamdı. Lütfen bana yardım et, lütfen onun son isteğini yerine getirebilmeme yardım et!

— Ne cevap verdi?

— Sadece susuyor. Ama ben içimdekileri söylediğim için rahatım. Garip bir şekilde huzur geldi.

— Peki o halde kendinizi hazır hissettiğinizde gözlerinizi açın lütfen.

Hiç beklemeden açıverdi gözlerini.

— Bunları birine anlatırsam çok kötü olurum sanıyordum. Size de kaç kere dedim zaten eskileri deşmek istemiyorum diye. Ama rahatladım. İyi geldi bana, iyi geldi.

Saate baktım seansımızın bitmesine çok az kalmıştı.

— Şimdi size bir ödev vereceğim. Dante'ye de mektup yazmanızı istiyorum.

İsyanla cevap verdi.

— Ne mektubu? Mektup filan yollamak istemiyorum ona!

— Yollamanıza, paylaşmanıza gerek yok. Bunu daha önce de konuştuk. Siz yazın yeter! Bana da yollamanıza gerek yok! Yeter ki yazın... Bakın nasıl iyi gelecek...

Gönülsüzce başını salladı. Aslında yazmayı çok sevdiğini biliyordum. Üstelik yazmakta mahirdi de... Ama Dante'ye yazmak onun için kolay olmayacaktı elbette. Tüm yaralarını yeniden açacak, deşmek istemediği her şeyle yeniden yüzleşecekti. Muhtemelen canı çok yanacaktı.

Seansın üzerinden iki gün geçtikten sonra, bir akşamüstü tam ofisten çıkmak üzereyken Meral Hanım'dan bir e-posta geldi. Heyecanla açıp okumaya başladım.

Sevgili Şeniz Hanım,

Bu mektubu sizin okuyacağınızı düşünerek yazmadım.

Üç saat boyunca ara ara duraksayarak, ara ara gözlerimde yaşlar, adeta midemde ve bağırsaklarımda kramplarla ve kalbim sıkışarak yazdım.

İki gün boyunca, çok istememe rağmen sıklıkla yazabileceğime dair inancımı yitirdim.

O nedenle, şu an yazmayı başardığım için çok mutluyum.

Ayrıca, sanki Osman, sırf bu mektubu yazabilmem için şu an uzakta, İstanbul'da...

Ancak, yazıp bitirince size gönderme isteğimin üstesinden gelemedim (en azından size). Göndermezsem, diğer her şey gibi, sanki bu mektup da hayal gücümün bir ürünü, uzay boşluğunda bir hiç olarak kalacakmış gibi geldi.

Göndererek bir kusur işliyorsam ne olur hoşgörün.

Sizinle bir şeyleri paylaşabilmek benim için çok değerli.

Profesyonel desteğinizin ötesinde hissettiğim güzel kalbiniz için de size ne kadar teşekkür etsem az.

Çok şanslıyım.

Sevgiyle

Meral

Sevgili Dante,

Sana Türkçe yazmak çok garip bir his. Ancak, İspanyolca yazmanın da hiç anlamı yok. Keşke İspanyolca yazabilseydim ve bu yazdığım mektubu sana gerçekten gönderebilseydim. Böyle bir şeyin asla olmayacağını, olamayacağını düşünmek inan çok zor.

Kim ne derse desin, güzeliyle, çirkiniyle birçok şey paylaştık. Ama sanki, geldiğimiz nokta bu olmamalıydı. Aylarca, yıllarca sen yokmuşsun, hatta hiç olmamışsın gibi davrandım. Şimdi, sana yazabilmek için varlığını hatırlamak, seninle bağ kurmak zorundayım. Bunu yapmaya çalışırken, halen kendimi kötü bir romanın içinde gibi hissediyorum. "Bu ben değilim. Ben olamam. Ben değildim..." gibi isyanlar uyanıyor içimde... Kandırılmış olmalıydım. Bana herkesin eşit olduğu öğretilmişti. Herkesin özünde iyi olduğu. Din, dil, ırk ayrımı olmadan herkesin eşdeğer olduğu...

Ben babamdan ve soy ismimden seninle evlenirsem kurtulurum sanmıştım. Seninle evlenmek bana iyi gelecek diye ümit etmiştim. Ben de sana iyi gelecektim. Sana uğur getirecektim.

Bir gün geleceğini ve seninle olan ilişkimi hatırladıkça utanacağımı hiç düşünmemiştim. Ayrıldıktan sonra, rüyama geleceğini ve arabayla beni takip ederek üzerime süreceğini ve bir duvara sıkıştırarak öldürmeye çalışacağını hiç hayal bile edemezdim. Bir gün senden kendimden korktuğumdan daha fazla korkacağımı bilemedim... Sahiden, bir gün aniden gelecek ve hiç beklemediğim bir anda karşıma çıkacaksın diye yıllarca korktum. Geleceksin ve dişimle tırnağımla sıfırdan yarattığım hayatımı alt üst edeceksin diye ödüm koptu.

Gelmedin. Ve ben aslında kötü bir romanın içinde değilim. Ve o zamanlardaki ben de bendim. Başka biri değildi. Sen de sendin. Şu an seni tanımlamamı isteseler: "Hayatta tek görüşmediğim kişi. Beni reddeden, benimle ve çocukları ile görüşmeyi reddeden kişi" derdim herhalde. "Kendim olma" isteğimin bedelini çocuklarını mağdur ederek bana (bir anneye) ödettin. Yine de dönüp seni affetmekten başka şansım yoktu. Ancak seni affetmemin, kendimi affetmedikçe hiçbir değeri olmadığını ancak şimdi sana bu satırları yazarken fark ediyorum. Senin zayıflığını kabul etmek kolayken, kendi zayıflığımı kabul etmek zormuş meğer. Zayıf olma hakkım hiç yokmuş gibi...

Halbuki Barcelona'daki psikiyatrik klinikte, o bembeyaz, Beethooven öfkesi ile badana edilmiş kilitli koğuşta, yumuşacık ses tonun ve esprilerin ile tek yaşayan ruhtun. O buz bakışlı, soğuk, mesafeli yaşlı hemşirelerin, ruhsuz doktorların arasında adeta bir melek gibiydin... Evet, zayıftım. Çok zayıftım. Seninle işbirliği yaparak babamı yenebileceğimi düşündüm. Belki de ikna edebileceğimi. Zayıflığımdan yararlandın. Uzaktan komik bir tiyatro izler gibi dalga geçtin babamla yaşadığım dramla. Hayran olduğum, âşık olduğum ama kendimi hiç beğendiremediğim babanın yerine geçmek zedelenmiş gururunu okşadı.

Galiba beni hiç sevmedin. Sevmek istedin. Bundan eminim. Ancak sevemedin. Sevmek senin için "sahiplenmekti". Benim ne kadar zayıf olsam da sahiplenilemeyecek bir ruhum olduğunu tahmin edemedin. Denedin. Denedin ama olmadı.

Sen kusurlu, ben kusursuz muydum? Değildim. Sara ve Enzo'yu sevdiğini biliyorum. Onları çok sevdin. Beklediğin gibi çıkmadığım, "onları senden kopardığım" için bana çok kızdın. Şu an bu satırları yazarken bile aslında kendime haksızlık yaparak, senin beni inandırmaya çalıştığın gibi "onları senden kopardığım" için seni kırdığımı düşündüğüme inanamıyorum. Hayır, kabul etmiyorum. Ben senden onları koparmadım. Senin tercihindi. Nasıl? Nasıl bunu yaptın? Çok kez; "böyle hayata öfkeli birisi ile temas halinde olmalarından onu hiç görmemeleri belki daha iyi" diyerek teselli bulmaya çalıştım. Olmadı. İnsanlık dışı bu Dante, insanlık dışı!!!

En zoru hangi dönemdi biliyor musun? Yaman'ın doğduğu dönem. Bir anda hem Sara'nın, hem de Enzo'nun karşısında, yıllarca onların mahrum olduğu bir baba sevgisi belirdi. Osman'ın Yaman ile ilgilenişi onları dengeden çıkardı. Ve bu onlara babalık yapan babamı kaybetmemizin hemen sonrasında oldu. Ve ben elim kolum bağlı, önce babamı, sonra annemi kanserin pençesinde, sonra da çocuklarımı baba sevgisinden yoksunluğun kaderinde çaresizce izledim...

Sana "Karam" derdim. "Karam! Kaşı karam, gözü karam!" Şimdi, Yaman'ı Karam diye seviyoruz. Ne kadar garip değil mi? Biliyorum, kabul edemiyorsun ama mutluyum. Ne olur anla artık. Benim için dilemediğin bu mutluluğu yaşamak aslında benim en doğal hakkım...

Bazen içimin burukluğunun yarattığı fırtınalardan sıyrıldığımda, bana öğrettiğin güzel şeyleri hatırlamaya çalışırım. Hayallerimdeki en güzel halin Barcelona sokaklarında yaptığımız yürüyüşlerde... Seni güzel hatırlamak istiyorum. Avukatlar bana çocuklar halen senin himayendeymiş gibi davranarak yaptığın vergi kaçakçılığından (ve diğerleri ile ilgili) ihbar etmem gerektiğini söylüyorlar. En yakın arkadaşlarım, yıllarca nafaka ödemediğin için seni linç ettirmem gerektiğini söylüyorlar. "Herkese anladığı dilde konuşacaksın" diyorlar ama Dante sen biliyorsun ben öyle değilim. Öyle olamam. Ama saçmalıyorum değil mi? Bilmiyorsun. Gerçekten bilmiyorsun. Aslında bilip bilmemek de derdin değil. Hiç derdin olmadı. Kabul edemiyorum ama öyle.

İşte Dante, sen böyle birisin. İnsanları arkadan bıçaklayan. Ne zaman ne yapacağı belli olmayan. Akşam başka bir şey deyip, sabah kalkınca bambaşka bir şey yapan. Eşin "ilişkimizle ilgili konuşmamız gerek" dediğinde onu, çocuklarınla beraber (eşinin lohusa haline rağmen) evden atan... Kapı dışarı eden... "Almanya'ya gel, ben ayrı eve çıktım, çocuklarımızın durumunu konuşalım, belki ortak bir yol buluruz" diye sana elini uzatan kişiye, çocukları kaçırmaya çalışarak cevap veren.

Evet. Seni sevebildiğimce sevdim. Ve bu sürenin (mümkünse

ebediyete kadar) uzaması için elimden gelen her şeyi yaptım. Her şeye rağmen yaptım. Tanrı şahidimdir yaptım. Ama sen Tanrı'ya da inanmazsın. Sevgiye de. Ne desem? Diyecek başka bir şeyim yok. Kalmadı. Ne yaşadıysak yaşadık. Mahkeme süreci olmasaydı, hayatımda hiç olmamışsın, bir sanrıymışsın gibi olacaktı. Ama mahkeme süreci var. Avukatlardan gelen her kötü haber bana yaşadıklarımın hayal gücümün ürünü değil de gerçek olduğunu hatırlatıyor.

Empati yeteneğim çok güçlüymüş diyor herkes. Bu becerim, her ne halse seni anlamaya çalıştığımda çok işe yaramıyor. Sende bir şey var ki benim algımın ötesinde... Her ne ise... Seni anlamakta her ne kadar zorlansam da, sana en çok bana şu an yaşadığım güzellikler için şükrederken teşekkür ediyorum. Seninle yaşadıklarım olmasaydı, bugün yaşadığım her güzel anın değerini bu kadar derin hissedemezdim. Bana İspanya'da yaşanan paranoyanın kapılarını açtın. Kalbini açamasan da kendi evinin ve olanaklarının da kapılarını açtın. Açtım besledin. Hastaydım baktın. Sanat tarihini sevdirdin. Antika mobilyaların hikâyelerini anlattın... Hepsi için ama en çok ve en çok Sara ve Enzo için çok teşekkür ederim. Sen olmasaydın, hayatımda onlar kadar güzel iki hediye/öğretmen olamazdı. Ne olduysa oldu. Bugün oldu. Ben buradayım. Sen de şimdi her neredeysen, orada, oralarda mutlu ol. Bırak, dünya biraz da bizi unutarak, affederek dönsün...

Meral

Öyle sade ama öyle vurucu bir anlatımı vardı ki Meral Hanım'ın, etkilenmemek mümkün değildi. Kalakaldım koltuğumda. Ben okuduktan sonra bu kadar etkilendiysem kimbilir o yazarken nasıl hissetmişti. Yazmak bazen de kabukları kaldırıp, altındaki yaraları hatırlamak değil miydi zaten? Tabii yaraları gün yüzüne çıkarıp, acı çekmek değil amaç... Onların iyileşmesini engelleyen bir şeyler varsa, onları temizlemek olmalı hedefimiz. Kabukları kaldırırken dikkatle, özenle ve sevgiyle yapmalıyız bunu.

O hafta hep içimde taşıdım Meral Hanım'ı. Evde çocuklarımla ilgilenirken de, işe gidip gelirken de her anımda hep aklımın bir köşesinde o vardı. Hep derim ya "Her danışan ayrı bir hikâye" diye, Meral Hanım'ın hikâyesi içime oturmuştu.

Seans günümüz geldiğinde merakla bilgisayarın başına geçtim. Kelimenin tam anlamıyla merak ediyordum Meral Hanım'ı. Acaba nasıl geçmişti geçen haftası, acaba o zorlu geçen seanstan sonra nasıl hissetmişti, yazmak ne hissettirmişti, "Geçmişi deşmek istemiyorum" derken, geçmiş onu deşmişti adeta.

Tam saatinde ekran karşısındaydı Meral Hanım. Her zamankinden daha enerjik, daha dinç ve daha gösterişliydi. Üzerinde çağla yeşili desenler olan eflatun renkli bir kimono vardı. Saçlarını tepeden topuz yapmış, gözlerine mor far sürmüştü.

— Savaşçı tarafımı kendime hatırlatmak için bu ara hep böyle kimonolar giyiyorum.

— Çok yakışmış.

— Beş gün üst üste kimono giyince Sara "Yakında hara-kiri yapacaksın" diye korkuyorum dedi.

— Siz ne cevap verdiniz?

— Gülüp geçtim. Vallahi hiç niyetim yok kendime zarar vermeye. Aksine hiç olmadığım kadar kararlıyım artık Şeniz Hanım.

— Ne konuda kararlısınız?

— Hayatımı istediğim gibi planlayacağım. Ben kendimi gördüm Şeniz Hanım. Ben burada, bu bilgisayarın önünde kendimi gördüm! Akıllandım artık, gücümün farkındayım. Daha önce gücümü kendim teslim etmiştim, artık alacağım, kararlıyım!

Konuşurken omuzları dikleşmiş, gözleri kısılmıştı. Ses tonundan da beden dilinden de kararlı olduğu hissediliyordu.

— Bakın ben daha önce size söylememiştim. Cevahir var ya, benim kardeşim, o Almanya'da milletvekili oldu. Babam da keşke görebilseydi ama göremedi, yazık! Kardeşimle konuştum, o da gerekirse Dışişleri Bakanı ile konuşacak, ben daha önce bu boşanma işine hep kimseyi kırmadan etmeden gireyim, halledeyim diye bakıyordum. Artık işin rengi değişti. Şimdi bütün gücümle, bütün imkânlarımı seferber ederek gireceğim bu işe. O beni hâlâ o klinikteki yalnız kız zannediyor. Meral H'yim ben! Yalnız değilim, çocuklarım var, kocam var, kardeşlerim var, öğrencilerim var, sıfırdan yarattığım bir markam var…

— Kardeşiniz bu konuda ne yapacağını söyledi mi size?

— Ben bilmiyorum o prosedürleri ama yanılmıyorsam "İspanya Yüksek Mahkemesi gibi bir şeye başvuracağız" dedi.

Kararlılığından etkilenmiştim ama sormadan edemedim.

— Peki siz bunca zaman neden bu bağı koparmadınız? Madem en tepeden gidebilme, halledebilme imkânınız vardı, neden yapmadınız bunu daha önce?

— Çünkü…

Gözlerini kaçırdı, sustu bir süre. Sonra yumuşacık bir tonla konuşmaya başladı.

— Geçenlerde kafama dank etti. Olmadık bir anda, mutfakta börek sararken… Ben aslında Dante'den değil Barcelona'dan ayrılmak istemiyormuşum. Boşanma davam sürdükçe Barcelona'yla süren bir bağım ve oraya gidebilmek için bahanem var. Barcelona benim âşık olduğum tek şehir.

Gülümsedim, bunu keşfetmesi gerçekten onun için önemli bir adımdı.

— Bu bilgiye ulaşmanız beni çok mutlu etti. Kendinizi anlamak! Demek ki balığı tutmayı öğrenmeye başladınız. Siz Dante'yle boşansanız da Barcelona orada duruyor. Bilmem kaç yüzyıldır orada, bilmem kaç yüzyıl daha da orada kalacak! Barcelona oraya gitmek isteyen herkesin, bir tek Dante'nin değil ki…

— Sanırım bunu da öğreneceğim. Biraz zaman alacak ama öğreneceğim.

— Peki geçen haftaki seanstan sonra nasılsınız?

Gözleri bulutlandı, dalgın dalgın baktı bir süre.

— Biliyor musunuz ben unutmuştum. Kendime unutturmuştum demek daha doğru sanıyorum. Yani hatırlamıyordum kürtajın detaylarını. Kürtaj olduğumu biliyordum ama bebeğin düşmediğini, onu düşürmek için zehirli tampon konulduğunu hiç hatırlamıyordum. Bunu hatırlamak, bununla yüzleşmek bir kadın olarak çok ağırıma gitti.

— Onunla vedalaşmak ister misiniz?

— Kiminle?

— Bebekle…

— Mümkün mü böyle bir şey?

— Hadi başınızı yaslayın, gözlerinizi kapatın. Nefesinize odaklanın. Kutsal güvenli bahçenize gidin. Üç, iki, bir… Şimdi güvenli bahçenizdesiniz. Doğmamış bebeğiniz yanınıza gelecek.

Geldi diye heyecanla haber verdi.

— Geldi. Şu anda karşımda, görüyorum onu, bir kız.

— Nasıl bir kız?

— Siyah, kıvırcık saçları var. İki kuyruk yapmış, kocaman fiyonklarla. Biblo gibi… İki, üç yaşlarında… Ama uzakta duruyor. Sadece yüzünü görüyorum. Ona karşı suçluluk hissediyorum.

— Adını sorun.

— İspanyolca cevap verdi bana. Adı Angela imiş.

Meral Hanım da Angela ile İspanyolca konuşmaya başladı. Bir yandan konuşuyor bir yandan konuştuklarını benim için Türkçeye çeviriyordu.

— Merhaba Angela. Ben senin annenim. Seni aldırmak zorunda kaldım. Hazır değildim ama seni istedim. Her şeye rağmen doğmanı istedim.

Yüzü kararmış, kaşları çatılmıştı. Ağlamamak için kendini tuttuğu belliydi.

— Bana "Ben de doğmayı istedim, düşmemek için direndim" dedi.

— Siz de ona hislerinizi anlatın.

Başını çevirdi. Yine İspanyolca konuşmaya başladı.

— Çok korkunçtu, çok üzgünüm.

Tutmaya çalıştığı gözyaşları yanaklarını ıslatmıştı çoktan. Nefesleri sıklaşmış, iç çekişe dönmüştü.

— "Beni unuttuğun için sana kızgınım" diyor.

— Siz de konuşun onunla. Ne hissediyorsanız anlatın lütfen.

— Seni unuttuğum için çok üzgünüm. Sen benim ilk çocuğumsun. Seni çok seviyorum. Seni şimdi anlıyorum. Ben de seninle zehirlenmişim. İnsan canının değerini bilmeyenlerin eline düşmüşüz. Sana çok mahcubum. Ama ben de şiddete maruz kaldım. Başka şansım yoktu. Seni öldürmelerine izin verdim.

İç çekişleri hıçkırıklara dönmüştü. Ellerini yumruk yapmış, göğsüne vura vura ağlıyordu.

— "Hem beni çağırdın, hem de benimle ilgilenmedin" diyor. Oysa ben bilemedim... bilemedim...

O noktada ben devreye girme ihtiyacı hissettim.

— Sevgili Angela, senin annene gelişinin ve çabucak da onun bedeninden koparılışının anlamı nedir?

— Artık görmesi lazım. Kurban olamayacağını öğrenmesi lazım. Kendi ruhunu benim gibi öldürürse hiçbir şeyden zevk alamaz.

— Peki, Angela annene ne tavsiye edersin?

— Bir daha böyle bir şey yapmasın. Çıkamayacağı tuzaklara girmesin. Ailesinden, onu sevenlerden kaçmasın. Düşman toplara girmesin.

Angela'nın cevaplarını duymak Meral Hanım'ı biraz rahatlatmıştı. Hıçkırıkları kesilmiş, göğsünü yumruklamaktan vazgeçmişti.

— Peki, Meral Hanım siz Angela'ya ne söylemek istersiniz?

— Nur içinde yatsın, huzurlu olsun.

Sonra başını çevirip doğrudan Angela'ya seslendi.

— Artık seni hatırlamak için yeterli güce sahibim. Beni affet. Geldiğin için teşekkür ederim.

Uzun süren bir sessizlikten sonra bana döndü.

— Başını salladı. Özrümü kabul etti. Yavaş yavaş kayboluyor, görünmüyor artık.

Meral Hanım bunları söyledikten sonra yine ağlamaya başladı.

— Sara çok mutsuz. Onunla bir türlü konuşamıyorum, irtibat kuramıyorum. Kendi doğurduğum çocuğa ulaşamıyorum. O zehirli tampon beni de zehirledi. Zehir kanımda dolaşıyor. O günden beri hiçbir şey aynı değil…

— Bunu temizlememiz lazım. Üçten geriye doğru sayacağım. Sonra şifacı bir ruh gelecek yanınıza. Üç, iki, bir… Kim geldi?

Gözyaşlarını sildi. Sesi küçük bir kız çocuğu gibiydi.

— Anneannem geldi.

Sonra hıçkırmaya başladı. Üç, dört kez üst üste hıçkırdı, ardından derin derin içini çekti. Yüzünde utangaç bir ifade vardı.

— Anneanneniz ne yapıyor şimdi?

— Beni yatırdı. Ellerinde bembeyaz eldivenler var. Eliyle içimden zehri kazıyor. Sürekli bir şey akıyor içimden. Aktığını hissediyorum. Çok gerçek! Ayaklarımı ve bileklerimi ovuyor bir yandan. Kendimi onun ellerine bıraktım.

— Kendinizi nasıl hissediyorsunuz?

— Ona güveniyorum ama kendimi aşağılanmış hissediyorum.

Gözleri sımsıkı kapalıydı. Yüzünde teslim olmuş bir ifade vardı. Bir yandan da "Anneanne lütfen anneme söyleme" diye üst üste sayıklıyordu.

— Anneanneniz ne diyor size?

— Hiçbir şey demiyor. Sürekli beni ovuyor, içimi kazıyor, sürekli…. Şimdi bitirdi. Bana kalkıp üç tane bitki çayı içmemi söyledi. Kalktı, gidecek. Ama ben gitmesini istemiyorum. Lütfen biraz daha otur anneanne. Gitme… Kal yanımda…

Uzun uzun sarsıla sarsıla ağladı. Hiç dokunmadım, istedim ki ağlayarak içinde onu rahatsız eden ne varsa akıtsın, ferahlasın. Yavaş yavaş sakinleşince sayıklar gibi konuşmaya başladı.

— İçim boşaldı, yüreğim boşaldı. Hiç ayağa kalkamayacak gibi hissediyorum kendimi.

— Hadi o zaman dönün artık. Hazır olunca gözlerinizi açın.

Çok yavaş açtı gözlerini. Şaşkınlıkla, tanımıyormuş gibi etrafına uzun uzun baktı. Sonra ellerine, üzerindekilere baktı, en son bana çevirdi gözlerini.

— Nasıl hissediyorsunuz?

— Rahatlamış ama bomboş. İçim bomboş sanki.

— Bu seanstan sonra kanamanız artabilir. Bedeniniz tepki verebilir. Sakın şaşırmayın, paniğe kapılmayın.

Meral Hanım bu seansta çok ağladı. Öyle ki birkaç kez kollarımı bilgisayar ekranından uzatıverip sıkı sıkı sarılmak gelmişti içimden. Ama emindim yavaş yavaş da olsa artık her şey daha güzel olacaktı onun için. Çünkü içine gömdüğü geçmişin hayaletleriyle yüzleşmiş, hesaplaşmıştı, helalleşmişti.

O hafta benim için yoğun bir haftaydı. Belçika'nın Brugge kentinde bir sempozyuma davetliydim. Randevularımı, derslerimi, evdeki işleri, kızların programını ayarlayıp iki günlüğüne seyahate çıktım. Brugge'deki program da çok yoğundu ama sempozyumla, davetli psikologların katılacağı yemek arası iki saatliğine de olsa boş vaktim vardı. Ben de Brugge'nin davetkâr sokaklarında aldım soluğu. Dantelden yapılma hediyelik eşyaların ve nefis çikolataların satıldığı dükkânların arasında dolaşırken bir galeri görüp, giriverdim içeri. Resimlere bakınca gülümsedim. Ressamın yaptığı enstrüman çizimleri Meral Hanım'ınkileri hatırlatmıştı bana. Muhtemelen teknik, aynı teknikti. "Dünya ne küçük, hayat ne mucizevi" diye geçirdim içimden. Almanya'da yaşayan ama Türkiye'de odamdan terapi yaptığım danışanım bambaşka bir ülkede, Belçika'da bana selam çakmıştı sanki.

İki günlüğüne de olsa, yoğun bir çalışma programıyla da olsa uzaklaşmak iyi gelmişti bana. Her zamanki rutinin dışına çıkmak, yeni yerler görmek, yeni insanlar tanımak, yeni fikirlerle tazelenmek, yeni şeyler öğrenmek... Döndüğümde sanki iki gün değil de iki haftadır uzakta gibi hissediyordum kendimi.

Meral Hanım ile seansımız yaklaştığında ise merak içindeydim. Acaba ne anlatacaktı bana, acaba bu son bir haftada neler olmuştu? Yine tam saatinde karşımdaydı Meral Hanım. Bu kez dümdüz beyaz bir gömlek vardı üzerinde. Çok sade, iddiası iddiasızlığında beyaz bir gömlek...

— Size önce beni en çok heyecanlandıran haberi vereyim. Cesaretimi topladım ve galerici bir arkadaşımla resimlerimi paylaştım. Çok etkilendi, önümüzdeki ay için bir tarih belirleyeceğiz bu hafta. Yani ilk sergimi açıyorum.

Çok sevinmiştim. Meral Hanım'ın çok yetenekli olduğu kesindi zaten ama ona cesaret vermiş olmak benim için de gururdu.

— Neler oldu başka geçen hafta?

— Dediğiniz gibi oldu. Seanstan bir gün sonra çok karnım ağrıdı, ardından kanamam başladı. Öyle ki iki gün hiç kalkamadan yatmak zorunda kaldım. Ama siz uyardığınız için sakin kalabildim, paniğe kapılmadım.

— Ne hissettiniz, nasıl hissettiniz kanama sırasında?

— Önce ruh gibi hissettim. Zaten seanstan sonra birkaç gün ruh gibi hissettim. Sonra kanama başladı. Ama farklı bir kanamaydı bu. Kıpkırmızıydı kan, sanki taze kan gibiydi. Ben de yattım, bıraktım kendimi içim temizlensin diye. Dinlenmek istedim, yalnız kalmaya sindirmeye ihtiyacım vardı.

— Şimdi nasılsınız, kanama devam ediyor mu?

Mutlulukla gülümsedi.

— Yok kesildi. Nasıl anlatayım ki size. Temizlenmiş gibiyim, ferah hissediyorum. Hani naneli şeker yedikten sonra nefesinizde bir ferahlık kalır ya. Öyle... Aynen öyle hissediyorum. Temiz, ferah... Aaaa havadislerim bu kadar da değil. İspanya'daki Türk Büyükelçisi aradı beni.

— Aaa, ne dedi?

— Vallahi kanama sırasında yatarken telefonum çaldı. İspanya kodunu görünce irkildim biraz. Dante sandım, huzursuz oldum. Açmamayı düşündüm önce ama sonra belki işle ilgilidir diye açtım. İyi ki açmışım. Büyükelçiymiş arayan. Konuyla çok ilgilendi, "Burada Türk bir avukatımız var, sizi ona yönlendireceğim, ben de konunun takipçisi olacağım" dedi.

Sözünü tamamladıktan sonra sıkıntıyla içini çekti.

— Ne istediğimi düşünüyorum şimdi. Ben, Meral, anne babasının çürük elma kızı, Sara, Enzo ve Yaman'ın annesi, Osman'ın karısı ben Meral ne istiyorum hayattan? Düşünüyorum, düşünüyorum bulamıyorum. Bulamamak da ağırıma gidiyor.

Elleriyle şakaklarını ovuşturdu uzun uzun.

— Sizinle yaptığımız seanslarda en çok Meri'yle tanışmak sevindirdi beni. Çünkü ben silip atmışım onu. Şimdi onu hatırlamak istiyorum. Evet bir Meral var ama Meri kimdi? Onun sihirli özelliği neydi? Mesela Osman, o kendini tanıyor, biliyor. Ona, "Yapmayı en sevdiğiniz şey nedir?" diye sorsanız hemen "Yemek yapmak!" diye cevap verir. Mimar olduğu için mutlu olduğunu, mesleğini çok sevdiğini de söyler. Ya da ne bileyim yakın arkadaşım Katrina var, o resim yapmaya bayılıyor. Bizimle çalışan mimar Elsa var, o her fırsatta bisikletle doğaya çıkıyor.

— Peki siz neleri seviyorsunuz?

Biraz düşündü, omuzlarını silkerek cevap verdi.

— Doğada olmayı seviyorum. Ağaçları... Sonra çocuk kitapları bana sihirli geliyor. Müzik dinlemeyi seviyorum, resim yapmayı...

— Yani yapmayı sevdiğiniz çok şey var. Peki bunu hayatınıza nasıl katabilirsiniz?

Sustu, gözleri bulutlandı ilkin, sonra alt dudağı titremeye başladı.

— Çok uzun zamandır muhasebesini yaptığım bir konu var Şeniz Hanım. İç mimariyi sevemedim ben. İnat mı ediyorum bilmiyorum, neden sevemedim onu da bilmiyorum.

— Öğretim görevlisi olmak nasıl geliyor size?

— Öğrencilerle olmayı seviyorum ama okulu sevmiyorum. Başarılıyım ama su gibi akmıyor iki işim de.

— Öğrencilerle olmayı neden seviyorsunuz?

— Onlara başka şeyler öğretiyorum. Kumaşın, modelin, dizaynın dışında bambaşka şeyler... Görmeyi öğretiyorum, bakmayı değil. Hissetmeyi öğretiyorum, düşünmeyi değil. Tasarımlarınızda inovasyon olsun diyorum imitasyon değil! Onlar da seviyor beni. Onlarla olmak iyi geliyor bana. Kendimi hatırlıyorum onlarla.

Sevdiği şeyleri sayarken yazmayı söylememişti. Oysa çok iyi yazıyordu Meral Hanım, kitabı olan hatta çok satan birçok isimden daha iyi…

— Peki ya yazmak?

— Ara sıra onu da düşünüyorum. Yazmak hep kafamın bir yerinde duruyor. Ama ne yazacağımı bilemiyorum. Belki şifalanma öyküleri yazabilirim. Hem bana da iyi gelir o öyküler.

— Sağlığınız nasıl? Kaygılarınız devam ediyor mu?

İçini derin derin çekerek cevap verdi.

— Düşünmemeye çalışıyorum.

— Ben Ram Dass'ın hikâyesini anlattım mı size?

— Hayır, kim o?

Meral Hanım'ı benim için unutulmaz danışanlardan biri yapan belki de buydu, ilgisi ve öğrenme sevgisi…

— Ram Dass yani asıl adıyla Richard Alpert Harvard akademisyenlerinden bir bilim insanı. Fakat uyuşturucu üzerine deneyler yapıldığı için üniversiteden atılıyor. Üniversiteden atılması ile birlikte de spiritüel konular ile ilgilenmeye başlıyor ve yolu Hindistan'a kadar uzuyor. Üst üste kitaplar yazıyor, çok okunmaya, tanınmaya başlıyor. Tam ben kendimi buldum dediği bir zamanda, bir gece inme inince sağ tarafı felçli kalıyor. İnmeden sonra, yaşamını ölene kadar Maui Adası'nda sürdürüyor. Hakkında hem Netflix'te hem Youtube'da belgeseller var izleyebilirsiniz. Hatta çok izlenen *Lost* isimli bir dizi vardı eskiden, hatırlarsınız.

— Evet, uçak kazasının ardından adada geçen hani.

— Evet, evet… Orada da Ram Dass'ı anmak için bir karakterin adını Richard Alpert koymuşlardı. Zamanda yolculuk yapan, yaşlanmayan, egzantrik bir karakterdi.

— Hatırladım, çok iyi hatırladım.

— Neyse… Bu Ram Dass'a bir gün biri "O kadar ruhsal farkındalık yaşamışsın, kendini aşmak, kendini bulmak, şifa filan anlatıp öğretiyorsun sen neden felçlisin?" gibi bir şey sormuş. Cevabı bence muhteşem. Demiş ki "Kimseye inme insin istemem. Ama inmenin lütuflarından herkes faydalansın isterim. Çünkü inmeyle beraber ben daha fazla içime döndüm ve benliğimi tanıdım."

— İnmenin lütufları. İnmenin lütufları... Hastalığın lütfu...

Üst üste birkaç kez tekrar etti bu sözleri. Söylemek kadar, söylediğini duymak da iyi gelmişti ona.

— Biliyor musunuz korkuyorum galiba Şeniz Hanım. Yani şu anda bir derenin kıyısında gibiyim. Öyle bir geçiş. Ama geçmeye korkuyorum. Derenin öbür yanı nasıl bilmiyorum. Bilmemek beni korkutuyor. Aynı korkuyu Barcelona'dan Almanya'ya dönerken de hissetmiştim.

— Bakın, bir tiyatrocu olduğunuzu düşünün. Shakespeare oynuyorsunuz. Hamlet, Macbeth... Herkes size bayılıyor. Oynadığınız salonlar sürekli dolu, hep kapalı gişe oynuyorsunuz. Saygı görüyorsunuz, ödüller alıyorsunuz. Ama sizin aklınız Molière'de. Siz Molière'in eserlerini oynamak, komedi oynamak istiyorsunuz. O size daha iyi geliyor, kendinizi onun metinlerinde daha rahat hissediyorsunuz. Bir müddet sonra kendinizi çok sıkışmış hissediyorsunuz. Yapmak istediğinizi yapmadığınız için mutsuz hissediyorsunuz. Ama korkuyorsunuz. Burada yapılacak iki şey var. Ya Shakespeare'ye devam edip her gece alkışı garanti edeceksiniz ya da Molière'e geçip alkışı riske edeceksiniz. Bir gün gözünüzü karartıp kararınızı veriyorsunuz, diyorsunuz ki "Tamam, ben artık Molière oynayacağım." Akşam seyirci geliyor, Shakespeare beklerken karşısında Molière bulunca ne yapıyor?

Gülümseyerek cevap verdi.

— Yadırgar tabii ki...

— Yadırgamak ne kelime, yuhalayabilir, hatta domates bile atabilirler. Belki salonu bile terk edebilirler.

— Ama Molière'in de seyircisi var.

— İşte ben de tam bunu diyorum. Eğer tiyatrocu sabredebilirse, eleştirilere, başlangıçta az alkışa göğüs gerebilirse

Molière seyircisi de gelip onu bulacaktır. Hatta Molière oynamayı çok istediği için onu Shakespeare'den daha da iyi oynayacaktır. Ama bu geçiş sürecinde aslolan katlanabilmek ve dayanabilmektir!

Derin bir nefes aldı. Başını kaldırıp omuzlarını dikleştirdi.

— Çok teşekkür ederim Şeniz Hanım. Çok teşekkür ederim. Beraber geçirdiğimiz vakit benim için çok kıymetli. Kendimi tanıma yolculuğumda yanımda oldunuz. Bu yolun henüz başındayım belki ama kendimi size ilk e-postayı attığım güne göre bambaşka hissediyorum. Çok daha güçlü, çok daha dirençli, çok daha gerçek!

Öyle iyi gelmişti ki söyledikleri bana. Ben de bambaşka bir eğitim almış, bambaşka bir kariyerde ilerliyorken çevremden, ailemden gelebilecek her türlü eleştiriyi göğüsleyip, kalbimin istediği işi yapabilmek için rotamı değiştirmiş, zor yolu tercih etmiştim. Her şeye yeniden başlamış, konfor alanımdan çıkıp yeniden okula gidip öğrenci olmuş, ilerlemek istediğim yolda kendimi eğitmek için maddi, manevi büyük yatırımlar yapıp başka ülkelerde eğitimler almıştım. Yaşıtlarım profesör olmuşken ben hâlâ dünyanın bir ucundaki seminerleri araştırıyor, buluyorum. Hepsinin nedeni ise Meral Hanım'ın sözlerinde saklıydı. İhtiyacı olan, kaybolmuş ve çaresiz hisseden birilerine yardım etmek, birilerinin kendini arama yolculuğunda yanında olmak için. Kendimi arama yolculuğumun da bir parçası olarak....

Bu son seansımız oldu Meral Hanım ile. Seanstan bir hafta sonra bana bir fotoğraf ve mesaj yolladı. Almanya'da bir madenin önünde çekildiği fotoğrafın altına şunları yazmıştı: "Çok ilginçti, çok etkileyiciydi ama çok üşüdüm. Beklediğimden iyi hissettim. Huzur hissettim."

Regresyon sırasında yıllar önce göçükte can veren büyük dedesini görmesinden sonra bir maden ocağına gitmesi çok ilginçti. Danışanlarıma kaybettikleri yakınlarının ardından mezarlık ziyareti yapmalarını salık veririm, bu ziyaretlerin onlara iyi geleceğine de inanırım ama Meral Hanım'a madene gitmesini söylemek hiç ama hiç aklıma gelmemişti. Bunu kendi kendine içgüdüsel olarak yapması çok etkilemişti beni.

O mesajın bir hafta sonrasındaysa bir mesaj daha geldi Meral Hanım'dan. "İçim benimle konuşmaya başladı" diye yazıyordu mesajda. "Hayat amacımı bulmak için çok dua ettim, onu bulmaya niyet ettim, sonra anladım ki benim hayat amacım kurduğum markam. Yıllarca bebeğim gibi baktım, büyüttüm. Niye vazgeçeyim ki, şimdi ona dönmeye karar verdim... Niye kendime başka yer arayayım ki, orası benim..."

Uzun süre yazıştık, mesajlaştık Meral Hanım ile. Hâlâ da arada yazışıyoruz. Dante ile boşanma konusunda tam ümidini yitirmişken dava sonuçlandı, artık resmen boşandılar. Osman ile beraber kurucusu olduğu şirkette artık daha fazla söz sahibi, bu konuda ona en büyük desteği de kızı Sara'dan geldi. Bu arada Sara ile ilişkisi yolunda, ofiste beraber çalışıyorlar, her gün beraber öğle yemeğine çıkıyorlarmış. İşitme ile ilgili sorunları ise neredeyse sıfırlanmış. En büyük haber ise resim sergisi büyük ilgi görmüş, galeri seneye bir sergi daha istemiş.

Bu da Meral Hanım'ın bana seanslarımızın sonlanmasından altı ay sonra gönderdiği e-posta:

Canım Şeniz Hanım,

Bizi hatırlamaya çalışıyorum. O kadar seans nasıl da çabuk geçti. Şimdi Muğla-Akyaka'da tatildeyim. Burada büyük bir ağacın altında ağustos böceklerini dinlerken ne kadar daha çok yapmam gereken temizlik olduğunu fark ettim. Ne kadar daha çok sormak istediğim soru varmış anladım... Hepsini aklımdan kalem kalem, düşündüm yazdım... Gelin görün ki, şimdi hepsi uçmuş gitmiş, beni kavuran bu sıcakla yapayalnız bırakmış gibi.

Bildiğim tek bir şey var. Kendimi "ölü" sayıyormuşum. Bir "ölü" gibi yaşıyormuşum. Ama içimdeki kemikler, meğer ne kadar da güçlüymüş. Benden de güçlüymüş. Minicik bir tesadüf. Boş bulunduğum bir anda üflediğim bir küçücük nefes... Resim çizmek... Ardından gelen minik fısıltılar. Yüreğimde açılan çatlak. Çatlaktan sızan su gibi kanayan bedenim. Kanıyorum. Niye kanadığımın peşine düşerek, Caroline Myss ve size varıyorum. Niye bu kadar kanadığımı, neden hayattan keyif alamadığımı ve neden sürekli her an (bana ve/ya sevdiklerime) kötü bir şey olacakmış korkusu içinde yaşadığımı merak ediyorum.

Başlangıç böyle…

Sonrasında bulduklarım ise…

Christianne Northrup, menopoz sürecini şöyle tanımlıyor, "Kadının bilge olduğu bir dönem. Hassasiyetinle gurur duy! Arızalı değilsin. Arıza diye gördüğün şey aslında sana verilmiş bir hediyedir."

Debbie Ford ise, "Başkalarında seni en çok rahatsız eden şeyi bul. O şey her ne ise, senin gölgen," diyor. Ben başkalarında en çok yalanı sevmiyorum. Bir de en çok beni görmezden geldiklerinde, ciddiye almadıklarında sinirleniyorum. Gölgemi açıklama –kendime kendimle ilgili yalan söylüyorum. Kendimi ciddiye almıyorum. Mevlânâ tabiri ile "bir ben var benden içeri" ben bu beni sürekli yeraltında tutuyor, öldürüyor, ciddiye almıyor, görmezden geliyorum…

Bir gizli bahçem, sevgi pınarım olabilir. O benim içimde.

Ben aslında bildiğim ben değilim. Ben sadece annemden babamdan ve onların kanserlerinden ibaret değilim. Benim onlardan öte atalarım da var. Ben daha geniş bir yaşam ağının bir parçasıyım. Ruhun yaşı yok. Genetik diye bir şey yok…

Dante ile boşan(ama)ma. Kazanç ne? Nerede? Bulamıyorum. Kayıp. Suçluluk duygusu. Zehir. Saklanan sırlar…

Meri, kendimi görmeme engel olan ne? Kendimi görseydim eğer, nasıl bir "ben" görürdüm? O "ben" ne istiyor ki onu duymuyorum, duyamıyorum?

Seansların ardından bir sergi. Bir yaşam değişim kararı. Aslında hepsinin arkasındaki en büyük değişim "bakış açısı". Slogan gibi "bakış açını değiştir, hayatın değişsin…"

Uzun lafın kısası, "Hayat, bir toplayıp bir dağıttığın sonu olmayan bir süreç…"

Resim çok iyi gidiyor ama yazmak pek öyle değil. Hâlâ yazmak için can atıyor ama yazamıyorum. Çünkü kafamda netleşmemiş şeyler var ama acelem yok. Doğru bilgi, hazır olduğumda veya yapmam gereken ödevleri bitirdiğimde bana gelecek. Eminim.

Yoruluyorum. Ram Dass gibi "bedenimin sınırları içinde yaşamayı" öğrenmek istiyorum. Tek istediğim insanca yaşamak. Deli gibi koşturmadan. Kendimi hissederek. Bölünmüşlük hissi ile değil. Kendimle bütünleşik.

Evet, biliyorum. Tek çare derin bir nefes ve yeniden yola çıkmak. Bu kez ancak büyük bir fark var arada. Benim için en önemli olan iki şeyin çok farkındayım. Birincisi: Yaşam zeminimin/temelimin adı kesinlikle "özgürlük". İkincisi: Yaşam amacımın adı "bütünleşik mutluluk/huzur/neşe". Üstelik bu iki şeyin olabileceğine tüm yorgunluğuna rağmen kalpten inanıyorum.

Ve biliyorum. Çok ama çok şanslı bir kadınım. Seven ve sevilen bir kadınım. Çocuklarım, eşim, ailem, dostlarım... Ve ayrıca etrafım sizin gibi güzel insanlarla dolu.

Sizi sevgiyle düşünüyor hatta bazen çok özlüyorum. Geriye dönük içimden size çok teşekkür ediyorum. Ruhumda, kalbimde ve zihnimde beni yalnız başıma gidemeyeceğim yerlere götürdünüz. Ve bu yolculuklarda yalnız bırakmadınız.

Ne kadar teşekkür etsem az... Ne kadar şükretsem az.

Şükürler olsun. Ve çok teşekkür ederim.

Sevgiyle